極言すれば、　私たちは自分たちのうたを持たない民族になってしまった。

にんげん いっぱい
うた いっぱい

桃山晴衣

一九七五―一九七九

修行と伝統

一九七七—一九八八

交歓と別離

一九八一—一九八三

今様の冒険

一九八二—一九九〇
遍歴と輪舞

一九八五—一九九〇
帰郷と三絃

*――本文中「●」は巻末「註記」に対応

外からとってつけたものばかりで、
芯から感覚にぴったりといううたがない。
自然のサイクルの中での人間の生活というところまで遡って、
いまこの社会でどうしたら本当の生活がとり戻せるかを
つきつめていく。それでこそ、たくましく根を張った
皆のうたがうたえると考えたわけです。

於晴会は、膝つき合わせて、気楽な会ということで、
規約も何もなしに十五人ぐらいでスタートしました。
年齢層は二十代から七十代までと幅広く、いろいろな職業の人達がいました。
うたというのは、聴き手があって成り立つものですから、
自分が一方的にならないためにも密接な交流の場が欲しかったわけです。
途中、宮薗節に弟子入りしたりして、
半年に一度ぐらいしか開けなかったこともあります。
そのときは社会とつながる窓でもありました。

古典がいのちに溢れていた時代の有様は推測できます。

宮薗節も、昔は劇場でお客を熱狂させたのでしょう。

時代や環境が変わってもやはり生きたうたでなければならない。

古典の歴史をみると、骨董品のイミテーションではなく、時代、時代で個性に富み、
魅力あるうたい方をしていますからね。だから「桃山晴衣のうた」であっていいと思う。

そのためには、多くの人との出会いと交流があり、自分が心からうたえる場を持つことです。

邦楽は明治以降、急速に狭い世界になっていきました。
ところが同じ時代に演歌は大勢の人びとにうたわれました。
だから邦楽にない何か広い世界があるのではと思ったわけです。
唖蝉坊その人にも興味を持った。人間はひとところに止まっているわけではない。
その人の歩いた道筋がある。
幸いなことに「ストトン節」などをつくられた添田知道さんが
身近にいらしたので、演歌を通じて
親子二代の人間の歩みを辿ることができると考えたわけです。

私は自分のうたいたいものをうたいます。「吉野之山」は語りものではありませんが、
言葉は人間の真実を伝えるものではないでしょうか。
子守唄にも語りかけるものがあるし、
民族音楽になると語り的なものがとても多い。
その語りが現在、必要以上に蔑視されているので、変だと思うわけです。

演歌をやって、生活の中にあるうたにもっと留意しなければならないと思いました。手近なところでは、木曾の自然の中で「木曾節」を皆で大声でうたうことや、各地のわらべ唄の収集を始めました。それに於晴会をはじめ、それぞれ違う土地で、マイクなしでうたい、生の触れ合いを積み重ねていくつもりです。そうすれば、二年ぐらいあとには、本当の自分のうたが出てくるんじゃないかな、と思っています。

民謡は、洗練されず低俗なうたというイメージが先入観としてあります。私はそうは思っていませんでしたが、土の匂いがし、自分のうたの世界とは異質のものと考えていました。やはりとらわれていたということになります……。最近になり、民謡や子守唄もうたとして、本質的なものを備えており、技術面でもノドの使い方など非常に高度であることがわかってきました。バイタリティを失い、脆弱化してしまった邦楽のもとが見えてきたような気がします。子守唄から教えられている気持ちです。

いちばん伝えて欲しいのは、生活の中に生き生きと脈打つ生命なんです。
土地には歴史がある。
歴史も頭で知るものでなく、体で感じるものです。
レコードになっているうたは、そうしたものがどこかにいっちゃって、
伝わらず、気どってすましているケースが多いですね。

うたうという行為は呼吸を吐き出すことである。
息を吐き出すと体中の緊張がゆるむ。
筋肉がゆるめば精神も安らぐ。ただでさえうたうことは法悦境に遊ぶ心地なのに、
そのうえ有難い仏の教えをうたっていれば、何よりの信仰になる。
という人間界に都合のいい今様歌謡は、現世において不信にさいなまれ、
絶えず心安まる暇のなかったであろう後白河の大きな支えだったのではないだろうか。
私は「梁塵秘抄」という歌謡集成の膨大な量から、
それと対比されるほど大きな不幸を後白河の身の上に感じる。

遊びは、とても深いものを持っています。
「舞え舞え蝸牛（かたつむり）」といううたがありますが、
「舞わぬものならば　馬の子や牛の子に蹴させてん　踏み割らせてん
まことに美しく舞うたらば華の園まで遊ばせん」という。
華の園って浄土のことかなとも思うのですが、
遊ばせんという意味も幾通りにもとれます。
「遊びをせん」とは、生きること自体であり、また、
あちらの世界とつながりつつ何かの行為をすることのようにも、
私には思えます。「梁塵秘抄」にとり組んでから、
こういうことをいろいろ考えるようになりました。

（一九七六年『桃之夭夭』ほかより）

一九七五—一九七九
修行と伝統

伝承をうたう

日本の音楽文化のよりよき発展のために、私たちがしなければならない問題は、山ほどあるのですが、早急にとりかからなければならないものに「古典の継承」があります。不幸にして明治維新のとき、あまりに多くのものを切り捨てたきらいがあり、邦楽もその例にもれません。西洋音楽一辺倒に走った音楽文化のゆがみを正す必要があります。それには、多くの人が、邦楽をありのままの姿でとらえることから始めねばなりません。

人間は「無」から創造することはできません。いま、現にあるものをふまえることによって、未来がつくられます。祖先の残した足跡に、私たちは無関心過ぎたのではないでしょうか。音楽は、ごく身近な日常の生活から生まれます。素晴らしいうたを、音楽をつくってゆこうではありませんか。

私は、邦楽とか、小唄というレッテルにしばられることで、仕事の枠が決まってしまい、安住してしまうことをおそれますし、何よりも音楽という海の広さの中で自由にものを考えたいと思います。

しかし、新しいものを見出すために、古いものをわが心の中にすえるということは、とても大切なことなのだと思っております。

桃山を名乗って約十五年、こつこつ積み重ねてきたことの整理というか、自分の中のひと区切りといったつもりで行うこのリサイタル（一九七五年「古典と継承」シリーズ「晴衣伝承をうたう」）が一つの契機となって、思いもかけない何かを発見できたり、新しい道が開けるかもしれないとの期待もありますし、私の新しい芸半生の第一歩はここから踏み出されるのだと、そんな気持ちでとり組んでまいりたいと思います。

語りもの（浄瑠璃）は、邦楽の中の大部分を占めているといってもいいほどなのに、西洋音楽を尺度とする考え方の中では音楽として純粋ではないとされておりました。私は様々な観点から日本人と具象というものに切りはなせない深いつながりを感じており、これからの音楽を考えるとき、語りものの持つ要素を生かしてゆきたいと思っております。

一方、伝説、民謡、御伽話などの比較的よく知られている伝承的な物語に、生き生きとした祖先の生活や、現代に通じるテーマがあるのに気がつき、これを結びつけてみました。

明治以後、日本の音楽であった邦楽は、それなりに細やかに洗練はされてきたのですけれど、ほとんどが、座敷の中に閉じ込められてしまいました。私たちの生きるバイタリティはそんなものではないはずです。現在の邦楽に失われてしまった生きたエネルギーを求めて、私たちにとって、最も大切なものは何かということをいつも心に据えながら、今後とも、従来の制約や先入観にとらわれないで、可能性を求めて進みたいと考えています。

（『桃之夭夭』一九七五年十一月）

「はろえ にちろく」から

一九七六年　春

四月三日、『桃之夭夭』次号の打合せの前に、ちょっと時間をさいて山崎川の花見をする。この少し下流の高台に数年住んでいたことがある。その頃中学生だった私と同じくらいの若樹が、まだたよりなげに枝をさしのべていた。それがいま両岸に見事に咲き誇っている。堂々とした古木の貫禄を見せて皆を楽しませてくれた桜たちは、花見どころをこの若樹たちにゆずっていた。成長した桜と、自分の越し方と、いまここに立っている私が、爛漫と咲く花の波の中で一瞬、交錯し重なり合ったような気がした。今年はいつまでも寒いけれど、二月頃の陽気が影響して特別に花が美しいのだと節子ネエサンが言った。

五月三十一日、六月一、二日は、ここ名古屋市東区筒井町の祭りで、からくり人形のついた山車が出るし屋台が並ぶ。この辺は古くからの商店街で、この日は老年、壮年、青年とそれぞれが役目を受け持ち、皆の祭りに力を集結させる。浴衣の上から袴に絽の紋付の羽織の盛装で、竹の先につけた提燈を持った世話役、粋な祭り姿の若い衆は皆惚れたいような男振りで、その中に祭り囃子の太鼓と笛は指導役のもとにほとんどが、揃いの浴衣を着た小学校も低学年の子どもたちだ。祭り景気をあおるためといっても、商店街の雰囲気を壊すようなレコードをがーがー鳴らしたりはしない。こんな土地柄のせいかこの界隈の子どもたちは、団地や建売住宅街の子どもに比べると、遊びの内容もバイタリティも違うような気がする。

ついこないだも、無心にかくれんぼをしている子どもたちの「もういいかーァい」「まあだだよーッ」という声の美しいのに思わず涙が出そうになった。同じ単調なふしの繰り返しの中に、鬼になった子の「早くしてちょうだいよ」とイライラするような気持ちも、今度こそ意外なところにかくれて鬼を困らせてやろうとウロウロかくれ場所を探す子の考えていることも、そのまま声の表情にあらわれている。これが「うた」だ。

澄みわたった青空のもとで、いっぱいに張り上げられている声——。「わらべ唄」ならこの声のままうたえる。大人になっても「民謡」なら、このままの発声でうたえる。私がうたう「吉野之山」もそのままでうたえる（邦楽の発声を皆錯覚しているのですが、やはり「つくり声」ではありません）。

先日、木曽福島に一年ぶりに板取金一さんを訪れた。板取さんは茸とりの名人だそうで、おみやげに山仕事の合間にとった茸の煮つけと自分でつくった野沢菜の漬物を持ってきて下さった。それを肴に酒宴となってからの木曽節は、澄んだ声がビンビン響いて、まわりの木々も空気も人間も一体となっていくようだ。うたのあいだに昔、木曽節がうたい踊られた様子を話してくれた。

「何百人という大きな輪になると、三十人も音頭取りがいて、向こうでもこちらでも音頭をとる。シーンと何の音もしないしじまの中で、まわりの山々に下駄の音や、ザクン、ザクン、と打つ手拍子がこだまして、音頭取りのいっぱいに張り上げた声に、山男でも郷愁の涙にくれるというような、何ともいえん感じになる。夜が白み始める頃、帰ろうと思い役場の坂をのぼって上から眺めると、誰の声だとすぐわかるし、見事にやっとるら、ほいでまたおりて輪の中に入りひとまわりして家へ帰ると夜が明けていた」とひとしきり昔のよき思いを追う表情から、「いまはいかん、こんなもんが木曽節かれ。ちゅうて観光客に怒られる」とあとについた。

産業社会になってからの生活共同体の崩壊はいままで培ってきたものを失くしてしまったらしい。「日本民謡集」のレコードの解説の中で「もう二度とこれまでのような民謡は生まれることはないであろう」と竹内勉（たけうちつとむ）●氏は書いておられる。

都会に住んでいる私たちの生活も早いスピードでどんどん変っていく。人と人が触れ合う場もなく、私たちは生きたうたを持たない。見渡してみると何もうただけではない。食生活も随分変って、自然食などと、そんなことは当り前であるはずのことをキャッチフレーズにして、パック詰めになっていたり、ブームとやらで見せかけだけの手づくり品が氾濫している。家具など「日本製ではおすすめできるものはありません、ハイ」と家具屋が断言するほどになった。文明が発達すると、どうして祖先の培ってきた智恵が失われていくのだろう。

毎日が便利になって消費社会になり、一人ずつが何かをつくり出さない生活になってしまった。近頃人間はどうも無限に広がる欲望によって、空中に楼閣を建てているような気がする。私たちがこれから先、祖先の遺産に代わる文化を生み出すにはどうしたらよいのだろう。この混沌とした現状を真剣に整理し、もっと地に足をつけて、大きく自然のサイクルまで含めた人間の生活をうちたてることだ。一人ひとりが自分をとり戻すことだと思う。

よく瑣末的なものを惜しむことが文化を守るように思われていたりするが、文化はいつもつくり出されるもの、いつも生きているものだと思う。また実用から遊離しているほど文化的だという錯覚が定着しているようだが、文化はいつも生活とともにある。うたや、もの売りの声や、子どもの声が、生き生きと聞こえてくる環境をとり戻したい。

一九七六年　夏

今年の夏は桑名を手始めに、木曽、郡上八幡、長岡、出雲崎とその土地の芸能を追って歩いた。どこにも時代の波による変化はあるようだったが、そうした中で感じたことでほぼ共通していえるのだが、若者たちが土地のうたをうたえなくなっているということ。考えてみると私たちの身のまわりでも一般に昔の人よりうたわなくなってしまったようだ。

長岡へは添田知道（そえだともみち）先生の知人を訪れての二人旅で遊び気分だったのが、

駅前のホールで公演するハメになった。が、それを機に気持ちのいい人びとに出会えて、つい約一週間もの滞在になった。長岡市は近くに新潟一の漁港である出雲崎と農村が点在する秋山郷と、三種の違う生活パターンを見ることのできる面白いところである。秋山郷には沢山のうたがあるという。出雲崎は海岸に沿って家々が並ぶ細長い町で、立地条件と従事する仕事が一体化しており、そのせいか盆踊りとか正月の行事ではうたも踊りも盛んな様子だった。これに比べて、都会の長岡市では、盆踊りは観光用に市が主催し民謡の専門家のうたうレコードで行われるのだという。しかも一般の人は何時以後の三十分間踊りの輪の中に入ってよろしい、というようなプログラムによって進行するらしい。うたは一人ひとり微妙に違うものだし雰囲気によっても変る。ノッテくれば踊りは自然に体が動き出し、同時にハヤシ言葉も体の芯から声が出る。そうなってくるとうた方はそれにかぶせて、張りもピンとギリギリに声の調子だって高くもなっていこう。それをレコードにしてしまうと、何もかもを平均的に固定しなければならない。

これは人間性の抹殺だ。

大体、その土地の生活と芸能の有り様は同時に進行しているとみてよい。

泊めていただいた小熊家の八十歳をこす婆ちゃんに、ゴマを買おうと探して貰ったけどなかったと言うと、「昔はつくったものだがねえ」という答えが糸口になって、綿をつくって、つむいで染めて織ったこと、秋になると紫蘇の葉を干して冬の料理に使ったこと、干し柿を入れたなますの味から柿の皮は干して漬物のうまみを出すのに利用したことなど、「昔は砂糖がなかったからねえ、いまは何でも買えるから」と話してくれた。そばで聞いていた二十代はそんなこと全然知らないと言う。彼等の世代は五穀の内、米のほかは麦も食べたことがないそうで、これにはちょっと驚いた。農作物は均一化し、味は単純になり、先人の知恵は伝わっていない。それに新鮮な魚や野菜が豊かなところなのに、レタスやキャベツ、インスタント、冷凍などアメリカ式食品が出回っていた。全国を平均化してしまう現代社会は、ここにも東京並みの破壊をもたらすのだろうか。一面が薄の山道を登った頂上の八方台では、見晴らしのよい大自然の中にコンクリートの保養所が建ち、外にはコカコーラの自動販売機があった。

長岡での公演のあと、若者たちと話し合いの場を持つことができた。彼等は、足もとから、身のまわりから自分たちの生活を打ち立てていくことを考えていろようだった。来年も公演を頼まれたことから、それならいっそ面白いことをやろうよ、ということになって、生活に組み込まれた、土地に根を張ったものをと考えていくうちに、若者が中心になって、長岡甚句を皆でうたい踊る企画が出てきた。実現すれば、私も長岡の仲間も沢山の問題を体で知り、感じとることができるだろう。それは今後のよき指針になってくれるに違いない。このイベントに気持ちよく協力を引き受けて下さった、長岡甚句の名手、荒木老人を訪ねての帰り道、「いい顔をしてうたいますね。僕たちのうたう顔つきと違う」と言った若者、話し合いの場の爽やかな熱気のこもった雰囲気を、いま、長岡からの経過報告の手紙を受けとって、明るい気持ちで想い起こしている。

一九七六年 秋

九月八日、長岡から東京に帰って徳川義親（とくがわよしちか）先生の訃報を聞く。先日の於晴会のとき、もっともっとお話すればよかった。せめてもういちどお目にかかればよかった。と、次から次に悔まれて深い哀しみの底に落ちていくような気がする。中学から上の学校に進まなかった私は、人との出会いによって成長してきた。徳川先生は、社会に出て初めに出会った文字通り私の先生だった。笛がお上手で端唄の「秋の夜」を林政史研究所の雑然とした床に坐って手合せしたとき、残る余韻にシンとしたひとときのあと、フーッとため息をつかれた。そのことを想い出して「先生最近も笛を吹かれますか」とお聞きしたら「この頃は息が続かなくてね、吹けない者が持っていてもしょうがないからある人にやってしまった。彼はいまいちばんいい吹き手だと思うから」と淡々としたものだった。老いをあんな風に受けとめられるものだろうか。私が接した先生は、些細な日常のすべてにわたって見事だった。そして私は三十歳をいくつも過ぎた頃になってやっとその言動の深い意味がわかるようになってきていた。

――日本民族の性格の最欠点はセクシオナリズム、これが宗教・教育・発展にも大きくたたっている。ここから考えなければならない。維新から間もない明治六年政府の要人は日本の文化は旧弊であるからこれからは日本の文化は欧米文化に倣うように決めた。それが今日まで続いている。さすがに人びとは心づいて、いまは日本文化の研究が始まってきた。劇にしたって日本の劇は西洋のそれよりはるかに進んだもので、劇も劇場も段が違う。日本文化がいよいよ面白くなるだろう。考えなければならないことが沢山ある。いづれ近いうちに帰るつもり、ゆっくり話したいね。遠慮なく話して欲しいね。

七月十六日

徳川義親（最後にいただいた手紙から）

（『桃之夭夭』一九七六年七月／十一月）

家元と呼ばないで

桃山流とうたう「場」

「桃山流って流儀があって私は家元ってことらしいのね、でも家元なんて呼ばれるの嫌じゃない、ねえ、嫌アねェ」桃山晴衣……と永六輔(えいろくすけ)●さんが『話の特集』に書いておられる。これを読んだとき「エ、? そんなこといったかなァ」と少々不服に思い、読み返してみて感嘆した。この通りの言葉は使った覚えはないけれど、私の現在をよりリアルに表現しているではないか。私は頭をガーンとなぐられたような気がした。そこで考えたのです。この際、自分の軌跡を辿る作業をして、現在の私がどうあるのかを明確にしておく必要があると。

昭和三十六年、桃山流を名乗る。後見は父、鹿島大治（かしまだいじ）●。この桃山流のあり方については、創立プログラムに徳川義親、英十三（はなぶさじゅうぞう）●両氏が、それぞれ「桃山流のスケール」●「晴慧さんのこと」と題して次のように書かれている。英氏は「桃山流は小唄に限らず伝統のある新古邦楽の全部に渉って邦楽の醍醐味を再吟味して世に問いたいという遠大な御計画に基づくものと拝察しております」とあり、ここでは日本音楽の将来についての考えは父と合致していた。一方徳川氏の方は、家元の話によればとあって、「桃山グループと呼んだ方がいいのかも知れない」と言っておられる。この文章によっても推察できると思うが、明治人間である父と私は、似ているような考えを持ちながら大もとが違っていたような気がする。

二十五歳のとき、宮薗節（みやぞのぶし）●に入門。アカデミックなものへのあこがれと自分に基礎が足りないのではないかというコンプレックスから、めんめんとうたい込む宮薗節にのめり込むこととなる。土台を積み重ねる時期でもあったが、この頃第三者からは「邦楽に新しい息吹きを吹き込むことを忘れて、ミイラとりがミイラになるのではないか」と心配された。

四十九年、それまでの積み重ねをもとに、これからは行動することによって自分のうたに肉づけしていく時期に入ったと判断した。まず邦楽会の内部と外部に同時に働きかけた名古屋での「糸の会」を皮切りに、青山タワーホールと渋谷ジァンジァンで三回にわたって「古典と継承」シリーズ。これは十五年前からの於晴会が中心になって、企画、構成、演出、情宜から切符をさばくことまで皆で考え考え実現させたリサイタルで、この中から「雪女」と「婉という女」の新作がつくられた。このあと、この於晴会は私の転換期とも重なって、「うた」を要にした一つの人間集団とも言えるものに生まれ変わった。土地によってそれぞれ内容は違ってくるのは当然だが、ほかにも大阪、名古屋、郡上などでも人びとの集まりがスタートしている。

私の活動は、うたう「場」が欲しい、というところから始まった。邦楽の世界には趣味同好の集い的なもの以外、人と人とが触れ合ってある空間をつくり出す「ホントの場」がなかったから。ところが現代には音楽に限らず、あらゆる「場」がないことがだんだんにわかってきた。すべてが商業主義になっているから、音楽もご多分にもれず商品で、売れそうな条件を計算された揚句、人とのかかわりのないスタジオなどで、時間と時間のあいだにつくられる。一方舞台では、演じる人間と受け手が、こちら側とあちら側に分かれてしまっている。客から見れば商品の陳列場というか、いわゆる「見せもの」で、演じる側からは「お客様は神様です」ということになる。この言葉は一見お客をたてまつっているようで、こちら側には絶対に踏み込ませない一線をハッキリ引いているところが、家元制度ととてもよく似ている。この一線がある限り、私が目指している音楽にはならない。音楽は「エロス」だ。そこに参加した人間はお互いの暖かみを感じながら触れ合い、交流し、楽しくなければならない。流れる時間に身を任せて皆で一つの「世界」をつくり上げていく。お互いは五分五分だ。またそれぞれ違う人間で「個」がなければならない。

心に響き合う「うた」を求めて

私は、現代の私たちにぴったりくる、皆の心に響き合うことのできる「うた」が欲しくなった。初めは人気のあった端唄◉などをピックアップしてうたったりしていたが、そのうちにその「うた」が生まれ生きていた状況が気にかかり出した。伝承とか継承というと、型とか技術面での伝達ばかりが問題になるが、生命を生み出す状況は複雑多様で、それだけでは何も伝わっていかないと思うようになったからだ。

こうした考えから「演歌」と「子守唄」に触れることになった。演歌は歴史が浅いから都会人間である私にとっても身近で見当がつけやすい。時代・政治、そこに生活していた人びと。人から人へ口から口へと全国を流れてうたわれた経路とうたとしての変遷。演歌者添田唖蟬坊と息子知道氏の二代にわたる人間の歩み。いまの私の課題として大変に面白い世界を持っている。子守唄は、女である私に重なるものが大きいはずだと見当をつけて、たぐり寄せるようにして触れてみている。先日の於晴会（東京）においての討議でも「子守唄にはまだ感動する人が大勢いると思う」という意見が出たが、これは生身の私がうたう、生きたうたになりそうだ。

加藤登紀子が『話の特集』に、「世界の果てまでに歌を」と題し「明治の始まり方がいけなかったのだと抗議したくなる気持ちはいっぱいあるけれど、自分がどんな音楽をやっていけるのかという問いは、自分に向かって発しつづけるしかないのだ。それにしても日本の歴史は文化がとても追いつけないほどのはやさで変わってきた。民謡のある一節に惹かれても、もうその一節が現実味を帯びる生活がま

つたくなくなってきてしまっている。年老いた人が、自分のうたを次の世代に語りついでいくための空間も時間もないのだ。（中略）この頃私は思う。今の自分がどんな風であるかを確かにつかまえてうたいつづけるしかないのだと……」と言っている（傍点桃山）。

私にとっては、自分を確認し、「自分のうたをうたう」ことは置きざりにされている文化を、途切れている時間と空間をつなぐことから始まる。私はやっと出発点に立ったのだ。

この頃「肩書き」に頭を悩ますことが多い。この肩書きというのも、評論家だけでも六十何種類かぞえてもまだ足りない、というような区分わけがどうして必要なのかサッパリわからないのだが、私のことは注文をつけないとほとんど「家元」になってしまう。この家元という文字を見ると、どうも現在の私とがチグハグで何だか落ちつかない。

よくよく考えてみたけれど、やっぱり私は「家元」ではないらしい。

（『桃之夭夭』一九七七年三月）

家元制と近代

こんなタイトルをつけるとすごい論議を展開しそうだけれど、私にそんなことはできないので、ここには自身が家元制に触れてきた、かかわってきた中で感じていることを書いてみたいと思う。

四月（一九七八年）に「尾上松緑（おのえしょうろく）●氏が脱税」という大見出しで、各紙に藤間流の脱税が報道されてから週刊誌も相次いでこれをとり上げ、それから家元制云々が随分誌上を賑わせたようだ。私も目に触れるものから読んでみたのだが、どうも腑に落ちないものが多い。どの記事も観念的な家元制というか、実際の家元制とは何か違う次元で論じられている感じがする。「経理だけでも近代化せれば」などとギャアギャア言っている人を見ると、それでは日本の税制は正しいのか、と思いたくなるし、大向こう受けをねらったタイトルをつけたものはどうも本質からはずれてしまっているようだ。そしてそういう類いのものに限って、「芸一筋というたてまえを貫徹」とか「厳しい芸の道の本道を直進して欲しい」などと結ばれている。一般的にイメージされている「芸」とはいったい何だろう。芸一筋であれば家元制を非難しているようにもとれるし、脱税が悪いといってるようにもとれるし、ドラム缶いっぱいのお祝儀が集まる金儲けがケシカランというようにもとれる、何がなんだかさっぱりわからないのだ。そんな中で『朝日ジャーナル』の「文化ジャーナル」欄は（著者は始祖鳥と名乗る匿名の人）、私を納得させてくれるものだった。

おそらく藤間勘右衛門（ふじまかんえもん）（尾上松緑）は、今度の事件をまったく知らなかったに違いない。藤間流の誰かの手落ちであり、税理士の手落ちである。そういう盲点が責任をあいまいにすることは当然であるが、同時にそういう制度が「家元」を支え、伝統的な芸能を支える基盤になっていることも一面の事実なのである。

二億円の脱税ときいて、だから家元制度が悪いんだというのは簡単であるが、伝統的な「芸」というものが国家の援助もなく、この不況の世の中に成立しているのは、この家元制度のお蔭である。ことに日本舞踊のような封建制度のもとで成立した芸能には、その制度そのものが舞台の上に様式化されているような面さえある。

例えば、歌舞伎の殺陣（たて）が主役絶対の封建制に支えられていることは、誰の目にもあきらかだし、そのことを考えれば、芸はいいが、封建制度は駄目だという簡単なものではないのである。

だからといって脱税がいいというわけではむろんない。しかし同時に申告をきちんとし、帳簿さえしっかりしていればそれでいいというものではない。

「芸」を含めて、真の人間的な改革が行われない限り、経営だけ近代化したところで、あるいは「家元制度」を悪だといったところでどうなるものでもない。

問題は、封建制の下に生まれた芸を近代人がどう守っていくかという日本の文化の根底にひろがる大きな問題なのである（後半部分を引用）。

私は一昨年「家元」をやめてしまったけれど、それは自身の問題からそうしたのであって、家元制度に反対だから、というわけではむろんない（かといって必要で守られねばならぬものだとも思えないのだが）。

子どもの頃から父親を通して見てきた絵描きの社会、あるいは大学教師の派閥が家元制に似ていることが不思議だったが、見渡せば、茶、花をはじめとして囲碁、書道、俳句、洋裁、医者、ピアノなど皆いわゆる家元制度だし、それを延長させると政治家の世界も同じ体質を持っている気がする。それにいつも腹が立つのが、マスコミ・ジャーナリズムの姿勢！　あらわれ出でたる黄金バット風マスコミが絶対の悪をやっつける、というパターンはいつも同じで（この場合いつも絶対でなければならない）、それならば反対側にあることになる絶対の善は、国家とか法律になるのだろうか。これは始祖鳥氏の言われる、封建制そのものを具現している主役絶対の歌舞伎劇から何ら進歩していないばかりか、喧伝されているいわゆる家元制のやはり延長線上にあるのではないだろうか。この脱税事件も、同じ脱税でも伝統芸能の家元、ということで、マスコミに格好のエサだったように受けとれて、それがいちばん不満だった。

家元制度というと搾取制度、お祝儀の山、シャラシャラしたきれいな着物、私たちと無縁のしきたり、無縁の世界……と連想するんじゃないだろうか。が一口に家元制度といったって、現存の家元だけに的をしぼっても、いろんな有り様がある。

私の師匠、宮薗千寿（みやぞのせんじゅ）◉は宮薗節千寿派の家元だが、この人の人間性によってか、一般にイメージされる家元制とは相当違ったものになっている。師は男女おしなべてこれだけの腕を持つ人はちょっといないほどの三味線の名手だが（芸があることと、自分があることは同時らしい）、自分に正直に行動する反面、論理的にものを考える人ではないから、大勢の人間の統制をとらなければならない立場からは矛盾が起こることもままあるけれど、この人のあるところ気持ちのいい空気につつまれていて、それで世界が成り立ち、ことが運ばれてゆく。ここでは名取料など、家元という屋台を維持するのに（宮薗節を守り伝える事業に）、必要最小限と思われる金額だし、賑々しい名取披露などもやらせない。芸者さんは働きながら勉強する人だからと会費が安いし、理由があって来られなかった人の月謝は絶対にとらない（学校だって休み期間中の月謝をとるというのに）。よく言われる奥伝だの秘伝だのといったものもなく、むしろ一つの真理、といったものにつき当るとあらゆる角度からねばり強く教えて下さるので、なかなか受けとめられないこちらの胸が痛んでしまう。私は入門したばかりの頃、貧乏をしていたのだが、それを察知されてかずっと月謝なしで教えて下さっていた。

が、このような例はやはり少なくて、一方で一般にイメージされている、いわゆる家元制があるわけだが、これにも発生の時期とか変遷といったものがあると思う。

戦後、それまで慣れ親しんできた食生活が変わってきて、生姜醤油にジュッとつけて食べる油揚げの炭火焼き、どか焼きみそ、季節毎の食味のしこいわし、さんま、松茸御飯などに、ハンバーグ、カレーライス、ラーメン、インスタント食品がとって代わったのだが、その最初の替り目の頃（昭和二十五、六年だろうか）、和野菜が消えて、代わりに白い玉レタス（それまでは青いサラダ菜の方が多かった）やキャベツなどが店頭を占領するようになった頃から（敗戦でアメリカさんが入ってきたからだ）、邦楽の方も変わってきたように思う。ここで、邦楽の中でも「小唄」がいちばん、いわゆる家元制の歩みをあらわしていると思われるので、以後小唄に絞って話を進める。

私のもの心のついた少女期に、楽しみに待って聴いた小唄の放送の、いまから考えると名人たちは、「本名」を名乗っていた（前述の千寿師もその頃本名で小唄を聴かせてくれた一人だが、彼女には三木派を名乗る小唄の方の師匠がある。その辺はどうなっていたのか）。古くからの流派も平行して少しあったようだが、そのうちに小唄は中高年層に圧倒的な人気になってきて、主に資本主義企業社会に組み込まれる中で、三ゴ（ゴルフ、囲碁、小唄）などという言葉も出てくるほどの流行になった（このためにゴルフと小唄（邦楽）に反発する層もつくられてしまったと思う)。こうした盛況のうちに、うたい方に新風を吹き込む名手が、本名で演奏している人たちよりひと時代若い世代に出てきたりして、このあたりまでは芸の中身にも変遷があるのだが、この辺がピークになって小唄家元は雨後の筍(たけのこ)といった有様を呈するようになった。それからテープレコーダー、テレビ、電気冷蔵庫が一般に普及した頃、小唄家元の林立も定着したように思う。それまでは清元とか、宮薗などの古曲を修行した、ある程度力量のある人が家元を名乗る例が多かったのだが、これ以後(昭和三十六年頃からか)、芸とは何ら関係のない分裂、分派が相次いで、とうとう何百あるのか数えられないほどのいわゆる家元が誕生、いまにいたっている。

「堕落は〝女性王国化〟とともに始まった」というタイトルで西山松之助氏が家元制について書いておられるが、この男性社会の中で、何らかのかたちで企業社会につながっている家元制なのに、女性王国などあり得ないことだ。

「芸する」というつらい作業を自分に課さなくても、その傘の下で、よりかかってさえいれば手軽に食べてゆかれるという、いわゆる家元制が、この企業社会の中での〝商売〟になってしまったことが、男社会の傘の下で男によりかかって生きてきた多くの女性を参加させ、一見女性王国化があらわれたのだと思う。だからこういったいわゆる家元制の内部は、政界財界の権力者を陣容に揃えることとか、おさらいは芸界の有名人の顔見せ、といったような勢力争いに明け暮れている。放送や新聞記事になることも勢力を誇示することになるから、そういった関係者を料亭へ招待したり、袖の下を使ったりする。そんなことばかりにシノギをけずっているからお互いにいさかいも起こり、分裂件数も多くなるわけで、そこでますます家元の数は増え、芸することはおろそかになって、技術面まで低下していく。

技術面の低下については、ほかのあらゆる角度から検討しなければならない総合的な問題であって、それだけを切り離して論ずるわけにはいかないのだが、このいわゆる家元制が雨後の筍のように出てきた昭和三十年代中頃からいままでに技術面の尊重と型を守るということのみがやかましく言われ、「厳しい芸の道を貫徹」することになっている。

この意見は一見すべての問題を解決してくれそうに見えるから誰も納得してしまうようだが、実は現在の膠着した芸の世界の中での表裏一体に過ぎなくて、何ら先へ向っての展開がない。人間の営みは自然とともにときの流れとともに絶えず流れ動いていて、固定されてしまうことはないのだから、技術も型も固定されたところで論じられるのはおかしいと思う。いつか『朝日新聞』の「現代の修行」という連載で司馬遼太郎（しばりょうたろう）◉氏がこう言っていた。

――修行の位置づけは？

司馬――様々な修行がありますが、その修行は、大衆社会の中の特殊社会でしょう。しかもこの特殊社会は、大衆社会から孤立したり、対立したりしてはいけない。あくまで大衆社会のアンチテーゼ（反定立）としての存在でなくちゃいけない。そうでないと、大衆社会そのものが伸びていかないし、発展していかない。そして我々は、特殊社会そのものの存在を珍重することになる。存在に安心する、といってもいいでしょう。

この修行というところを「芸」に置き換えてみて下さい。いま、日本の芸能は孤立し、対立し、特殊視され、また珍重されている。重要文化財だの人間国宝なんていつからできたのだろう。伝統芸能なんて呼ぶようになったのはいつからなのだろう（芸能に、伝統という側面があるのは当たり前じゃないか）。そうして珍重される存在になって送り手も受け手である大衆も、そのことに安心するようになったところから堕落が始まった。特殊視され芸術扱いを受けろということは、生活から遊離し、日常とは無関係ということだ。

私は芸一筋などといって、技術尊重とか型を守ることにのみ固執することは、珍重される存在にのみ安住して、大衆を否定することだと思う。大衆の支持、参加があっての芸能、文化なのだから、これは芸にたずさわる者の自己否定ということになる。自分で自分の首を締めているということだ。

芸人（私が理想とする）であろうとすると、芸人の集まりであるはずの邦楽界の中で突き当たる壁と矛盾がいっぱい出てくる。そのうち大きな問題は①食べられない②受け手の側と響き合い一体になれるような「うた」がない、場がない、ということだった。

常磐津林中（ときわづりんちゅう）◉はいま、SPレコードで聴いても目のさめるような、生きていることが楽しくなるほどの名人だったが、とても貧乏していたという。芸人の貧乏談はよく耳にするが、では一体どうやって生活していたのだろう、と平曲（へいきょく）◉・地唄（ぢうた）◉の井野川（いのかわ）検校◉にうかがってみた。昔は毎日か一日おきの稽古だったそうで、これではいまの師匠は生活できない。その辺をもう少し詳しく聞くと「昔は金はないが、家の中に味噌、醤油、砂糖、米などいっぱいあった」という。その上に珍しいものが手に入ったり、おかずをつくると必ず届けてくれたそうで、まわりの人たちが自分たちの糧の一部を、ものを生産しない芸能者に分けることで、両者が芸能を生活の中に組み込んでいたらしい。私たちの年代の者は何もかもを金で換算する資本主義社会の中で育ったから、稽古の回数も昔の人に比べたらうんと少ないし、精神的なものも貧しく、「芸」など身につけることはできなくなってしまった。人間のつながりがなくなり、芸さえ金で買うとってつけたようなアクセサリーになって、本来の意味での生活が失われてしまった。文化の質が恐るべき有り様に変わってしまったのだ。

一口に家元制度といっても、古代、中世、近世と成立年代を異にする家元が雑然と林立、このほかに新家元が続出していて、全領域をとらえるのは容易ではないほどに膨大なものになっているという。こうした家元制全体の分類、分析は専門家に任せるとして、一般によく議論の的になるのは、戦後著しい発展(?)をした、いわゆる家元制だと思われるし、私がもの心ついてから置かれていた邦楽界でも圧倒的にこの部分が幅をきかせていたから、ここに的を絞って話を進めると、何といまのようないわゆる家元制は戦後の高度経済成長時代に大衆が参加するようになってあらわれた状態なのだ。

茶、花、日本舞踊、小唄などを例に挙げるとなるほどと思われるだろう。また近頃の意識調査ではほとんどの人が自分を「中流」だと思っているそうで、こうした一般の生活の向上感からか、家元制も移行していて、民謡とか民族舞踊など家元制とは何ら関係ないたちのものまでが、家元制を名乗るようになり、いまや民謡など小唄にとって代って繁盛している。確か邦楽の中に民謡は入らなかったはずだが、名古屋では去年あたりから邦楽大会に民謡を出すようになったそうだ。

セクショナリズムに安住し、権威の好きな日本人。誰かさんのところでもやっているからと猫も杓子もピアノを習わせ、お隣さんが建て増しをしたからと自分のところも増築し、出世コースを約束された権威ある有名校へ入ることにシノギを削っている。一見自由な社会の中で、個人の主体的な自由を持たない日本人。私たちはいわゆる家元制の中にこれらと同じ体質を見ることができるだろう。

昨秋、呉服商店組合主催、名古屋市協賛の「着物ショウ」の音楽を担当して、そんなことだろうと予想はしていたのだが、その予想をハッキリ目の当りにすることになってやはり暗澹とした気持ちになった。

舞台の上にはミス着物選出ということで、素人とプロのモデルの着た、成人式、入学式などでどこにでも見かける、皆同じようなへらへらした着物が次々に繰り出される。それが誰々先生の「作品」なのだそうだ。商売ともなると私たちの日常の衣服であった着物にまで、権威づけが必要になるらしい。うたい文句には、着物のよさを見なおす、とか着物の復権などとあっても、これでは見なおしようがないではないか。

ジーンズと同じように、気楽に身につけるものから仕事着の数々など、祖先の生み出してきた工夫を伝えることを何故しないのか。さしづめこの頃問題になっている夏の冷房病など、着物で事務をとるようになればすぐ解決できるし、冬の資源節約など、寒い冬をさしたる暖房などしないで過ごすことのできた真綿入りの半纏やどてらを見なおせばいい。着物は洋服と違って重ね着をしたってそんなに格好悪くならないようにできている。復権というのは生活の中にとり込んでそれを生かすことではないのか。また当り前に毎日着ていた着物の着付など、習うものではないと思うのだが、着付教室、学院の類いが大流行り。免状を貰えること、師範になれること、何々の席では何の素材をこう着なければいけませんなどと型ばかりを強調して教えるところもまったくの家元制で、こういった着付学院が呉服商とつながりがあるのは誰れにもわかる。実際当日の舞台裏は着付教室の先生方が大勢手伝っていた。

これは市の行事である名古屋祭りにミス着物選出が組み込まれ、その着物ショウを呉服商組合が主催し、そのショウの着付を着付学院の先生方が手伝う、という連関の具体例の一つなのだが、ここにもう一つ、当日の舞台面には出てこないが、芸能の分野である民謡の家元がつながっている。毎年の揃いの浴衣、揃いの衣装など、それにおさらいのたびに新しい着物もいるし、何かと需要が多いからだ。もちろん何割かのマージンが家元のところに入るしかけになっている。

ところでこの頃、余暇をどう使うとか、生き甲斐などと、やたらに言われるようになって、何とか講座、何とか教室などの教養講座が将来の発展産業になっているという。大新聞などがすでにやっているという文化センターといった類いのあれである。どこかでそうした文化講座の講師をしているフランス人が書いていたのだが、そこに集まってくる人びとの主体性のなさを不思議がっていた。何のためにフランス語を習うのかまったくわからないという。

個人の問題である「生きがい」とやらまでが商売の対象になってしまっ

て、金と、ただ時間さえかければ、それを手に入れたように錯覚させ、それを錯覚と気づかせないために文化的なものの何もかもがますますいわゆる家元制になっていく。

制度ときいただけで、クワバラクワバラと逃げ出したくなるのだが、中世、近世から現在までの家元全体については、やはり簡単に悪だときめつけていいのか疑問に思う。いわゆる家元制についてはハッキリ反対だと言おう。それにしてもこの類いの家元制の身のまわりに何と多いことだろう。いわゆる家元制は現代が生み出した社会状況だから、何もかもに関連があって書き出したらキリがなくなってしまった。まだ大切なことが抜け落ちているかもしれないけれど、ここで「芸」について日頃の自分の考えを整理してこれを終わることにしたい。

芸の道の本道とか、芸一筋とはよく言われることだが、どうも中身が違っているように思う。また、芸する人、である「芸人」についての一般のイメージもどこか違っている。例えば芸人は舞台で一方的にサービスし、お客様は神様だという。が、昔の小説などを読んでいると「見巧者」という語がよく使われていて、客の方にもうまい、まずいの評価が下されている。決して神様なんかじゃなく演者と客は対等なのだ。この一方的なサービスに関する話なのだが、あるとき「舞台を降りたとき、あなたは普通の人に見える」と私を非難した人がある。そう言われて仰天したけれど、なるほど落語家とかタレントとか、普段の会話や仕種まで芸人風がウヨウヨしているから、そんなものかナとも思ったがどうにも解せないままだったところ、先日、『週刊朝日』連載の「にんげん望艶鏡」で、森繁久彌●が「役者という種族があるわけじゃなく人間なのだ」という意味のことを書かれていて安心した。とかく「芸」のつくもの、芸の道、芸一筋、芸人などには随分と片寄った印象が強くて、人間のすることとには思えない話が多い。

ところで「芸」とはいったい何だろう。普通、芸と言えば修行、型、技術……と連想するんじゃないだろうか。この修行、型などが日本芸能の大切なもの、として議論されることが多いが、私がイメージしているそれとどうも違っている。ここでもう一度前述の司馬遼太郎氏の「現代の修行」から引用したい。

——修行の世界に弟子は師匠をマネてはいけない、という言葉がありますが。

司馬――仏師もそうですが、どの修行も皆そういいますね。これは師弟関係の言葉ではありませんが、同じ概念を違う言葉でいうことがあります。序破急っていうでしょう。師匠に就いて一所懸命やるのが「序」で、覚えた事を破るのが「破」で、そしてそれから弁証法的に発展するのが「急」です。弟子が、序破急をきちっと守ったら大変なことになります。ものすごいことになります。

――「破」の段階でオリジナリティーが出てくる、という意味ですか。

司馬――そうなんです。「破」の段階で個性だとか、抜きさしならない自分が出てくる。このときに叩かれたり、破門されたり、あるいは寛容な師匠のもとでは誉められたり、いちばん苦しみがあるだろうと思いますね。

修行についてはこの「序破急」のほかに「修破離」という言葉がある。意味は少し違うと思われるが、この二つの言葉の同じ位置に、「破」があることを深く心にとどめておきたい。現代一般に言われている芸の概念の中では、いつも「修」だけが語られていて、「破」とそのあとがないのだ。私たちは文化の基本であるところの日常の暮らし方を失くしてしまったから、本当の芸も失くなっていて、それを「修める」だけでも本質的には何ら関係のない部分で捻くりまわされて、大変な思いをしなければならない。すると「修」だけを一所懸命やっていれば、あるいは強調していれば、反体制的なことにもなり、自他ともに何かをしているようなある種の満足をしてしまう。が、そこで立ち止まってしまっては、生きているものの営みとしての循環が止まってしまう。停滞したままでは次のいのちが生まれてこないのだ。

また一方でこの反対に、「修」が抜け落ちて、「破」だけやっていれば前衛だと思われていたり、もう一つ人間社会にまで枠を拡げると、「修」の部分である、培ってきた歴史の上に立っていることなどわかってみようともせず、何でもかんでも破壊することが革命だと思われていたりする。皆が文字が読めるようになってから、読みさえすればわかったような気になって、情報は溢れているのにもの事を総体的にとらえることができなくなってしまった。

修行も型も技術も、別個に論じられたり、どれかが特別に大切でその順序があるように印象づけをしている書物などによく出会う（外国人と話すと日本文化の特徴は型であることを強調する。そう紹介されたものばかりなのだろう）が、これらは同時にあるもので、別々に切り離しては考えられないものだと思う。だから「芸・修行」という言葉と同じに「型」も「技術」も固定されるはずがなく、やはり破るものだし、流動しているものなのだ。時間も、生きものの血管の中を流れている暖かい血潮も、宇宙の循環とともにいつもとどまることなく流れている。この世の中で生きているものはすべて固定させることはできない。固定させるということは、死んだ状態ということになる。

歌舞伎、新派、新劇――と、それぞれの殻の中に新人が入ってゆく。ウイウイしいからだを引っさげて、新生の意気に燃えながら入っていくのだろうが、いつの間にか固まってその座風というか、芸風というか、劇団のパターンという甲羅ができる。まわりも、ようやく馴染んできたとそれを喜び、本人もその甲羅でほかの一切を遠ざけてわが身を護り、哀しいかな生涯これをぬぐこともなく終わるようだ。

さて、その殻とは何だろう。長い年月をかけて築いた劇団のスタイルだろうか。無言の誓約に忠実に従って、先代を見習い真似る、いわばコピーのような仕事が続く。ときにコピー以上に振舞う者は、禁断の園を荒らす者としてツマハジキされる。しきたりは根強く、容易な業で脱皮などできるものではない。新しいパーソナリティーは、芽生え、習い、覚え、やがて固まり、籠る。これを繰り返すのだ。牢固としてこれを破ることなく芸能海を泳ぐのが常識とされている。

これは複雑な爪や顔、八本もある長い脚を持つ蟹が成長するときの、脱皮する様を見て感動し、人間界の役者に思いをはせた森繁久彌の「にんげん望艶鏡」からの引用である。伝統芸能だけの問題ではない。型とかジャンルについての現状が語られている。

先日のリサイタルに新聞社まわりをしたのだが、私の創作に対してほとんど一様に「どのジャンルですか」と質問があり、音楽にジャンルはいらない旨をあれこれ例を上げて説明すると、こちらの話し方のまずさもあるのだがますますわからなくなって、最後に「何に似ていますか」ととどめをさされるのにはまいってしまった。

明治からこの方、ほんの少しジャンルの創出を見ることができるが、現代に近づくほど、ジャンルの中での創造しか行われなくなってしまった。が、もともと芸というものは、現代の常識にならって無理矢理ジャンルに当て嵌めて考えるなら、一人一ジャンル、ということになるんじゃないかと思う。江戸の中頃、三味線音楽の創成期の頃につくられた、義太夫、一中、宮薗、常磐津、新内（しんない）、清元などの浄瑠璃は皆、人の名前なのだ。竹本義太夫という人のオリジナルを呼ぶときには名前の下に「節」をつけると、その語り方の名称となる。この創成期の頃には一中節から豊後(ぶんご)節、常磐津、富本(とみもと)、清元と次々にオリジナルが出てきている。が、現代はそれをその人のオリジナルとは考えず、型、ジャンルとして受けとめているために、清元を看板にする人はその中でのみの演奏活動と、家元にでもなろとそのパターンを使って新作をつくっている。よく、後進を育てろとか、あとを継ぐ人、などというが、これも意味が違って使われていると思う。例えば私のうたう「吉野之山」を、あとからの人がそのまま覚えてうたっても、後進を育てたことにも、芸を守ったことにもならない。私のうたは私だけのものだ。あとから来る人はこれに代わるその人のこころに合うものを見つければ、つくり出さねばならない。もちろん同じうたをうたうのなら、より以上、目を瞠(みは)るようなものにしなければならない。「芸人」というのは、例えば土を耕して種をまき、芽が出て、育て、花を咲かせ――種をつくり枯れていく、といったその人の一生の中で、その人だけの花を育み咲かせる人を言うのではないだろうか。

当然のことながら創成期の頃には、名前を名乗るのもいまよりずっと自由だったようだし、舞台にもいろんな名前の人が(いまで言えば流派になる)入り乱れて出演していたらしい。現代は衰弱期なのだろう。型やルールばかりが強調されて、そればかりのものもあるが、その反面でまことしやかに技術が尊重される。いちばん大切な芯のところが抜け落ちてしまっているのだ。そして、芯がない方が都合がよくて、目先きだけの金儲けの（金儲けにも美意識があったはずなのに）格好のエサになってしまっているのが、現代の「芸」であり「家元制」なのだ。

（『桃之夭夭』一九七八年七月／十二月／一九七九年六月）

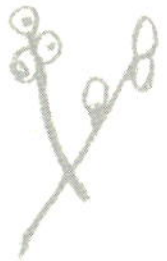

交歓と別離

一九七七—一九八八

三味線の音色をつくる
――竹内庸介さん訪問

竹内庸介さんとは宮薗の内弟子をしている頃に知り合い、その頃破格の値段で私に三味線をつくって下さったりした。一昨年（一九七五年）のジァンジァンでのリサイタルには、幕も何もない舞台の転換に、白髪を小ざっぱりと刈り上げてキリッとした小柄の竹内さんが、三味線を置いたり引っ込めたりする役を引き受けて下さって、大いに効果があがったのだが、これは「あんときは嫌だったたね」というような無理なお願いで、しかもお祝いまでいただいてしまった。そんなわけで私など商売にも何もなりはしない。私にはこういう方々がまわりにいっぱいで、それでいままで何とかやってこられたし、現在も私一人ではとてもできない大きな仕事が成り立っている。

この訪問で竹内さんをより深く理解することができたように思う。

竹内さんは古典芸術音楽の奏者である人間国宝から寄席の下座を弾く人の張りまで、非常に仕事の幅が広い。女流ばかりということは初耳だったが、それを聞いて竹内さんのつくり出す音色の特徴と個性がもう一つ確かなものとしてわかってきた。もう一つ驚いたのは修行年数が短いこと。十年そこそこで独立していて、しかも二度目の親方は仕事がうまくいかなかったという。すると子どもの頃初めについた親方のところでのわずか数年が、竹内さんの中に生きていることになる。棹のほかの部分もつくるようになったのは独立してからだと聞いた。
亡くなった箏づくりの人間国宝の柿沢真泉さんが「竹内の張りはいい」と、職人仲間でさえ誉める技術は、竹内さんそのものからあみ出されたものらしい。私が不思議がると、彼は一言のもとに「素質だね」と言った。
弟さんが棹づくりで、御子息はいま何もかもを一人でこなしていらっしゃる。このお二人をよく自慢なさっていたが、竹内さんが仕込まれたのだと聞いて、父親とぶつかってばかりいた私は、いろんな意味でとても尊敬してしまった。

十四歳から修行

桃山――竹内さんの生まれ年は。

竹内――明治三十三年の子年。今年（一九七七年）七十七歳。生まれは群馬県です。でも、早く東京に出てきたから、まあ江戸っ子みたいなもんだな、純粋じゃないけど。

桃山――江戸っ子に見えます。竹内さんのやっているお仕事は、三絃師というのですね。竹内さんは初めから三絃師になりた

竹内庸介［たけうちようすけ］一九〇〇年生まれ。群馬県出身。三絃師。十四歳より蔵前で三絃師としての修行を始め、二十五歳で独立し、北清島町（台東区東上野六丁目）に店を持つ。

かったんですか。

竹内――いや、兄弟が多かったから。といっても三人だけど、その頃は口べらしのために皆奉公に行ってね。弟も三絃師になって棹つくってるし、もう一人の弟は家具屋をやっている。小僧になったのは十四のとき。住み込んだところが蔵前で、月給二十銭だった。ここの親方は三十三で死んじゃった。名人だったねえ。十六で、坂本の三絃師のところへ行った。ここじゃ三円貰ったね。二十一のときに兵隊検査があったけど、寸足らずで兵隊にはとられなかった（笑）。丙種合格。

桃山――何が幸いかわからないですね。それからまたずっと三絃の職人続けたわけですね。

竹内――二十五で北清島町に独立して店持つまでね。

桃山――その頃はやっぱり厳しかったでしょうね。

竹内――初めの親方のところはほかに二人いたけど、ネを上げて出ていっちゃった。三絃師になったのはあたし一人だけ。

桃山――このあいだ、竹内さんに昔の浅草の演歌師の話を聞きましたが、あれは小僧のときの話ですか。

竹内――使いで外に出たときに少しサボってね（笑）。「平和節」なんかやってたね。大体二人でね。一人はバイオリンを弾いて、もう一人が本を売る。

桃山――舞台のソデで芝居見てたら、緞帳にひっかかって宙づりになりそうだったって話も聞きましたね。

竹内――そう、そう。着物がひっかかったんだ。帝劇の「先代萩」で、役者は（澤村）宗十郎。親方の代わりに小二郎さんに三味線を届けに行ったときのことだ。

桃山――三味線届けにいったときには、やっぱりサボって見る機会があったんですね。そういう芝居の楽屋にいくと、知ってる人がいっぱいいたようですね。

竹内――そうだよ。「文覚上人」で（松本）幸四郎が二役やってた。

桃山――で、二十五でお店持って、ずっとこれまできたわけですか。

竹内――そう三十歳で結婚して……。

桃山――割と遅かったんですね。どんな亭主でした。

奥さん――しごく品行方正でした（笑）。仕事が道楽みたいなものね。仕事場に入ってるときがいちばん気が安まるらしいですよ。

桃山――でも竹内さん、美人のお師匠さん好きですよね。

竹内――そりゃあ、きれいな人の方が汚い人よりいいよ（笑）。

桃山――清元のお稽古はいつ頃から。

竹内――清元は長い。二度目の店のときからで、ここの親方は何にもやらない。だから、夏なんかソーッと隠れて師匠のところへ行って習ってたんだけど、しばらくしたら親方も考えなおした。習いに行けば、私は店の品物持っていくから、どんどん知り合いに売れる。

桃山――三味線屋さんって、みんな長唄、清元くらいはやるんだと思っていたけれど、やらない人もいるの。

奥さん――いますよ。

桃山――稽古してなければ、調子なんか合わないじゃないですか。

竹内――自然に合うねえ。私は清元のほかに常磐津もやった。小唄は十年だな。

桃山――竹内さんの清元の世界がそのままあるでしょ。小唄は誰に習ったんですか。

竹内――先代の駒福さん。

桃山――それで駒福さんは爪びきが苦手だからというんで、あの爪は竹内さんが特別に考案したのですね。いまはほかでも売っているけど。

女流相手につくる

桃山――お得意さんはやっぱりお師匠さんが多かった。

竹内――うん。芸者にはひどい目に会ったから。

奥さん――ああいう人たちはお勘定伸ばすのが平気なんですよ。まごまごしてると払わないでいなくなる。だから芸者さん相手にはあまりやらない。店たたまなきゃなんないから。お師匠さんはそんなことありません。

竹内――芸者さんは、「こんにちは」って入っていくと、「ああ竹内さんならいいや」ってそのまま肌脱ぎになってお化粧してたりする。

桃山――よく芸者の音楽だとか芸者性なんて言うけれど、

本当の芸者さんの世界を知らないで言っている。三味線屋さんなら、入ってきても裸のまま平気でお化粧しちゃうとか。そんな人ばかりじゃないだろうけど、そういうところってあるのよね。その頃、月にいくつくらいつくってました。

奥さん――棹だけでも、いいものは一週間か十日かかる。胴はまた別の人がつくりますしね。

竹内――その時分、月に四、五本つくったかな。

桃山――いま、清元から宮薗から常磐津から、有名なお師匠さんはみんな、竹内さんのところでつくっている。

奥さん――そんなことないですよ。うちは女流専門。

竹内――女が好きだから(笑)。

桃山――女流の三味線が多いとは大発見。宮薗と清元じゃ張りが全然違うし、それだけ多様な三味線張るのは大変でしょう。よそで宮薗の三味線張ってもらっても音が宮薗にならない。その宮薗用の三味線だって、一つひとつ微妙に違うし、宮薗の三味線で清元や長唄は絶対に弾けない。

竹内――そりゃあ、そうだ。

桃山――竹内さんは、すごく感覚がいいんですね。

奥さん――新しくつくっても、自分で何度も弾いて気に入らなければ納めません。

桃山――三味線は自分なりに弾き込まないと駄目だけど、あまり長くもつものでもない。皮の寿命はせいぜい一年。半年で張り替える人もいますね。すぐやぶけちゃうこともあるし、棹も指で押さえるから、少しずつ減ってくる。税務署の人に「三味線はこれだけお金がかかります」と言うと、「財産でしょう」って言うんだけど……。

竹内――消耗品だね。

飛行機部品づくり

桃山――三味線の材料はいまほとんど輸入ですね。

奥さん――東南アジアの方からね。胴は花梨で、棹は紫檀、黒檀、紅木とあるけれど、皆輸入ですね。日本の樫はもうあまり使いませんね。

桃山――樫の木は少し音が甘いように思う。

奥さん――甘いです。だからお座敷には向きますね。

桃山――戦争中はどうしてました。

奥さん――戦争中は楽器つくるなんて駄目でしょ。だから兄の工場で飛行機の部品つくってたんで、そっちに行きました。操縦桿の手で握る部品があって、やはり技術がないとできない。だから三味線づくりが役立った。木製の飛行機つくってた。

竹内――飛んでったら帰ってこない飛行機。戦争終わったらすぐこの商売やろうとしたんですが、材料も道具も何にもない。それであちこちから木を集めて、張り台から皆自分でつくった。

桃山――戦後しばらくして、小唄ブームになりましたね。

奥さん――そうなんですよ。この近所に駒福さんの名取りの人がいて、遊びにいらっしゃいとおっしゃって下すって、行くようになったんです。いろいろお友だち連れていったりね。そのうちほかの人はどんどん名前をとるんですが、うちの人は名前なんかいらない、ただ好きでやってるんだからと言うのですが、それじゃあとに来た人が困るからとってくれと言われて、名取りになった。

竹内――名前とると金払うんだけどね。あんたみたいに自分で弾けてちゃんとうたえる人からはもらうわけにはいかないと、市川に住んでいた駒福さんがあとで金返してくれた(笑)。

奥さん――素人の方は名前とることを喜んじゃう。ちゃんとできなくても名前とったりしてね。

桃山――あれはパトロン料みたいなもんです。後援費とかね。この頃は名取りじゃない人の方が少なかったりして(笑)。

奥さん――知り合いの方に、小唄の会やるから出て下さいと言われるでしょ。するとこっちのお師匠さんは面白くない。駒福さんはそんなことはない、うちの宣伝になるからって気持ちよくすすめてくれました。

桃山――やはりお人柄だったのね。竹内さんはうたうのと弾くのとどっちが好きですか。

竹内――うたうほう。

桃山――唄うたいと三味線弾きとは神経が全然違うでしょ。私はうたの方がいい。ズボーッとヌケてるから。宮薗の千寿お師匠さんは、神経質でキチッとしてるから、三味線が合う。

竹内――千寿さんは名人だよ。男女とりまぜての中でも名人だねえ。ただ三味線もあんまりキチンと弾かれたんじゃあ、どうもうたの方はやりにくくて……。

桃山――素人衆のうたは気持ちいいときはグーッとのばしたりするでしょ。私たちはいつもここはのばしたいんだけど、のばしちゃいけないんだと思ってうたったりしている（笑）。ああいうときは考えないでむしろのばした方がいいみたいですね。

竹内――そうしないと、自分で好きなうた、うたえないよ。

桃山――私もプロとか何とかよしちゃって、自由にうたいたい。楽しんでうたうのがいちばんです。

皮の具合

桃山――竹内さんはお酒は飲まれますか。

竹内――飲まない。女も買わない（笑）。

桃山――それですごく感覚的なものを持ってるって不思議ですね。竹内さんの張りは柔らかい音が出て、竹内さんの三味線は何となく抱きしめたくなる。いろんな三味線持ってるけど、なかなかそういう感じにはなりません。それに押さえるところはピシッと決まってるから気持ちいい。

竹内――それは光栄です。

桃山――皮を張るときはその人に合わせるんでしょ。同じ宮薗でも人によって違う。だから清元でも、あの師匠はこういう皮でこういう張りでと、それぞれ変えてやるわけでしょ。

竹内――そうそう。

桃山――人を全部知っていないといけない。口で説明して説明できるもんじゃないし。女遊びしないで、そんなこと知ってるなんて、竹内さんは天才だな（笑）。

奥さん――自分が清元が好きだから、一所懸命に音というものを研究して……。

桃山――そうだ。**清元をうたうということは、竹内さんにとって女遊びとかお酒を飲むのと同じことなのね。**

竹内――そうかね、そうかもしれないね。

桃山――清元をうたうというのも、酔うことですものね。私にとってうたは、お酒五合飲んだくらいいい気持ちだな。この頃気に入らないんだけど、このうたはこううたわなければならないなんて言い過ぎだと思う。

竹内——私は、もう勝手にうたっちゃう（笑）。

桃山——型を守るとか、伝統芸能は正統的にどうとか言う人が多いけど、あれはおかしい。

竹内——うん、おかしい、おかしい。

桃山——正統というんなら、思うようにうたって気持ちがいいってのが正統じゃないかしら（笑）。いまは大切なところがすっかり忘れられちゃっている。

（『桃之夭夭』一九七七年七月）

演歌と叛骨
——添田知道さん訪問

添田知道氏とは、岡本文弥(おかもとぶんや)師の本牧亭の会に三島一(みしまはじめ)先生とご一緒に
舞台で並んで何か喋った。そのときが初対面らしいが、定かではない。
それ以来ずっと於晴会の柱の一人となって、
容赦のない言葉をズケッと浴びせるのが先生の役目になった。
お粗末でした、と挨拶をすると「お粗末なんてこんなものじゃねえ」といった具合に。
あるとき「オイ怪物がいるよ」と女房どのに云ったとかで、
その頃には世間並みの常識からどうもズレているらしい自分に
気がつき始めていたので、私は内心小さくなった。
添田先生は優しい。とても優しいから誠意のない人間にはよく憤る。
世の中はだんだんに悪くなるから年を追って憤ることはますます多くなってくる。
先生は無精だ。先生はこまめで律気だ。
だから傾いてガタビシする家の中で長火鉢に炭火をおこして、

梅干しを食べたらタネはためておいて天神様をとり出して酒のツマミにし、殻は南京豆の殻とタバコの吸い殻とたきつけにする。そして毎日風呂に入る。ぬるい湯にゆっくりとつかりながら必ず蜜柑を食べる。これら毎日の行事のすべてを、奥様が亡くなってから七年間も一人で続けてこられた。尾崎秀樹（おざきほつき）だったかがいつか、「叛骨が着物を着ているような人」と評しているのを読んで、ナルホドと思ったことをこの原稿を書くにあたって憶い出した。

芝居体験

桃山――先生は何年生まれですか。

添田――明治三十五年。本所馬場町の生まれだ。母はタケといった。唖蟬坊とタケ女は一年ほど前に結婚していたけど、添田の家は大磯、母の太田家は茅ケ崎で、親戚づき合いをしていたので、子どもの頃から二人は仲が好かった。

桃山――その頃は貧乏だったんでしょう。

添田知道［そえだともみち］一九〇二―一九八〇。演歌師、作家、評論家。添田唖蟬坊の長男として東京に生まれる。芸名はさつき、号は吐蒙（ともう）。日本大学附属中学校中退の後、売文社に勤め、父の演歌活動に参加、その跡を継いで演歌師となり、「パイノパイノパイ」などの流行歌を作り出す。浅草の会、素面の会などの世話役を務める。昭和二年（1927）より文筆活動を開始、街頭演歌の衰退に伴い文筆に専念、本名で、万年小学校時代の恩師を主人公とした長編小説『小説 教育者』を書き、新潮社文芸賞を受賞。作品は、長谷川伸、吉川英治らから激賞される。戦後は、演歌師の生活などを描いた著作を刊行し、『演歌の明治大正史』で毎日出版文化賞受賞。『歌と音でつづる明治』の監修で、第九回日本レコード大賞企画賞を受賞。

添田――もちろん貧乏だけど、そうは感じなかった。唖蟬坊は流浪の身だったので、世帯を持ったのを機会にちゃんとした生活を、という親戚連の肝煎りだったんだが、ドッコイ、そうはいかなかった。

桃山――それに一緒になった、タケ女の方もどっこいどうして、モダンガールだったんでしょ。唖蟬坊の家には、出入りする演歌師の人たちのために、芋の俵が積んであったと聞いたけど。

添田――それはずっとあとだよ。西川光二郎(にしかわこうじろう)や添田平吉(唖蟬坊の本名)が社会主義の講演旅行に北海道へ出掛けたんだ。その留守宅が、二か所よりは一か所の方がいいというんで、本郷金スケ町だったが、二家族一緒に住んでいた。その玄関の土間に芋の俵が二つ積んであったのを憶えてる。俺はどうも食べもののことが記憶によく残っているんだな(笑)。そこで塾をやっていた。タケ女は裁縫の名人で、西川の妻君も何だったか忘れたが教えて、亭主がいなくてもちゃんとやっていけるようにしていたんだ。

桃山――それは先生が幾つぐらいのとき。

添田――五つぐらいだな。そのとき、本郷座へ芝居見物に連れていかれたことがあってね。その舞台の印象が、いまも残っている。おそらくいまの新劇、翻訳劇かなんかだなあ。薄暗い坑道みたいなものを、人が行ったり来たりしているのが目に残っているね。その演(だ)しものが何だったか、いろいろと調べてみてもわからない。

ウーマンリブの草分けだった母

桃山――お話を聞いていると、先生のお母さんて、とっても素敵な人だって思えるんだけど。当時、女の人同士のお付き合いなんかはどうだったの。

添田――初期の社会主義運動の、いままで言うウーマンリブの先駆者だったから、そういう友達が沢山いた。旧い方じゃ、福田英子(ふくだひでこ)や堺為子(さかいためこ)夫人。

桃山――「ラッパ節」になった焼き討ち事件でも、お母さんは活躍したそうですね。

添田――そう。東京の市街電車三社の値上げに反対して署名運動をしたり、ビラ撒きにも参加した。演説もした。

桃山——いつまでも帰ってこないと思っていたら、逮捕されたって誰かが知らせてくれたって。

添田——そうそう。ずっとあとでおふくろの演説を聞いたって人に会ったら、とても素晴らしくて非常に感動したって言ってたよ。だからね、俺はね、親父とおふくろが逆だったら、随分違ってたろうなって、つくづく思う（笑）。

「ラッパ節」

わたしゃよっぽどあわてもの
蟇口拾ふて喜んで
家へ帰ってよく見たら
馬車にひかれたひき蛙
トコトットット

名誉名誉とおだてあげ
大切な倅をむざむざと
砲の餌食に誰がした
もとの倅にして返せ
トコトットット

添田——唖蟬坊は講演旅行などでしょっちゅう出歩いていたけど、その留守宅はタケ女がちゃんとやっていた。ただ、家賃が詰まったりして、よく家を転々とした。まあ昔は引越しが比較的簡単だったからね。学校へ入るときになって、大磯のおばさんのところへあずけられた。

桃山——大磯小学校ね。

添田——そこでさ、「パイノパイ」のうたのもとの話、これ、話しただろ。チンポコを蜂にさされて、それをすぐうたにしてはやされちゃったんだ。

桃山——うんうん（うたう）。

添田——（合わせる）蜂にチンコをさされてあいたった、あいたった、こりゃおかし（笑）。この節は、救世軍の軍歌を使っていた。そういう馴染みの節だから、つい口をついて出て、俺は後年「パイノパイ」をつくったんだ。

桃山——子どものときのそういう印象や体験は、いまくらいの年になって、ものを書こうとしたり、つくろうとしたりすろと、知らず知らずに出てくるものですね。

「貧民街」育ちが土台に

桃山——大磯から万年小学校へ移ったんでしょ。

添田——祖母が、もう面倒を見きれないので引きとってくれって、俺が自分で代筆をして手紙を出した。小学校二年生だよな。それで親父が、引きとろうとしたんだが、ああいう演歌師の生活だ。自分一人だったらどこに居たっていい。ところが、俺を引きとると、俺を置く場所をこしらえなければならない。それで仲間に頼んで探したのが、いろは長屋なんだよ。

桃山——それはいまでいうと、どこですか。

添田——台東区下谷、山伏町。万年町というのが大変な貧民窟でね。それと隣り合わせで貧民街だった。親父は学校へなんかあげる気はないんだよ。「尋常科一年にして知道はうそつくことを少し憶えし」なんてうたをつくった頃だからね。小学校に行くようになったのは、ひょんなことからだ。当時、親父には尾行がついていた。そいつがたまには署長に会ってくれなんて言っても、「向こうから来い」と、会いに行ったこともなかった。ところが、長屋の連中がバクチでガサを食って挙げられたことがあった。かみさん連中が困って、いつも尾行がついているから警察とは仲がいいんだろうと、デカが忘れていった時計を土産に署長に会ってくれと親父に頼んだ。会ってみると、人間的に面白いやつで、仲よくなり、のちに署長は親父の俳句の弟子になった。その署長が、貧民学校の万年小学校の坂本校長の表現によれば、薄夜秘かに校長を訪ね、「山伏町に社会主義の巣窟があるのをご存知か」と言った。その子どもを学校へ行かせたい。普通の学校では駄目だけどお宅の学校ならば扱ってもらえそうだ。引きとってくれと交渉に来たという。校長は一晩考えた。ここは親が貧乏で学校へ行けないものを収容する学校である。唖蝉坊は学校にあげようと思えばできるはずだ。資格はない。いろいろ考えた。その校長は、まず相手を人間として見るという教育理念を持っていた。そもそもこの学校は、皇太子のご成婚記念に五万円御下賜になって、それをどう使うか東京市議会でいろいろもめて、教育事業に使おうということでできた学校だ。社会主義の子どもを洗脳すれば報恩になると、一晩で理屈を考えて、俺を収容した。それが、三学年があと二、三か月でおしまいになってしまうところ。だから一年無駄にしないで済んだ。そういう学校で育ったことで、『教育者』を書くことにもなったわけだ。

「ノンキ節」
学校の先生はえ〜いもんじゃそうな
え〜いか〜なんでも教えるそうな
教えりや生徒は無邪気なもので
それもさうかと思うげな
ア、ノンキだね。

桃山——唖蟬坊と二人で暮らすといっても、唖蟬坊はよく旅に出てたわけでしょ。お金置いていったりするの。

添田——外食するときは五銭よこす。小遣いなんて一文もくれない。外食のときだけ。蕎麦屋へ行くと、うどんもりかけが、万年町あたりは安くて、一銭五厘。二つ食っても三銭で済むから、二銭余る。その二銭が小遣いになった。

桃山——唖蟬坊も炊事してましたか。

添田——してたよ。一応何でもやった。それから蒲団つくるのがうまくて、随分あっちこっちで頼まれてね。親父と一緒に歩くと、よそのおばさんに頼まれる。特に綿入れがうまい。

桃山——唖蟬坊がいないと先生は自炊したの。

添田——その頃は炭で、米だって一升買いだった。米を計るとき、一升ますに親指を突っ込んで、量目をごまかす。焼き芋なんて、市内一般では四切れ一銭だったのが、あの辺りでは八切れあった。

桃山——それで一食になっちゃう。質屋なんかには行きましたか。

添田——質屋は好きだった。よく行ったよ。それで思い出したけど、大体、俺は親父とよく喧嘩をしていた。俺は親父に、あんたを親父と感じたのは二度しかなかったと言ったことがある。一度は、俺が祖父の家にあずけられていたとき、親父が来て蒲団をめくって俺の寝顔をのぞき込んで笑ってたのね、そのときの笑い顔。もう一つは、ある晦日にね、親父は帰ってこないし、正月の晴れ着がまだねえなと思って黙って寝てしまって、ふと目が覚めたら、晴れ着が上にかけてあった。その二度しかないって、親父に言ってやった。

差別と中学退学

桃山――中学はどこ。

添田――その頃は成績優秀なやつに学費を出す篤志家があちこちにいて、その中に、米相場の親方で松谷天一坊と称した人が人形町にいて、そこが引きとるっていうんで、そこの家に行った。大金持ちの家はどうも性に合わねえんだけど、そこに、同年の息子がいてね。一緒に府立一中と麻布中学を受けて、二人とも落ちた。俺は、三番目に日本大学中学という出来立ての中学にすれすれでひっかかった。学費が五円くらいなんだ。最初は住み込みだったんだが、顔色が悪いのであちこちの病院に使いに出された。最初は使いかと思っていたら、こっちが診られている。それで左胸をやられているってことから向こうももう見込みないと思ったのか、捨ぶちに学費ぐらいはやれっていうんで、五円を毎月もらいに、いろは長屋から人形町まで歩いていったこともある。そんなことやってるうちに学校そのものがやになってね、上野の山で寝ころんでサボるようになった。それが見つかったのかな、退学っていう通知が来た。何言ってやんでえ、こっちが学校が気にいらないから退学したんじゃないかって言ってね。

桃山――何でサボろようになったの。

添田――いまでいう、差別っていうやつだな。貧民学校出だということで、市ケ谷の刑務所の差し入れ弁当屋の息子と俺の二人がいじめられた。教師にも偏見があって、あれやこれやでだんだん嫌になった。それから一人で、せめて英語でもものしようかと、正則英語に勝手に通った。ところが入学金五十銭で月謝五十銭なんだ。三か月で中学の一年分をやるというんで、五学期で中学は終わり、その上は文学科で、ずっと上の方もある。実際やってみると学費が続かない。

売文社という学校

桃山――売文社にはどういういきさつで入ったのですか。

添田――これは、親父に口がかかったんだろう。当時、売文社は銀座から有楽町へ発展したんだ。堺利彦(さかいとしひこ)、高畠素之(たかばたけもとゆき)、山川均(やまかわひとし)の三者合名会社として、三階建ての貸し事務所に引越した。**最初はその玄関番として行くようになった。玄関番たって、いちばん威張っているんだよ。「うん」と言わなきゃ、人は入るわけにはいかない。**電話もそうだ。杉村楚人冠(すぎむらそじんかん)という偉い人から電話がかかってきて、「社長はいるか」と言うから「いません」と言ったら、「そんなはずはない」と、とんがった言い方をする。「いないものはいないんだ」と言い返したら、「君は誰だ」。「玄関番だ。文句があるならいつでも来い」と言った。これは社長があとで彼に会ったとき当然、話が出たはずなんだ。でも、怒られたことが一度もない。勝手放題やらしてくれた。だからあれがいちばんのいい学校だったな。社員一人ひとりに個性があった。雑誌は堺、高畠、山川と三人が交代で編集していた。こっちは編集小僧だから、原稿を印刷工場へ持っていったり、校正したりする。だから、三人の編集の個性もよくわかった。

桃山――そこへ荒畑寒村(あらはたかんそん)さんも来ていたのね。近藤真柄(こんどうまがら)さんも、その頃から。

添田――真柄さんはその前、子どもの頃から。親父に連れられて集会に行ったら、そこで真柄さんと二人で十銭持たされて外へ出された。十銭ったら大変だったんだよ。二人で手をつないで表に行き、折り紙を五銭買って、焼き芋を五銭買って、遊んだりした。

桃山――それは幾つぐらいの頃。

添田――九つ、十だな。堺利彦ともその頃から顔見知りだったから、おじさんという感じなんだ。だから売文社に行くようになったとき、「堺さんは」と言ったら、先輩の玄関番で高畠素之の甥っ子が「堺先生」と呼べと言う。なるほど、世間相場ではそうかもしれないけれど、それよりこっちはもっと親しいんだ。おじさんなんだという感じ。

桃山――荒畑寒村先生や真柄さんを見ていると、当時の仲間は皆人間らしく暖かい感じですね。大杉栄◉とのことで、いままでに書いていないことがあったら話して下さい。

添田――当時、会合するてえと、皆尾行つきだ。とても具合が悪いんだよね。そこで勝手に喋るのには原っぱがいいだろうと、代々木の原で二、三度屋外集会をやった。そこに連れていかれたことがある。大杉栄はドモリだったんだけど、練兵場の兵隊が休息していたのに向かって、何か言っている。あとで親父にあれは何だったんだと聞いたの。すると兵隊を煽動していたんだというんだ。「セ、セ、セ、セイセイ、ド、ド、ドウドウ、ダ、ダ、ダ、ツヘイシロ」。

桃山――すごい熱血漢ね。

添田――熱血もあるけど、洒落もあるだろう。正々堂々脱兵しろっていうんだから。しかも、そいつをドモる。

社会主義の総本山でのストライキ

桃山――ところで売文社時代には、先生が一人でストライキをした話もありますね。

添田――ストライキは俺の洒落なんだ。売文社という社会主義の総本山でストをして、社長から出藍の誉れありと誉められるつもりだったんだ。社長は洒落っ気のあった人だからね。玄関番だけじゃなく、簡単な文案だの校正ね、それに清書などやっているのに、給料が上がらないとはどういう訳だ。社長は昼はどこそこ、夜は何々亭なんて客と一緒に食事に出ることがあるけれど、こっちはめしに塩かけて食ってるんだってことを書いて、それを社長のテーブルの上に置いた。それだけじゃなく、ジャックナイフのキリを出して、それでチョッと留めて置いた。社長はこの洒落がわかって、誉められると思っていたんだが、当時、売文社には国家社会主義と社会主義に分裂する面白くない空気が起こり始めていたので、クシャクシャしていたんだな。あいつは不良少年で駄目だって折り紙をつけられてしまった。そのうち社長に呼ばれて、君の言うことは聞けないって言うんだ。やめてもらう、何か要求はあるかって。いや何もありませんよと言うと、ああそう今月は五日出てるねって、五円くれた。俺はそれを持ってすぐに浅草に飛んでいってオペラを見た。十六、七、八のニキビ盛りの頃だったよ。その後、堺さんが市会議員に当選していたので、傍聴に行って廊下を歩いていると、堺さんが黒い鉄ブチの眼鏡をかけて向こうから来た。あっ来たな、まずいなと思ったら、ニコニコして、どうしてる君、遊びに来たまえよって言う。あ、これで勘気はとけたなと思った。

桃山——先生の演歌との関係は。

添田——「パイノパイ」が流行り出したのは、売文社時代だね。売文社から帰って、親父と二人で洋食メニューで歌詞の見本をこしらえてたら、お前一人でつくってみろって言う。そこで、その晩から考えて、しょっちゅう歩いている堀端風景から東京風物詩にしようと思った。そしてそれを送っておいたら、そいつをネタ本にして演歌師がやり始めて、どんどん売れ出した。その翌年が世界平和になったんで、「平和節」をつくったんだ。

桃山——するとニキビとともに処女作が生まれたってわけですね。

(『桃之夭夭』一九七七年十一月／一九七八年七月)

近代邦楽事情
——父、鹿島大治訪問

黒田清輝の孫弟子として

桃山——油絵の岡田三郎助先生のところへ習いにいったのは、いつから。

鹿島——大学を出てから絵を本格的にやりたいと思ってね。親父の親友の高橋是福さんに相談したら、岡田先生のとこへ奥さんと一緒に連れていって下さったんだ。岡田先生は黒田清輝のお弟子だったけど、黒田先生はもう亡くなっていた。

桃山——岡田先生のほかに当時はどんな人たちがいましたか。

鹿島——和田英作、藤島武二。まずこの二人だね。黒田先生の頃は、浅井忠。これはアカデミックな方で、暗い絵だ。ところが黒田先生は明るい。彫刻の方では、新海竹太郎なんて先生がいたね。皆パリから直に習っていた。その前にイタリアのフォンタネージがいた。この人は非常にうまい人だった。フランス人ではビゴーがいたね。なかなか達者な人で、日本人を夫人にしていた。

桃山――明治維新以降、そういうところから先生を呼んだわけですね。
鹿島――そうだね。陸軍でもフランスからルボン中将なんかが来た。最初はフランス派、それからドイツ派になった。
桃山――岡田先生の教室は、その頃どういう風にやっていたの。
鹿島――本郷の春木町にあったんだけど、それが偶然、うちの鹿島清兵衛が、日本音楽と西洋音楽の先生方を接触させる音楽教室を建てた跡なんだよ。清兵衛が二十代の頃だろうね。長唄の杵屋六左衛門（きねやろくざえもん）たちと、芸大、その頃は上野の音楽学校だな、そこの北村季晴（きたむらすえはる）、島崎赤太郎（しまざきあかたろう）たちを接触させ、五線譜で楽譜を書いた。「舌出し三番叟（さんばそう）」とかね。「吾妻八景」もあったかな。

鹿島大治

［かじまだいじ］一九〇三―一九八四。
桃山晴衣の父。東大農学部林学科卒。
岡田三郎助を師とする洋画家。
父は鹿島清三郎、叔父は「写真大尽」と呼ばれた鹿島清兵衛。
清三郎は英仏で写真技術を研究し、兄と写真館、玄鹿館を開業。
また木炭車の開発に従事した。
母は、古曲の名手鹿島満寿（宮薗千林、山彦貞子）。
大治は、印象派に影響を受けた油絵を描き、旺玄会、中美展審査員なども歴任。
邦楽の演奏・研究でも才能を発揮、長唄を叔父吉住慈恭、
宮薗節を叔母三代目宮薗千之（福島とく子）、母宮薗千林に習い、
三味線古譜の解読や古態都々逸の復元、自作自調の小曲の発表等も行った。

桃山――清兵衛は、新しい音楽をつくろうと思っていたのかな。

鹿島――もっぱら楽譜をつくってたらしい。なかなか豪華な本だよ。

うま過ぎた吉住

桃山――長唄の四代吉住小三郎（慈恭）に習いにいったのは学生時代でしたよね。

鹿島――朝六時にうちを出掛けてお師匠さんが起きるのを待って、お稽古をしていただく。ちょうど七時だ。一番稽古でないと学校に間に合わない。大学の二年ぐらいだった。高校を飛ばしているので年は若かったがね。もっとも吉住の研鑽会へは、小学校五年くらいから聴きにいってる。だから大抵のうたは、教わらなくてもうたえる。吉住のお師匠さんの話だけど、非常にうまかったもんだから、妬まれた。九代目市川團十郎が、普通そんなことを言う人じゃないのに、「勧進帳」の「人目の関」ってソプラノのどこを吉住がうたったのを聴いて、「いい」って直に誉めちゃったから、よけい風あたりが強くなった。

桃山――芝居の出語りをしていたわけですね。若い頃でしょ。

鹿島――二十歳ぐらい。コンビを組んでた三味線の稀音家浄観さんの方が一つ二つ上。そいで團十郎に誉められたもんで、杵屋六左衛門、通称「植木店」が、意地悪ばかりする。そいで吉住は飛び出しちゃった。あとから浄観さんも飛び出て、二人で新しい長唄をやろうということになったんだけど、植木店が、ボイコットを命令したもんだから、どこからも助けがない。そのときに橋本さんという軍医総監の口ききで新富座に出られるようにしてくれた。ところが新富座には鼓の猿若山左衛門(さるわかさんざえもん)という人の一家がある。そこへ割り込んでいくわけなんだね。すると、新富座では、タテでなくワキをうたってくれって言う。「それじゃあお話が違う。我々はタテをうたいに来たんだ」と言ったんだ。二十二歳くらいだよ。それには、山左衛門の方も何とも言えなくて、一日おきにタテをやることにしよう、ということになった。で、今月の「世界」は……演しもののことを「世界」と呼ぶんだが……何ですかと猿若さんに聞いたら、「紅葉狩」だってえんだよ。ところが二人とも知らない。さあ、「知りません」とは言えない。

桃山——植木店の方にはあるの。

鹿島——あるんだ。

桃山——じゃあ習ってなかったのね。

鹿島——まだ若造だからね。そいで、あくる日に浄観さんが、愛宕下の猿若山左衛門方の三味線弾きの家へ行ってね。「あっ、お宅こちらでしたか。ちょうどご近所を通りかかったら、お宅の表札が目にはいりました」と、慣れなれしく入っていった。そうしたら、とてもいい人なのね。そのうちに「私、『紅葉狩』ね、どうも忘れているところがあるんですけど、さらって下さいませんか」と言うと、実にていねいに教えてくれた。帰ってきて、それをすぐに吉住にうたわせてみた。ところが、それでもまだ完全ではない。今度は山左衛門との話し合いで、「初日はどっちの唄うたいがやるか」ということになった。「それはもう長年、こちらの座付だから、お宅の方からやって下さい」って、猿若の方が初日をうたったんだね。そいで吉住と浄観さんと二人で、下座の大臣柱のところで耳を澄まして憶えちゃった。

桃山――死にもの狂いになって……。

鹿島――そう。それであくる日やったんだね。

もしこれで失敗したら二人とも自殺する気だったんだ。
そうしたらどうやらやれた。

すると今度はね、山左衛門がわざと嫌がらせに、半間半間で鼓を打つ。弾きにくいよ。そんな思いでやったんだ。

それから、芝居の地でなく長唄だけ聴かせる研精会てえのを同志を集めてつくった。吉住は金がないから無料出演でやった。初めはいいけど、そのうちやっぱり皆来なくなって随分苦労した。それで、吉住は贔屓になってるばあさんのところへお金借りにいって、二百円借りたら、そのばあさん、なかなかちゃっかりしてて、帰り際に玄関で「ちょっと待ってて、今月分の利息はそん中から貰っとくよ」って（笑）。

桃山――すると研精会っていうのは、純粋音楽としての長唄をやろうとしていた。

鹿島――そう。そのときの大功労者が吉住のおかみさんだ。おかみさんが奔走して、浜町の三井さんをつかんだ。三井の奥さんはちょっと文章も書かれるしね。吉住の新曲も書いてなさる。「蓬生女史(よもぎう)」というのがある。研精会の初めのパトロンだ。だから毎月、研精会では、三井さんの奥さんが四人入りのボックスを一人で占領している。そこへ吉住のおかみさんがつきっきり。吉住は、三井さんとか橋本さんのようにまわりがいいんだね。だから、ああいう風に発展していったんだ。それといままでの悪い習慣をなおしちゃった。稽古に行くとね、大抵親父が浮気しちゃう。それがあってはいけないってね、男日と女日をつくり、別の日に稽古する。

桃山――稽古ごとって、そういうことがあったのかしら。ついでに遊べるみたいな。

鹿島――赤坂に鈴振り横町というのがあって、そこに「おこのさん」、吉住小乃っていう人だけど、その人がいた。吉住の先代の彼女なんだが、そこで吉住は育ったんだ。

桃山――吉住という名は世襲なの。

鹿島――そうだよ。ところで、江戸末期の初代芳村伊十郎(よしむらいじゅうろう)◉というのは、吉住の人で、なかなかの大家なんだよ。

桃山――芳村と吉住はいまは全然別になって、吉住の人が芳村伊十郎を名乗るなんてことは考えられない。

鹿島――その頃はあったんだね。実力がものを言ってた。

長唄を五線譜で記録する

桃山――長唄の四代目吉住小三郎がつくった研精会は、楽譜を出しているでしょ。

鹿島――彼は田中正平（たなかしょうへい）◉先生の内弟子だったんだよ。

桃山――パトロンが良かっただけでなく、お弟子の中にも優れた人がいた。それで五線譜で記録するやり方をとったのね。

鹿島――吉住はオタマジャクシだけど、小三郎の弟子の（吉住）小十郎（こじゅうろう）◉っていう人は、オタマジャクシでは読みにくいだろうって、数字にした。ただ、彼の稽古本は五線譜で、自分はそれで稽古してたんだ。河東節（かとう）◉のも相当書いているよ。

桃山――長唄の譜は、よくできている。

鹿島――いいと思うね。大抵の人ならできるとすぐ印刷しちゃうでしょ。彼はしない。一年に一冊出るか出ないかなんだ。とにかく真面目でね。

桃山――楽譜に採っても「これは違う」という風になっちゃうものね。

鹿島――譜になるように何度も聴いた平均をとるからね。

桃山――研精会がいちばん盛んだったのはいつ頃。

鹿島――大正時代に有楽座◉で三が日やった頃だね。天井まで人がいっぱい。春日（かすが）

とよなんか、安い方の席でチョコチョコしてた。

桃山――会のときは吉住一人がうたうの。一門の本当の研究会だったのね。

鹿島――踊りがなくても曲だけやった。吉住は写実だ。芝居の方で写実をやった九代目團十郎の影響もある。吉住の場合、長唄をきれいにしたんだ。そのためにほかのものからとってくる。吉住がいちばん尊敬していたのは義太夫の竹本摂津大掾なんだ。この人は大変息が長い。それから常磐津の林中、河東節の伊藤秀二郎。謡は宝生流の宝生九郎という人。

桃山――その人たちは、吉住が子どもの頃に活躍してた人ですね。

鹿島――そう。林中はコロンビアにレコードがあるはずだ。林中のうたを聴くとね、生きていたくなる。新富座でうたってると、外まで声が聞こえるってえからね。

桃山――その頃はどんな小屋でした。

鹿島――木造だよ。まずお茶屋へ行く。お茶屋から案内してくれたんだ。ご飯なんか、お茶屋でも食べた。夏は風呂に入って、着替えてまた行くんだなあ。幕間が一時間ぐらいはざら。朝十時頃に始まって夜九時か十時頃までやってる。

桃山――じゃあ幕の間、閉っているまんま何も出てこないの。

鹿島――そうだよ。五代目尾上菊五郎なんか、とても長い人でね。音羽屋は何してるのかと思って行ってみると、楽屋でチンの行水をつかったりしてね。それだけに帝劇になってからの十分間休憩、二十五分間休憩というのは、せかせかしてるね。

芝居と写実

桃山――吉住の頃、邦楽ではどんな人が活躍していたの。

鹿島――杵屋六左衛門、四世松永和風(まつながわふう)●、五世清元延寿太夫(きよもとえんじゅだゆう)●。蓄音機の吹き込みのとき、吉住と延寿太夫が吹き込み料がいちばん高く、一万五千円だった。吉住はきれいにポンと二つにして、三味線の稀音家浄観(きねやじょうかん)●と山分けしたんだ。ところが延寿太夫の方は、三味線弾きを馬鹿にして真二つに割らなかった。で、清元梅吉(うめきち)●さんが怒って、「三味線弾きがいなくなったら、うたえないだろ」って、引き上げちゃった。延寿太夫は全然驚かないで、息子の榮壽太夫を本名の清元栄次郎にして、三味線を弾かせた。延寿太夫は、三井物産ができたとき小僧だった。社員はたった四人だったけど、儲かるから上の連中はよく遊ぶ。延寿太夫も子どもの時分から遊んじやった。

桃山――それで唄うたいになったの。

鹿島――いや銀行員になったんだ。

桃山――血筋が延寿太夫なの。

鹿島――延寿太夫が、横浜の富貴楼でご飯食べてたら、いい声の人が清元をやってた。「あれは誰だ」、「お葉(よう)さん(清元お葉●)です」、「じゃあこっちへ来て語ってもらおう」ということになった。で、結局「わたしゃあ、お前の弟子になる」てわけだ。

そしてやってるうちに清元が好きになって、「お前さん、私の跡取りにならないか」、「なりましょう」というわけで、なっちゃった。

桃山――それでお葉さんの養子になったのね。そうでないと普通の人では延寿太夫になれない。家柄でしょ。

鹿島――そう。初代の延寿太夫も素人だわね。殺されてるんだよ。商人の出なんだ。

桃山――芝居の方では六代目（尾上）菊五郎（きくごろう）◉なんかどうだったの。

鹿島――六代目は、大好きだった。あの人はいたずらでね。「神霊矢口渡」のお舟頓兵衛てえのは、若い娘になる。そのとき、楽屋に行って座ってると、いきなり自分のカツラを私にかぶせちゃうんだよ。驚いたね。それから六代目はうちのおばさん（大治の母）のことを姉さん、姉さんと言っていた。大磯の庭で遊んでいるとき、六代目のおっかさん（実母）がやって来て、私に「うちの子になってくれ」てえんだよ。役者のうちは、男の子がばかに気になる。芸者屋は女の子ばかり気になるんだよ。

桃山――六代目の跡取りになりそこねたわけね。

鹿島――わたしゃ嫌だなあ。七代目は。

桃山――六代目の跡は難しい。六代目あたりが、文化のピークだと思う。

鹿島――一度、六代目の道成寺でね。最初のところが「花の外には松ばかり」だろう。謡のくだりがあって、それから「鐘に恨みは数々ござる。テーンチンチン、初夜のお鐘をツントンチン撞くときは」というと、舞台の真ん中で踊るんだ。そのときに「真如の月を眺め明かさん」で、ズーッと駆けていって、舞台のいちばん上手で踊ったんだよ。

このとき、六代目は名人だと思ったよ。真ん中でやっていればそれっきりだろう。いちばん上手から下手の方を眺めれば、実に大きな舞台だ。

桃山――それもすごい写実だ。

鹿島――写実だよ。だから「半七捕物帳」なんかやると、あんまり細かくやるので見物が「細か過ぎるぞ」って言うんだ。

桃山――その頃の見物はそういう口の悪いこと言う。

鹿島――市川左團次(さんだんじ)●がね、現代語で芝居したんだ。「何とかです」とか「何とかでした」なんてね。そうしたら芝居が終わって幕を弾くときね、左團次そっくりの声で「これでおしまいです」と言うんだ。左團次の声色てえのは、わりあいやりやすいんだよ。下手だからねあの人は。ああいう面白い見物はいまはいないね。

桃山――お客の方も、その中に入りきって見てたんでしょうね。六代目(尾上菊五郎)、和風(四世)、延寿太夫たちは、年は大体同じくらい。

鹿島――同じくらいだろうな。和風てえ人の長唄は、ちょっと妙だけれども、とにかく誰でも真似のできる芸は流行る。おれも和風ぐらいにうたえるとかでね。

桃山――（芳村）伊十郎（七世）のうたも面白い。いま聴くとずしんと力が入っていて。

鹿島――三代目（松永）和楓（わふう）の三味線を弾いていた松永鉄五郎（てつごろう）という人、この人はうまい。誉めない人はない。稀音家浄観さんでも誉めるほど。レコードがある。「元禄花見踊」をビクターの古い盤で入れてる。

桃山――レコードは大正の末ぐらいから入れだしたの。

鹿島――明治だよ。吉住が最初に入れたのは「越後獅子」、「吉原雀」、「綱館」。わたしゃ、それを毎日かけて一人で稽古してた。

桃山――帝劇ができたのは何年ぐらい。二十歳ぐらいのとき。

鹿島――もっと古い。六代目も年に一回か二回、帝劇でやる。で、楽屋がまるで病院だと言うんだ。歌舞伎座は畳でね、帝劇も畳は敷いてあるんだが、天井が高くモルタルだからね。それに、フットライトが帝劇は強い。帝劇座付の人は慣れているけど、六代目の連中は二十五日間はとてもつらい。明るくて、目をやられる。歌舞伎座なんか随分暗かった。

映画とオペラ

桃山――宮地嘉六（みやちかろく）さんや秋田雨雀（あきたうじゃく）さんとはどうして知り合ったの。

鹿島――あれは雑司ケ谷のお寺に古い仁王さんがあって、それを写生していてお寺の執事さんを知り、で、雨雀さんもそばにいる人で知り合いになった。仏教の研究会を毎月やってた。そしたら戦争になって、築地小劇場の連中が全部つかまっちまった。秋田さんもつかまっちゃったんだ。宮地嘉六さんも変わり者だから、戦争中、戦争文学は私には書けませんて、断っちまう。奥さんと別居して子ども二人と六畳間を借りていたよ。

桃山――その頃、トルストイだの、いろんな思想が入ってきたんでしょ。

鹿島――わたしゃあね、文学的なものはあまり読まなかったけれども、武者小路(むしゃのこうじ)◉さんは好きだったよ。大学ぐらいのときだ。その頃に九州で新しい村というのをやって、小笠原(おがさわら)子爵◉が写真を撮りにいった。同時にボーイスカウトが不良少年を導くという劇映画をつくった。そのときに不良少年を演じたのが古川緑波(ふるかわろっぱ)◉なんだ。映写会で古川が、徳川夢声(とくがわむせい)◉の声音で映画説明をした。

桃山――映画はいつ頃から入ったの。

鹿島――初めて見たのは、幼稚園の頃、団子坂の菊人形のときだ。小屋の中をちょっと暗くしてね。何かアトラクションがないといけないってんで、最初は映画だよ。映写機の吉沢商会が、赤羽に萬歳館をつくってね。そこに弁士がいる。その人たちだけで劇をやり、それを映写する。みんな、弁士の顔を知っているから面白いんだ。

桃山――萬歳館ができたのはいつ頃。

鹿島――大正も後半だね。萬歳館が今度はオペラをやるようになった。オペラといえば、帝劇がロッシー夫妻を招いて、芝居の中にオペラを一つ入れようとした。

桃山――オペラを芝居のあいだにやるとどんな感じだった。

鹿島――わりあい良かったのは新作の「釈迦」。でも「釈迦」の時分にはロッシーは帰っちゃってた。寂しく死んじゃったんだろう。

桃山――結局、不遇だったのね。日本にオペラが定着しないで。でも、それが浅草オペラという別のかたちで花が咲く。日本風オペラになっちゃう。

鹿島――うん。田谷力三とか清水金太郎とか。女性では柴田環。あの人は外国に行って三浦博士と結ばれた。

桃山――彼女は浅草じゃあないでしょ。

鹿島――そう、帝劇だ。高木徳子は外国から帰ってきて、初めてのトウダンスをやった。大正時代だね。「三越のオモチャ売り場」という題で、夜になると人形が踊り出すというもの。

桃山――大正時代は思想も百花繚乱という感じで入ってきたらしいけど、話を聞いているだけでも随分活気がある。文化文政の次、維新からあとは、やはり震災前が文化のピークだっていう気がしてきた。

（『桃之夭夭』一九七八年十二月／一九七九年六月）

平曲修行と名人たち
——井野川幸次検校訪問

いっこく者の血

桃山——私はいつもイノガワ先生と呼んでるけども、本当はどうお呼びしたらいいのでしょう。

井野川——イノカワですね。東京へ行ってもどこへ行っても濁りますね。

桃山——私は先生と呼ばしていただいてるんですけど、お師匠さんとか師匠とか。

井野川——昔はね、名古屋でも東京でも京都でもお師匠さん。義太夫でも常磐津でもお師匠でしょう。大正からこっちはだいぶ、先生になってますわね。

桃山——何年生まれですか。

井野川——明治三十七年三月一日。生まれは、いまの名古屋市中村区堀内町です。

桃山——名古屋駅の真ん前ですね。その当時から賑やかでしたか。

井野川——大昔は田んぼだったそうです。西ドンモというくらいだったから。西の田んぼという意味なんでしょ。昭和何年だったか、市電が押切(おしきり)まで行きよったです。家は昔は米屋を少しやっておって、私がいくつの時分か知らんけど、失敗しちまって、勤め人になりました。ほいで会社から八事(やごと)の方へ、いまでいう遠足に行って、走り合いやって神経痛を起こしてまって。それが八貫目の物を両手に持って二丁くらいの道を走るんだそうです。十八回走ると一等賞。五十代になってからそれをやるもんで、神経痛を起こしちまった。それがもとでだんだん弱っちゃったんですね。

桃山――お父さんのお名前は。

井野川――常吉。ものすごくいっこくな人間でね。市会議員や県会議員を理屈ぜめにしちまって。曲がったことが嫌いでね。いかんということだったら絶対にいごかさんというが癖でした。ほいで、人のことは存外骨折るんですよ。

桃山――先生の目が見えなくなったのは。

井野川――生まれてジキですよ。角膜で。

桃山――お母さん、働いてらしたら、子どものことをそんなにかまっていられないだろうし。自分で遊んだりした。

井野川――三輪車に乗って、皆と競争しよったです。

桃山――ひっくり返ったりなんかしなかった。

井野川――一遍もなかったですね。ドブのふちをずっと沿っていったりね。井野川さんとこの子どもは危ないことやる、といってね。でもお蔭でその割にはけがしなかった。箏やるようになってからはできなくなったけど、それまではずいぶん皆と一緒に遊んだ。

八歳からの修行時代

桃山――お箏を始められたのは、いくつのとき。

井野川――最初は三絃。常磐津の師匠がうちのそばにいたので、そこで「十日えびす」から手ほどきを。

井野川幸次「いのかわこうじ」一九〇四―一九八五。平曲・地唄・箏曲家。本名孝治。七歳より生田流箏曲を学び、十二歳で木村鉉次検校、十三歳より佐藤正和検校から平家琵琶・平曲を伝授される。一九四六年に検校となり、所属する国風会や生田流の中心人物として箏曲界の発展につとめた。土居崎正富検校、三品正保検校と名古屋在住の音楽評論家、藤井制心とともに十六年余の歳月をかけ、平曲を五線譜に記録し、「平曲―採譜本」を発表（1966）。CDに「平家物語の音楽」（コロムビアミュージックエンタテインメント）、「六段・春の海／箏曲の神髄」（ビクターエンタテインメント）などがある。

桃山——江戸時代の五目のお師匠さんみたいね。最初に常磐津に入ったとは知らなかった。

井野川——ほいからまあ、八つになってから、箏を習わせようかということで、やりかけたんですよ。

桃山——それは佐藤正和検校ですか。

井野川——いや、松岡タツという人です。女であったが、稽古がとても厳しかったですよ。

桃山——結局、優しいんでしょうね。

井野川——**ちょっとでも忘れたと言うものなら、おおしかられた。「忘れるぐらいなら何故やる」と。**「いったん覚えたものは忘れるということはない。それは心がナマカワしとるでいかん」と。いまから考えてみるとその通りですがね（笑）。

桃山——その方の目は。

井野川——全然見えない。だけども、いま考えると、目の見えん人が目の見えん者を教えるということは、えらい行だったと思う。

桃山——教わるよりも教える方が、どうしても大変だから。

井野川——そうです。相当の訓練の気持ちがなけな、やれるもんではないですわ。厳しかったけど、手ほどきの師匠のありがたみっていうのは、生みの親以上ですね。いつも皆の稽古やりがてら、そう思う。それとね、この人はどのぐらいの芸になるかどうかという見分けが初めてついたときに、師匠というものは偉いものだ、親以上の骨折りをしてくれていたということがわかる。本当に容易ならんことだと思って、心の中で感謝しています。

桃山——芸をやろうって思われたのはどういうきっかけから。

井野川——親が言いつけたで、やっただけのこと。その時分には、うちがものすごう零落れとったもんで、目が見えん按摩にすれば、早いこと金になる代わり、よそにいって正席に座れんだけいかん。ほいで、どこへいっても正席に座れるだけの価値にしてやりたいというのがもとです。

桃山——親心ですね。

井野川——でも按摩になってたら、いまだいぶん身上が残ってますよ。

桃山——そんないい声でいい芸が、あたら生まれ出なかったことなってしまう。

井野川——親がそうやって仕入れてくれたお蔭で、こうやって皆様に可愛がってもらっとるですけど。まあ、昔の親はきつい代わりに、やっぱり芯ということでは深いですね。

桃山——芯が通ってろ。お稽古は最初は誰かについていってもらったのですか。

井野川——父と母が交代で三年ついて通ったんですよ。そのあとは一人。桜通の道を真っすぐ本町近くまでいきよったもんですわ。二十分以上かかってテクテクと。あの時分には運送馬車くらいなもんで、いまみたいに四輪が通らんで、いくらでも歩けた。

不登校

桃山——そのときに体もつくったわけですね。松岡先生には何を習ってらしたの。

井野川——三絃と箏です。

桃山——地唄の方になるわけですね。

井野川——そうです。芸ということについてはたいしたもんでしたな。この人は愛知県中島郡祖父江の人で、しまいに子宮ガンで亡くなった。五十代でね。

桃山——師匠業をして食べて暮らしたんですね。女で独立して生活するのは、いまでも難しいのに。

井野川——昔は一丁ごとに箏の師匠があったですけど、それでも相当に流行ったもんです。はなはだしいとこでは、一丁に二軒くらいあった。

桃山——松岡先生には何年くらい就かれたの。

井野川——十八の年まで。それから、松岡先生に習ってる時分に、佐藤検校と木村鉉次検校の両方へも通っとったですね。昔は女の師匠で男の弟子を持つということはできなんだです。そいだもんだで二人の男の師匠にかかったわけです。一年違いでしたね。十二のときに木村検校にかかり、十三のときに佐藤検校のところへ。

桃山——違う曲をやったのですか。

井野川——違うものをやったり、いままで習ったものを試験がてら弾いてもらったりして、仕上げてもらった。昔の人は、そういうことには温かみがあったでね。人の弟子だっていう扱いはなかったです。「籍は木村さんとこにあるけど、うちに来ると私ら二人の盲愛の弟子だ」っていう風に、ほかの人に紹介されてたですね。学校の方は、体が弱かったので、全然行かず。九つ十までも生きると言う医者はいなかった。それぐらい弱かった。昔おった家は六間あったそうだが、店で人がハクションしただけで、引きつけよったですよ。それがこの道に入ってから丈夫になった。

平曲は十五歳から

桃山——平曲は、地唄とかそういうのを挙げてから教えろって聞いてますが。

井野川——三絃をちょっとは弾けるようにならんことには、琵琶持ったって……。平曲の習い始めは十五のときですね。両方でやりましたが、主に佐藤検校です。琵琶は平家琵琶にかぎって相向かいでやらんのですわ。三絃でいうと口三味線だわね。口で喋って、それを聞いてこっちが弾く。

桃山——うたの方は口移しで。そうすると琵琶は。

井野川——私が持つでしょ。ほいでこう「カラリン」とか「トスン、トスン」という手があるもんだで、その通りにいごかす。トスンといわったな、はあ、一と二を押さえとって、一から弾けばええ……。

桃山——あれは語りのあいだに入る。

井野川——筑前や薩摩とは違う。一つの間奏ですわ。

桃山——そうでないとそういう風に稽古できない。

井野川——琵琶手に弾く手もある。そういうときは、例えば三重(さんじゅう)バチというときになると、「トテチンチントテチンチン」とやるときもあるもんだで、向こうも喋る途中、「トテチンチントテチンチン」と弾くですよ。よほど違っとると「それ違う」と言うです。師匠も相当に気を配るわけですわな。

桃山——教わるまでには相当に耳に入ってますよね。

井野川——耳に入れとかんことには、弾けません。どっかで平家の会があれば、行ってちゃんと聴いてる。すぐ「トテチンチン」と言われても、耳ができてこないといかんです。

桃山——これは毎日やるのですか。

井野川――一年通じて六十日もやれば上等な方です。箏や三絃に追われるでしょ。それをやるとなると、その時間あけんならん。ほだで暑中の昼休みを師匠が返上して、「今日は昼からどっこもいかないから、平家をやってあげる。ちょと時間残っとれ」と言う。ほいから正月の休みね。昔は二十五日から先休みよったでしょ。で、そういう日を利用して「いついっかの朝何時に来い」という風だ。その時間に行かんとやってもらえん。

桃山――お箏と平曲と三味線では、どれが好きですか。

井野川――何が好きということは言えんね。平家は、箏の師匠の検校になるについては、習わなければ、検校であって検校の資格なしという戒めがあった。お箏の組曲のうたの節なんか、だいぶ平家から出ておる。ほんだで平家をしっかり習わんことにはいかんというので、昔の人は面倒をみてくれたわけです。

桃山――いま検校さんの位のある人は名古屋だけでしょ。井野川先生のほかに平曲では土居崎（どいざき）正富（まさとみ）検校、三品正保（みしなまさやす）検校のお三方がいらっしゃいますが。

井野川――大阪にもいますよ。

桃山――検校という位はどこから来たんですか。

井野川――江戸時代は京都に職屋敷というものがあった。御維新後は廃止されましたが、当時は扶持（ふち）がつきよったです。名古屋はそのかたちを継いで、ある年限がきて芸が整った人を推薦する。

桃山――平曲は名古屋しか伝わってないでしょ。

井野川――ほとんど名古屋です。仙台で一人あるのは、洋楽の先生で、昔、名古屋の県立にみえた時代があったのですわ。音楽の先生で、そのお父さんかおじいさんであるか知らんけど、その方が平曲を語られていたということで、自身が継いだわけですわ。私たちとまったく行き方が違いますね。こう、何を語っても何か朗詠を語っているような気がしてね。

桃山――保存するのに、皆楽譜で保存するとか言うでしょ。楽譜で保存したって、演奏したとき面白くなくて誰も聴かなきゃ、そんなの保存したことにならない。

井野川――そうですよ。昔からこういう風に伝わったということに生命がある。上手下手は抜きにして、演奏して、昔はああやって教わったものかな、ということを皆に知ってもらってこそ、昔からの伝わりということの価値があると思うけど、ただ楽譜並べたくらいなら、どんな馬鹿でもやれる。

ウラを使わない平曲

桃山――何曲あるんですか。

井野川――名古屋には八曲。「生喰(いけずき)」、「竹生島詣(ちくぶしまもうで)」、「那須与一」、「紅葉」、「横笛」、「宇治川」、「卒塔婆流(そとばながし)」、それに清盛が太政大臣まで出世した道すがらの「鱸(すずき)」。全部では二百の余あります。佐藤検校は五十七で亡くなってますでね。いままで生きてみえたら十七、八曲拾えたんですけど。

桃山――一曲覚えるのにどのくらいかかりました。

井野川――稽古が延べ六十日ぐらいのことでは、頭の早い人で一年に一曲くらい。曲の長さは短いもので二十七、八分。長いものになると四十五分。三十分以上のものはいくつもあります。

桃山――レコードに全部入っていますか。

井野川――三曲だけです。「鱸」、「竹生島」と「那須与一」だったかなあ。あのときは、私たちは風邪ひいちまって、「いかんで」というのに、向こうはあわてるもんで。薬持って歩いて吹き込みやったんです。声がいい具合に整っとらんですわ。私、レコード会社は嫌いですわ(笑)。待てんというのは困りますね。

桃山――全部入れたいんですね。演奏したのをとって、その中のいいのをレコードにすればいいんですよ。

井野川――ええ具合にはいかんね。

桃山――一生やったうち、気に入るのはめったにないでしょうね。

井野川――まずないね。無心で語ったときのがええんですね。なまじキモ入れて苦心したのがスカタンになる。馬鹿になって弾いたときに限って、「今日はよかったなあ」と言われる。

桃山――いらないものが入るといけない。まわりの人も腹を立てさせたりしたらいけない。

井野川――演奏の前にゴテゴテいう、これくらい邪魔なことはないです。長年弾いているとこ、しょっちゅう弾いてるとこが狂うでね。怒ることは本当に禁物だなあと思うね。

桃山——平曲は、何で名古屋に伝わったのかしら。

井野川——名古屋に荻野知一(おぎのちいち)検校という人が来たからです。広島で生まれた人で、のちに京都で広めた。この人を名古屋の尾崎という人が招いた。平曲が好きだったらしく、教えてもらおうと思ってね。荻野検校は、その時代に千人か千五百人の弟子があったそうです。

桃山——お箏なんかもやられたの。

井野川——荻野検校が持ってみえたという箏が残ってました。箏もやられたでしょうが、まあ、平家の名人だったでしょうね。『平家正節(へいけまぶし)』という昔の変体仮名で書いた本を残されています。目の明いてる人に書かせたものでしょうが。

桃山——いまも平曲の本はありますか。

井野川——あることはありますが、学者によって同じ曲でも文章が違う。何しろ平家に限って「うた」でなく「語る」という。平家がもとで全体の節ができ上がってる。義太夫にしても宮薗や河東節にしても。

桃山——河東節は似ているような感じもしますが。例えばユリいくつとか言うんですか。

井野川——言いますな。荻野検校の書かれた本、これにはちゃんと記号ができとる。アタリとかユリ、下げ、初重(しょじゅう)、三重、中音(ちゅうおん)など、ヒロイブシってちょっと早めに語る節もある。それから素声(しらごえ)というのは、一つの言葉に属するものでね。そういうことが残ってる。

桃山——私が聴くと、ユリばかり多いように聴こえる。それが宮薗の方だと、節になっちゃって、ユリ上がりとかいうんです。ところが昔の稽古本を探して下さった人がいるんですけど、それによるとユリいくつと書いてある。だからいまの宮薗は昔のものと違うんですね。

井野川——箏曲でも何でも、結局、時代時代に名人が出たり、あるいは新曲畑の道の人だと、そういう風に変えていくんではないですか。

桃山——ユリでもいくつと全然指示しないようになっている。

井野川——昔はそういう風で、アタリとか指声(さしごえ)、ウタとか決まっている。ウタというのは、「ああ、有明ののおー」(一節語る)。こういう風に(続いて指声、クドキの実演)。

桃山――節が決まってろんですね。

井野川――ええ、クドキはクドキ、中音は中音の節がある。

桃山――クドキみたいなこともいいますし、三重っていうのもあろんですね。私たちのは「チチン シャン シャン……」これ三重っていうんです。

井野川――三重の送りですね。三重バチっていうことでしょ。私たちの三重は「トテチンチントテチンチン……（テーブル叩いて拍子をとりながら口三味線）こーおーろーおーは、にがつ……」（一節語る）。これが三重の節でもある。声でもあり節でもあり、調子は二本です。黄鐘（おうしき）の調子をやるわけです。ほいだで声が高くなる（再び実演）。

桃山――三重というのは、邦楽では三味線の手しか使わない。義太夫の本を見たら、何々三重ってすごく多いんで、びっくりした。やっぱり平家とつながってますね。

井野川――本願寺のお経に三重という節がある。ナムアミダブツ、念仏のときのね。平曲からとったものかお寺から先にとったものか、そこんとこはわからないけど、似たようなものですね。

桃山――声明（しょうみょう）と謡いとまざったみたいなものでしょう。声明がもとなんでしょうね。

井野川――声明ですね。声明、平家、それからずっと変化があるわけです。

桃山――声の使い方なんか、邦楽はそれが崩れたという感じですね。

井野川――私たちは三重やるときは相当えらいですね。「トウゲノ……」（ここで一声）。このオモテに出す人が少ないんですわ。平家ではウラ（声）を使ってはいかんということになってるんですけど、いまの人では、ウラ使われんことには、ようやらんでしょ。

桃山――河東節と長唄はウラを使わない。清元はウラを聴かせるけど。

井野川――私たちは叱られてやったんです。ほいだで、鳥でも絞め殺すような声をするかもわからんですけど。「オー」。ここまでつっと上がらんでしょ。慣れん人は。

桃山――私も高いところはオモテじゃ出ない。ウラにするとヨーデルみたいになっちゃう。

井野川――誰でもね、オモテでどうでも飛ばさんならん。いまの若い人は、声変わりのときに、皆こわいちゃう。その前にオモテで出すようにしとかないかんだけど。いまじゃあ、「出ん出ん」というて惜しんじゃうもんでやりにくいですよ。

桃山――男の方が、やっぱりいい。

井野川――平家は男のもんだわな。

桃山――男のもん女のもんて、ありますね。少しだけど女がうたってていいもんもあろし。

井野川――そうそう、長唄のようにうたいもんだったら、女の方が晴れるわね。清元でも。男と女と声の仕組みが違うでね。私たち、平家やり出した時分に、「もうちょこっと気張らんでどうするだ」といいよった(一声出す)。これがなかなか出なんだですよ。

桃山――やっぱりどなられて出すの。

井野川――そうですよ。「けさご飯食べてこなかったか」って叱られた。ほんだで、いまでは、よっぽど体の調子さえよければ、声出すことは負けないですけどね。三重を語ってる時間はだいぶ長い。五分以上かかります。

師弟関係の温もり

桃山――毎日稽古だと、いまだったら月謝だから、師匠は食べていかれないですよね。

井野川――昔は半期礼。半期でちょっといい人なら五円かな。一月からやるとするでしょ、六月にお礼を持っていくわけです。中元と一緒にね。何の稽古でも、名古屋は大正初め頃までそういう風でした。

桃山――そしたら、一月に入って三月にやめちゃったら払わない。

井野川――そういう人もあったもんですよ。昔はお金そのものより、お砂糖や味噌、米をもらいよったですよ。ほんだもんで金はその割にいらなんだわけでね。

桃山――昔はちょっとオカラをつくったとか珍しいものがあると必ず分けた。

井野川――そうそう、今日は誰それの誕生日とか言ってね、お祭りだとおこわ持ってきたり。それが息がのびよったんだけど、大正からこっちはそういうことが少けないもんだで、月謝とらんとやっていけんことになった。ほんだで、そういう温かみはいまはないですわな。カネ、カネで。そのカネもとりようが悪いといつもいかれちまう（笑）。気持ちが汚くなったですわな。

桃山――毎日の生活の中でね、何げなくいつも心にかけあっていろというかね、そういう人間関係はなくなっちゃった。

井野川――昔はね、よそから珍しいものがあると「先生のところへ持っていきなさい」といって、子どもが持っていったもんですわな。

桃山――子どもにとっても、いい教育ですね。ところで先生は胡弓はおやりにならなかったの。

井野川――胡弓はどうしても、こうギイギイといってね、歯が浮くような音しかしないんでね。こんなことやっとてもあかんわ、と思ってジキにやめちゃったです。二月か三月辛抱しとるならやれとるわけだけど、気が短かったからいかんですね。

桃山――胡弓というのはなかなか難しい。

井野川――指が柔らかくなけないかんですね。柔らかくしとって、押さえたか押さえんかの音で、チンレレレンと、指分けたりせんならんでしょ。

桃山――三味線弾くときとは力の入れ方が反対。本当にふわっと柔らかい感じでないと音が出ない。

井野川――ヤニのつけようが悪くてもいかんしね。胡弓は無器用だったからいかん。

桃山――どうしてもやれっていう風には言われないの。

井野川――私たちが習う時分には、佐藤検校自身に、胡弓の音がするようになったらうちに来いと言われた。音がするようになったらということは、つまり初めから教えるということはしない。目の見えん人が、目の見えんものを教えるのは、胡弓のかたちというものがわからんでしょ。三絃はある程度バチ持って、こうやって弾けばいいけど、胡弓は、こういう風にこうやって、左で細工せんならんでしょ。

桃山――まわさなければならないし。

井野川――そう。ほいで、それをやるには目で見とらんことにはいかん。横井みつゑさんたちは、見えますでね。その段では、皆助かっとるですわな。

名古屋にはない三絃組曲

桃山――ところで、東京や大阪から芸人がきたときハナを持たせろって言いますね。

井野川――旅の人にハナを持たせるっていうのは、仮に箏と三絃とを弾く場合、名古屋が箏を持って、向こうは三絃を弾かせると、それだけ格を高く感じるからね。そうやって、ウエ、シタを決める。

桃山――三絃の方が格が高いんですか。

井野川――どっちかいうと高いわけですわな。地唄の方には本手といって、いわばお箏でいう組曲というのがある。京都行っても大阪行っても。名古屋には、その本手が残っておらんのです。箏にはあっても。ほんだで、昔は東京や大阪から来る人があると、三絃を向こうの人に持ってもらって、こちらは一歩下がって箏を弾くのが一つの礼儀だっていうことを言いよったもんです。

桃山――何々組という組曲があるとすると、同じ曲が名古屋は箏で残っている。それで向こうの三絃とこちらの箏で合わせろという意味もあるのですね。

井野川――三絃の組曲は、名古屋に残した人がないんです。全然残っておらん。本手っていうと、皆京都、大阪でしたね。

桃山――名古屋は三味線に比べると、一般に箏が盛んですね。

井野川――そういう時代もあったわけです。だけど、名古屋というところは、三絃はそう上手な人がなかったかなと思う。小松景和検校という人は、相当な弾き手であったんだけども、そういうものが残っとらなんだということは、名古屋には、それだけ三絃に一所懸命になる人がいなかったということを感じる。三絃組曲やった人は、おんなし三絃弾いてもちょっと味が違う。礼式でいうと、旅の人を立てんことには、自分自身が今度、旅に行ったときに立ててもらえんということがある。

桃山――こちらから旅に出るとき、どんなところへ行かれました。

井野川――私は十八のとき、静岡の演奏会へ頼まれて行きました。昔、静岡の呉服町に若竹座という小屋があったんですわ。そこで箏のさらいがあってね、松岡さんについていきました。

桃山――戦争中はどうやって食べてらしたの。

井野川――それこそ居食いですよ。楽器という楽器は、空襲で皆燃やしてしまったですしね。象牙のバチだけでも五丁燃やしちまった。いまなら三百万円たっぷりです。ツメやなんか別注文でつくらして、特に持っとったですわ。もう買えんです。

桃山――終戦後も食べるの大変だったでしょう。

井野川――大変どころではないです。一家族六人、食いつぶしたもんね。少々持っとったぐらい知れとるですわ。戦争中は、私らが町の真ん中におるということは町中でやかましかったですしね。ですが、疎開しないって力んじまった。知らん土地で死ぬくらいなら知ったとこで死んだ方がええって。

桃山――名古屋の芸以外に、当時は吉住小三郎の長唄とかいろいろありましたね。

井野川――吉住の研精会があるたびに走ったもんです。毎年、御園座でやりました。その時代に三円でしたよ。安いときで、二円五十銭。稀音家浄観さんの糸で。あの人が六四朗といった時代ですね。

桃山――吉住は声があろっていう人ではないんですね。

井野川――声はないけど、通る声でしたな。佐藤検校は「やっぱりええ人になると、こっちが思っとる通りにうたわれるね」って、隣同士で毎日聴いたもんです。

桃山――やはり吉住は当時、別格ですか。

井野川――先代の清元延寿太夫が初めて名古屋に来たときは十円だったね。

桃山――すごいですね。聴きに行かれましたか。

井野川――行きましたよ。月謝が一円の時代ですよ。「累」を聴いたとき、さすが延寿だと思いましたね。そのときの三絃が栄次郎の連れ弾きで、もう一人誰だったかなあ、ええ三絃弾きでしたな。芳村伊十郎（七世）もよく聴きました。伊四朗の時代から。あの人の声は、ちょとカン高い方だったけど、声の幅が広かった。

桃山――いまレコードで聴くとなかなかいい。吉住と正反対みたいだけど。

井野川――反対ですよ。育ちも反対だけど。

桃山――松永和風は。

井野川――いき方が面白いわな。義太夫では先代の（竹本）越路太夫。あれもよく行ったもんです。

桃山――名古屋にそうした人たちはよく来たんですか。

井野川――何ぞかんぞあったですね。いまの（清元）志寿太夫さんが若い時分にもよう聴いたもんです。

「語り」の名人富崎春昇

桃山――ちょっと時代が違うけれど、富崎春昇は。

井野川――富崎さんは大阪の人ですね。あっちにおって、借金で食べられなかったというので、東京へ行かれたんだけれど、岩崎さんのとこの専属になって、独立された。

桃山――あの人の三味線のカンの音、高い音が好き。

井野川――あの人の音は二人とないですよ。三絃全体を通じて、あれだけの弾き手はない。いまの富山清琴さんも似てきておるけど、ちょっと違う。

桃山――あの三味線は張りがあって、コチッとしてろ。すごく密度が高い音です。高い音が特にいい。

井野川――うたも細かい声だが、そいでもって貫目のある声ですね。シワがれたような声だけど、値打ちがあるんです。

桃山――底深い声ですか。

井野川――昔の義太夫系統の人だでね。富崎さんの師匠さんのおじいさんが文楽の人形師だったそうです。

桃山――すると、文楽のあの大きさというのが芯にあるのかな。全体が大きいっていう感じがする。

井野川――義太夫仕込みですべてをうたってみえるわけだね。ほだで語りものはとても上手です。

桃山――なるほど。あの大きさはどういうことだろうと思っていた。

井野川――繁太夫節って、やはり語りの一種でしたね、地唄の。あんだけの語り手はないですよ。自然に引きずられていく感じです。このあいだラジオで話してましたけど、師匠によう覚えんで叱られ、忘れて叱られ、キセルでなぐられたという話まで出てた。先の富崎という人が相当きつかったそうですね。だけど暖かみのあった人だと言ってました。長いキセルで喫ってた時代だでね、それでコーンとやられて、眉間に傷が残っとるそうです。

桃山――地唄は語るって言わないですね。

井野川――地唄も義太夫も、本当は語るですね。地唄に語りものがありますでね。「うすゆき物語」なんか語りの一種だ。

桃山――地唄は一般にうただって思っているけど、富崎のは完全に語るっていう感じですね。

井野川――あれが本当ですよ。「うすゆき物語」のほかに「かみや治兵衛」、それから「道中双六」もどっちかといえば語りものですわな。東海道五十三次がうたってあるんですね。

桃山――「黒髪」も、うたうときは語るっていう感じで。

井野川――あの感じを持たな嘘です。それから「鳥辺山」も、繁太夫の一種で語りもんだわ。

桃山――するとほとんど語りという感じ。

井野川――そうですね。山田流はどっちかというと長唄形式です。

桃山――河東節からとったものですからね。

井野川――河東節からのものもあるし、長唄からとったものもある。

桃山――山田の箏はうたいものという感じがする。

井野川――河東節も本当は、語りの一種だと思っとる。荻江節（おぎえぶし）も一中節もね。

桃山――長唄っていうと、うたという感じがする。

井野川――あれはまあ、うたですね。常磐津は語り。

桃山――地唄はやっぱり語りですね。うたうときの気持ちは語りですよね。それは今日の発見だ。

井野川――清元でもうたうのでなく語る。琵琶も筑前琵琶はうたいというけど、語るというのが本当だ。

聴き下手な日本人

桃山――先生、いつかヨーロッパを回られたでしょ。あのとき、ドイツで演奏なさったのをFMで聴いた。平曲があんなに素晴らしいもんだとは思わなかった。

井野川――あのときは、アンコールをやっとった。

桃山――アンコールがあったのですか。

井野川――あったですよ（笑）。日本でさえアンコールやる人がないのに。衣装を脱いどったとこへ、アンコールをと言ってきたもんで、ほいで羽織袴で「那須与一」を語ったですよ。

桃山――平曲は特別の衣装ですものね。あのときは、お客さんもすごく良かったんじゃないかと思う。

井野川――拍手が止まらんで、やってくれって。

桃山――日本で聴くと、骨董品を陳列しているような感じで、はあ、そういうもんですかという具合でしか聴かない。ところがあれを聴いたら、いまできたような音楽に聴こえた。生命（いのち）がピンピンに張ってるっていう感じで。日本のお客さんより、向こうのほうが聴き方がうまいんじゃないかと思う。

井野川――今日、FMで「お好み邦楽」の時間に志寿太夫さんが、芝居の話をしていてね。「ヨーロッパで切腹の場をやったとき、日本人より偉いと思った」と。ちゃあんと最期まで見届けておる。日本でやるとその時間、大抵の人が眠っているって（笑）。その志寿太夫さんが聴衆席までいって見ておったら、意気込みが違うって。

桃山――聴く方の意気込みっていうのが、日本には全然ない。

井野川――ほいでね、これこそ日本は学ばないかんって。

桃山――日本人は、舞台でやる人のことばかり言ってる。評論ばかりしていて。聴き方がすごく下手です。

井野川――全然駄目。私たちもヨーロッパで語ったとき、そう思った。日本人がここまで学んでくれると非常にええ。日本人は足らんなということを感じた。向こうの人間はどういう風に切腹するかということを、はっきりにらみ合わしとる（笑）。目のつけどころが違う。私らでも語っておる中に、こちらの気持ちがぐーっと向こうへ吸い込まれていくような感じがするんですわな。**聴くということにおいては、日本人はゼロだなあと思って帰ってきた。**

桃山――井野川先生のうたわれるうたは、向こうの人に絶対わかる。ちゃんと通じるものを持ってるのに、日本がそういう芯のところを大切にしないのは、勿体ない。

井野川――日本というところは、結局、気持ちがダダクサなんだな（笑）。最近は特にいけない。

（『桃之夭夭』一九八〇年十二月／一九八一年十一月／一九八二年二月）

胡弓の理想

――横井みつゑさん訪問

名古屋は芸どころ、と言われても、何をもってそうなのかピンとこないのだが、
そんな中で、平曲と地唄、胡弓はよそに誇れる「名古屋の芸」だ。
横井みつゑ師の胡弓は名実ともに日本一、全国からその芸に触れようと弟子が集まる。
私もかつてこの人の胡弓に心酔して弟子入りした一人だ（脾臓炎になってから中断してしまっているが）。
私は女性の先輩としてもこの人を尊敬している。大局をとらえ、ものの理をおさえ、
それでいて微塵もそんな風には見えない。おだやかで暖かく柔軟性豊かな人柄、
子どものように純で、ありのままの日常だ。この取材をしてあらためて感じ入ったのは、
神戸するゑ師から横井みつゑ師へと、女性が名古屋の現在の芸を育んできたということだ。
岩手県の遠野（あの柳田國男の『遠野物語』の地）でも、昔語りや子守唄、
わらべ唄、それにまつわる歴史と土地の文化などの伝承は女性がその役を担っていた。
現代社会においてもやはり、男性に比べて女の方が圧倒的に大きなハンディを
克服していかなければならない。が、それだからこそ大局を見ることもできるし、

地に足をふんばり、土の底深く打ち込みかためた土台の上に、長い年月かけてコツコツと大きな世界を打ちたてられるのかもしれない。

明るく生き生き

桃山——芸事っていうと、芸一筋とか、一日に何時間お稽古しますとか、人を寄せつけない感じの人が多い。そういう人の芸っていうのは、立派だけど近寄りがたい。私、絶対そういうものじゃなかったと思う。もっと皆で仲よく、明るく生き生きしていたはずです。

横井——それがなければ、いかんでね。

桃山——そう思って、いまいちばん私が理想に思ってる世界を持ってらっしゃる方ということで、お話をおうかがいするんですけども、えーと、何年生まれですか。

横井——自分の年まで忘れてまった……。

中野（お弟子さん）——明治四十二年十二月二十四日です。

桃山——暮れですね。どこで。

横井——愛知県海部郡佐屋町です。

桃山——お父様もお母様もずっとここの方。

中野——お父様は国鉄に勤めてらして、お母様は高山の方の出身ですに。

横井——こちらにお嫁に来たわけですね。

桃山——お母様、高山の人というと、何か芸事などなさったわけですか。

横井——いや、母はこちらへ働きに来とって、父と一緒にな

横井みつゑ［よこいみつゑ］一九〇九—一九九〇。名古屋系の生田流地歌・箏曲の伝承者。幼少時から箏、三味線を習得。十七歳で佐藤正和検校の門下に入り、また神戸するゑに師事し胡弓を学ぶ。CDに「胡弓」（日本伝統文化振興財団）などがある。

ったんですよ。

中野――お師匠様は、生まれつき盲人じゃあなくて、「一年ぐらいはどうやら」というてみえたれ。ほいで熱病で眼病をわずらわれて、不自由になった。お母様が弘法様を信じて、せめて明りくらいはとらしてもらうようにと。

横井――母が一所懸命なってくれて、自分だけの自由が達せられるようになったのね。どこのお医者さんに行っても、見放されたかたちで、「おおきなったら可愛いがっとくよりしょうないわ」ということで……。だけど、それではかわいそうだと、母が一所懸命弘法様にお参りして、「どうしても自分の自由だけかなえるようにして欲しい」とお祈りした。

桃山――お茶断ちなすったとか。

横井――四つ足のものも全部食べない。親は自分だけ断っとりゃいいんだから、食べてもいいよと言ってくれよったわけね。だけどやっぱり気持ちの問題で、親が断って私が知らん顔して食べとることはいかんわね。だから、そういう習慣になってしまって、全然四つ足のものはいただかない。

桃山――お母様は一生そうだったの。ミルクも飲まない。

中野――ええ、チョコレートもケーキも全然食べない。

横井――で、皆して「今度は何やらが出るで知らんに」って言って、やっとるわね。「いいわ、一遍ぐらい食べても死ねへんで」と言ってやるの。

中野――でも、お師匠様、普通の小学校いらしたのでしょ。

横井――少し行っただけ。私の時分は、「やめたい」と言っていくと、やめさせてもらいよったんだね。

中野――黒板の字が見えなくてね。隣に座っている子が、答えを教えてくれれば問題を教えてやるっていうんで、お師匠様が答えを教えていたんですって(笑)。だけど、黒板の字は見えないし、「あなたは学校に来なくていいから」って言われたんですって。ほいで芸事をね、やるなら一所懸命やった方がいいって。

桃山――先生がそうおっしゃったの。

横井――私の知らんどるうちに、先生と私の親とで申し込んだのでしょうね。で、私は知らなんだけれども、普通の通り学校へ行ったら、「横井みつゑは、あしたからもう学校へこんでもええ」って。そのときは悲しかった。見えんだもんだで、悲しなくてもよさそうだけど、「来んでもええ」と言われたことが悲しかったね。それが五年生のとき。それからお箏の方を一所懸命やりかけたわけね。

学校から箏・胡弓へ

桃山――するとお箏はいくつのとき。

横井――九歳から。

桃山――そのときの先生のお名前、覚えてらっしゃる。

横井――津島の神戸するゑ先生。

中野――三品正保先生と佐藤さみ子さんも同じ先生だった。それから先生が住んでらっしゃる佐屋町の妙通寺というお寺が、先生の檀家寺なのよね。そこが吉澤検校の出です。それから小松検校も同じ町の出身。偉い先生が、そこから出てる。

横井――小松検校は、私がお箏をやる二年くらい前に亡くなられてる。私の神戸先生は、小松検校のお弟子さんというつながりになってます。胡弓は佐藤正和検校。佐藤検校という方も、小松検校に習っとる。神戸先生と兄弟弟子。

桃山――神戸先生からはずいぶんいいお弟子さんが育ってらっしゃいますね。

横井――厳しいといったらまずこの上ない厳しい先生だったです。だけど、いま本当になんぞやろうと思うと、自然にその先生のことが浮かんでくる。

中野――胡弓をお習いに名古屋の佐藤検校のところに連れられてみえたときに、神戸先生がお母さんに、「みつゑは二年間死んだものと思え」と言われた。で、「今日は、お前の先生にえらいこと言われてきた、どういうことなんだ」って親がびっくりしたって。だから、ほかのことは一切やめて胡弓だけに専念しろと言われたらしい。やっぱりお師匠様には胡弓の素質があったのね。

桃山――胡弓は習い始められたときからお好きだったの。

横井――やったとこみると、嫌いでなかったわけだわね。ほんでもね、途中で二、三回は嫌だって思ったことあるわ。難しくて。子どもながらに今日は誉めてもらおうといっても、誉めてもらえなんで、怒られてね。いま思うと、そんなことおかしいこったわね。神戸先生に何ていってお断りせよう知らん。明日から名古屋へ来ること嫌だからって言うよりしょうないが、と思っても、先生の前へ行くと言えれんで、「ありがとうがいます」と言って帰ってきた（笑）。そういうことが二、三回ありました。

桃山――神戸先生は最初、音を聴いて、この人には胡弓がいちばん合うと思われたんでしょう。

横井――何か知らんけど、自分の弟子につくりたいからといって連れていかれたんだね。

中野――私、初めて放送聴いたときね、男の人が胡弓をすってると思ったの。私は胡弓ってものをあまり知らないけども、聴いててね、すってる人の気性に男性的なものを感じた。

桃山――大きいですよね、芸が。

中野――線が太いんですね。

桃山――最初に先生を知ったのは、CBC放送で三品検校と「鶴の巣籠」をやられたときで、とても感激した。こういう芸ができる人ってのは、どういう人なんだろうと、その頃から思っていた。二十年以上も前です。ところで、箏とか三絃は、特に男の方がいいということはありませんか。

横井――三絃は男の方がいいと思うけどね。

桃山――胡弓は女が弾いてもいいですものね。

横井――そうですね。でも、佐藤検校という人は、お箏でも三絃でも胡弓でも何でも上手な方だった。この人は名人だな。三つ揃っとる人は少ないです。何でもよかった。いまの一般の人にはない芸だった。その方の弾きにかかると、自然に頭が下がる。芸に対してだよ。芯からそなわっとるというかな。

桃山――稽古のときよくって、舞台はあまりよくないっていう人もいますね。

横井――ありますわね。佐藤先生は舞台のほうが良かったな。何をやっても良かった。そういう方は少ないね。

桃山――舞台がいいと、教えるのが下手だという人がいますね。佐藤先生は教えるのは上手でしたか。

横井――まあ普通だったな（笑）。こちらの力次第しか、教えなかった。神戸先生はその点はきつかったでねえ。教えることに熱心だったな。

桃山――手ほどきの師匠としては、最高ですね。手ほどきのときからいきなり舞台のいい人についても受け止められない。

横井——本当にそうです。

桃山——先生の、胡弓弾くときの両手がすごくきれい。無駄がなく、びしっと入る。私の宮薗の師匠の三味線が、そういう風なんです。ちょっとないんではないかな。私れ、胡弓はあんまり押さえなくていいから好き。弓も指も柔らかくしてないと音が出ないでしょ。ほかの楽器と違う。

中野——力を入れては、駄目なのれ。

稽古に追われて遊べず

桃山——話をもとへ戻してと、子どものときは、兄弟とよく遊んだりしましたか。

横井——それがね、ちょっとも遊んでええ日でも、遊んでくれと言えません。まず稽古せな、行くことならんっていって。そう言われりゃ、そりゃちょこっと音させないかんでしょ。ほんで、はや弾いたのか言われる。

中野——手抜き工事したのでないかと（笑）。

横井——そうやって遊びに行きよったけど、ほとんど遊ぶということはなかったな。遊ばしてもらえなんだ。それから私、はようからね。習いに来てくれる人があってね。左屋町におった時分。

中野——十二歳から教えていたの。

横井——ほんだもんで、学校からあがってくると、皆来るでしょ。ちょっとも遊ぶ暇はなかった。その頃が十二、三から十五、六までで、十七になって佐藤検校のところで胡弓をやりかけた。神戸先生が連れてきてくれた。そのときも胡弓やる人が少なかったので、自分の弟子に一人か二人残しておかんと絶えてしまうから、どうぞ私の弟子にできるだけ教えてくれって。胡弓をしまいまでいかな、ほかのものをやってくれるなという約束で、私を連れていったの。

桃山——佐藤検校は、どこに住んでらしたの。

横井——名古屋の東区桜木町。十七からちょうど二十歳までぐらいは電車で通った。

桃山——一人で。

横井——そう、朝五時に起こされる。いちばんの電車に乗って、佐藤検校のうちで教えていただいて、帰りには津島の神戸先生のうちにいって、お箏や三味線を教えていただいて、帰ると今度は、小さい子どもが待っている。ほいで夕方までやらんならん。そんなようなことを、二十歳ぐらいまでやって、それから神戸先生が、「こんなことやっとってはいかんで」と言って、名古屋に住み込むことになった。おなごでは三味線をしっかり弾く人がないから、「今度は三味線ばっかり教せえたってくれ」と言ってね。そしたら佐藤検校が、「三味線ばっかりといったとて、おせえんことはないけど、カタワ芸になるが、ええか」と言われたんだわ。すると「よろしい」ときたもんだ（笑）。それで、三絃を主にやってもらった。で、お箏は小さいときからずっとやってるから、やっとるなりできたわけね。

桃山――大きくものを見てらっしゃるのね。

中野――そうですね、自分みたいなものは、ミで計るほどあろから、自分がやっとっては、伸びる芽も伸びないと言って、さっさと、偉い先生のところへ連れていく。先見の明がおありになったわけね。

桃山――胡弓なら胡弓だけとか。

横井――そうそう、で、それを卒業するまで何も教えてくれるな、という。

中野――その先生は、八十八歳の米寿のおさらいまでやらされた。ほんで横井先生や三井先生など名古屋で一流の先生を皆呼び捨てでね。三品先生や土居崎先生なんか、お師匠さんのところに内弟子でみえていた。ほいで横着いうとね、「神戸先生のところへ預けるって」（笑）。

横井――そうだったよ。佐藤先生は優しい先生だった。子どもを叱りつけるとか、いい聞かせるとかはない。で、自分にどうにもならんようになると、神戸先生のところに送る。一月ぐらい置いとくとおとなしくなる（笑）。そうするとまた連れてくる。

桃山――神戸先生は、やはり目が見えなかったのですか。

横井――全然見えなかった。

桃山――女の方で目が見えないというと、一生独身ですか。

横井――独身だっただろう思うけどね。ちょっとわからん。なんぞあったらしいけども。

桃山――それはいいな（笑）。一生のうちにね、そういうことがないとね。ほら、男の人は目が見えなくても、皆結婚して女房、子どもを持つでしょ。女の人は、大抵一人もので終わってしまうし。

横井――私は、そういう点は、全然わからずじまいだわな（笑）。神戸先生は、目が見えなくってもね、目のあいてらっしゃる方のような感じせよった方だった。

桃山――中野さんはいつぐらいに来られたの。

横井――そうだね、中野は二十五年からここへ来ました。ほいで、今井勉君は、ちょうど、今年で二十年になる。

桃山――もうそんなに大きくなられた。ここで初めて会ったときに、少年少年してた。若くて細くて。

横井――四つから来たと思います。

桃山――このあいだ見て、おじさんみたいになってて、驚いた。

横井――この人も横着かってね。連れてきた人がね、「まあ、先生、せっかく連れてきたけど、しばらく休ませようか」と言われてね。あんまり暴れよって、横着くって。それがおとなしゅうなってまって。一日おっても、ちょっとも喋らないときもある。でもね勉君は素直で一所懸命で、いまは、一週間に一遍ずつ手伝いに来てくれよります。自分のお稽古がてらね。人様に教えることもやっとかないかんでね。

桃山――勉君、平曲は。

横井――三品先生に習ってる。

桃山――皆で可愛がってらっしゃろような感じですね。

横井――本当ですわ。平曲は、三人が亡くなるとあの子しかいない。だで、皆して一所懸命なんとかせないかんでと言ってね。三人ともええ年になりましたで、心配しとるんです。

満足にいった舞台なし

桃山――勉君が若い頃、舞台を聴かしていただいてね、気持ちがいい節になると、ふと笑いながらうたってらっしゃろ。この人いいなあと思った。井野川先生もそうなのね。いいところへくると、ニコニコしながらうたっておられる

横井――勉君のいいところは、舞台へ上がっても、あがらない。得な人間というか。

桃山――舞台、全然あがる必要ないのにねえ。

横井――それが、誰でもあがるんだわね。

桃山――よく見せたいと思うからかしら。私なんか、目が見えちゃうからいけないんです。

横井――やっぱし、目が見えんでも……。

桃山――見られてるっていう気があるから。

横井――そら、あるだろうな。いつか中野が「先生、今日は舞台でよかったという日が何べんぐらいあった」と言うでね、「お恥ずかしいながら、こんなにやってても一遍もないんだわ」と言いましたけどね。「本当にこんなならどうぞこうぞよかったな」っていうときはないですね。

桃山――勉君のことを横井先生が、目が見えないのだから素直な子になんなさいやって、言われましたでしょ。

横井――お母さんが連れていらしたとき、目が見えなくて素直な子ができんと困るから、私とお母さんとでもいいから、やりましょうと言ってね。初めの約束ね。だで、なるべくそういうようにやってるんです。

桃山――勉君は楽しみだ。だんだん日本のものをちゃんとやる人が出てくると思う。

横井――出てきてもらわなね。

桃山――お箏と胡弓と三絃と、どれが好きですか。

横井――私、好きなものがないだわね。これしかやることないだで、やるだけのこってね（笑）。本当に好きだといいだけどね。結局、胡弓なんかは、やる人が少なかったもんだから先生に言われて、どうでもやらんならんと思って、やったということだわね。お箏も三味線も弾いておるもんだから、自然に教えんならんことになってきた。だけど胡弓だけは、やっぱし少ないからね、私が亡くなったあとは、何とかしてつなげられる弟子をつくらないかんと思ってやっとるだけどな。

桃山――胡弓は何人ぐらい。

横井――そうだね、私の手とった人は二十一、二人。で、卒業した人も三、四人できて、中編の人からで、稽古に来てる人は十二、三人ある。胡弓だけの人もあるし、お箏や三味線やってる人もあるしね。

桃山――随分遠くからもいらっしゃるでしょ。

横井――みえるよ。松本市や東京、大阪からも。これらは本当に自分から習いたいという人なんだね。

胡弓で喜ばしい音を

桃山――胡弓のかたちや中身は、名古屋とほかでは違いますか。

横井――かたちは一緒だと思います。

桃山――宮城道雄(みやぎみちお)●さんなんか、ちょっと大きいのを使ってらっしゃる。

横井――宮城さんのときからできたわけだわね。

桃山――すると日本は大体全部同じかたちと大きさだったのかしら。

横井――いまのかたちらしいですよ。昔から。

桃山――「阿古屋(あこや)の琴責(ことぜめ)」●なんて、胡弓が何となくもの哀しく響いてきて、それがあのお芝居の見せ場になってる。胡弓は、すべてもの哀しい感じのものと誤解されてますよね。

横井――胡弓は便利な楽器でね、あんまり哀しいような音ばっかもいかんから、喜ばしいような音をたまにはさせないかなあと思う。

桃山――横井先生の胡弓を聴いてびっくりした。すごく大きくて明るい。私も、胡弓っていうのは、貧乏くさくって、哀しいものと思っていた。

横井――どんな風にでも自由に音を出せる楽器です。お箏と三味線と三つの中では、胡弓はそういうことはいちばん自由だわ。結局、自分の力次第に音が出せれる。

桃山――アジアの楽器には、三味線や箏みたいに撥絃楽器というかな、ボツボツという音がするものがあって、もう一つすごく重要な位置を占めているのが胡弓なんです。カマンチェともいうんだけども、どんな音楽にも必ず胡弓がついている。私も新しいものつくると、やたらに胡弓がつけたくなる。シルクロードの音は、ほとんど胡弓を使ってる。それだけ好まれるのは、幅がある楽器だからだと思います。いろんなうたに合う。

横井――尺八と胡弓と合奏するわね。尺八と音はよう似てますもんね。

桃山――音がずっとつながるから、声と競争できる。胡弓のシッポというか、角度を変えるのに出てる棒があるでしょ。あれ何ていうのですか。

横井――別に……(笑)。

桃山――あれが、この頃は昔より長いですね。

横井――そうですね。長いとつっかえて座ってはやりにくいと思うけども、腰掛けてやる分にはええかもわからん。そういう意味で長うしとるんでないだろうか。私どもは昔の方がやりやすい。

桃山――変わってくるんですね。胡弓は三味線と同じかたちですけど、あれやっぱり猫の皮ですか。

横井――猫の皮は高いというけど、胡弓の皮は三味線よりも猫を張って欲しい。ひっぱる加減が猫と犬とでは違うもの。柔らかさというかな。犬だと音がやっぱしこわいですね、弾いとって。

桃山――猫は例えば三味線だと、一年とか二年とか、処女がいいとかいうけど、薄い皮の方がいいですか。

横井――三味線は胴によってね、厚いの薄いのを張るんですけど、薄い方が弾きええことはええです。バチをおろしたりするのに。でも破れる率は多いですね。

桃山――地唄もやっぱり薄い方がいいのかしら。

横井――胴と合わせないけません。胴がしっかりしとれば、皮もしっかりしてないと本当の音がしない。

桃山――人によっても好みがあるんでしょうね。

横井――あります。あんまり薄いと、力のある人では頼りない。男の人は、猫でもしっかりしたのでないとね。

桃山――宮薗では、もう女の芸になってるから割と薄いのを張る。ところで、三曲っていいますが、三曲というのは、いまは尺八、三絃、箏ですね。

横井――昔は胡弓とで三曲と言いよったらしいけど、いまは尺八が主になった。尺八吹く方がたが沢山できたもんね。だから、そういうことになってます。

桃山――尺八は、もともとは一般人は吹けなかったはずです。明治維新までは普化僧(ふけそう)◉が吹いていた。

横井――尺八の本曲というものがありますねえ。昔はそういうものばっかりで、三曲合奏というのはこの頃、一般にやるようになった。

桃山——私が覚えがある頃は、尺八になってました。

横井——私の子どもの時分でも、尺八を吹く人、沢山ありよったもの。

桃山——すると、明治から一般に解禁された途端に、尺八が増えちゃった。日本人というのは、尺八をすぐ三曲に入れるようなことやったんですよね。いまだったら、尺八は三曲の楽器だから、ほかの楽器を入れたらいけないとか言うんだろうけど。

横井——昔の人だったらそういうこと言いますけどね。たまに、胡弓と尺八とやっていかんという規則はないよって、一遍やってみようかといってやりますけど、そう邪魔にはならんです。

桃山——いろいろやってみたけど自然の素材使っているものは、大抵合うみたいです。大阪に中国の胡弓をやる若い女性がいて、人気があります。胡弓も新しいのをやる人が出て人気が出ると、また古いのをやる人が増えるといいんですけどね。

横井——そういう方も出てきていただくといいわねえ。そういう方は、そういう方のいく道があるんだから。

芸を伝えるということ

桃山——横井先生は、ずいぶんいろんな方を育てられたみたいですけど、検校さんたちはお歳になってこられましたね。あと中野さん、勉君、ほかにもいらっしゃいますか。

横井——うちへきてまたすぐうつる人、教師といいますか、いま、そういう生き方のほうが多いです。だけど、大人を指導するのは難しい。十人十色といいますけど、皆さんそれぞれに思いもあるし、だで私はあんまり気にしないことにしてね。芸というものだけは、しっかり持っていただきたいでねえ。**人間界というものに干渉しないことにして、ほいで覚えていただくことだけに、信念を持ってやってるんです。**

桃山——お稽古ごとで、お弟子さんとってやってらっしゃると、人間同士の葛藤というようなものは、決して生易しいものじゃあないですね。ずっとそういうことやってらして、横井先生みたいにニコニコしてられるっていうのは、よっぽど偉い人なんだなあって思う。はたで見てろような世界じゃあない。

横井——お蔭様でずうっと古い方が来てくれるんです。

桃山——結局、人柄ですね。神戸先生じゃないけども、柔軟で大局がみられるところを持ってらっしゃる（中野さん、席に戻る）。

中野——先生の胡弓の技術は楽譜に書けない。ただかたちだけは残さなきゃいけないと思って、私といい競争相手が三人いたのね、そういう人たちが、あなた前うた書いて、私が手ほどき書くからっていう調子で、五十何曲ある曲を全部楽譜にとった。技術面ではいたらないけれど、楽譜の上で正しく記録して、あとの方が楽譜があればできるというところまでしておくのが、私らの責任です。先生の技術はテープに残していただいて、それに楽譜があれば、また教えられる。

桃山——先生がさっき言ってらしたけど、中野さんの方が箏なんか好きらしいって。

中野——芯からお箏が好きなの。三味線はそうでもない。私は専門家になろうつもりじゃなくて、いわゆるお嬢様稽古でしたね。体が弱かったので、「あんたね、結婚しても、赤ちゃんが生めない体質だから、芸ごとする気があったら、それをやった方がいい」って言われた。で、自分の好きなものね、和裁とか人の賃仕事やってるよりも、音楽の方が楽しいでしょ。

桃山——中野さん、おいくつ。

中野——五十四歳。

桃山——ここへいらしゃるまでは、何してらしたの。

中野——お箏は九つくらいから。最初は踊りをやってたのね。ところが、すぐ裏にお箏の先生がいて、お箏の方がいいわよっていうことで始めた。でも戦争がはさまったりして、ずっとやってなかった。本格的にやり出したのは二十くらいからです。

桃山——ここへは三十年ぐらい前にいらしたのね。

中野——古いです。二十四歳のときかな。

桃山——いまは立派に先生も勤めてる。

中野——手ほどき専門です。

桃山——手ほどきにいい師匠につくと、一生いい。

中野——責任重大だ。でも、先生は厳しいから、私の方がいいっていうお弟子さんもある（笑）。優しいから。その代わり、先生がぴしりとする。「たまに先生にやってもらいなさい」って言うと、うらめしそうな顔して二階に上がっていく（笑）。

桃山――さっき聞いたような話だ。「横着いうと神戸先生のところへ行け」って（笑）。

中野――お師匠さんも第二の神戸先生ですよ。先生は、いざっていうと、いっこくですから。節理には厳しい。国風会の役員してらしても、先生が何か一言いいなさると、皆さんぴりっとなさる。本当のことしか言わないのね。人のよう言わんことをずばっと言いなさる。

桃山――言うことに全然無駄がない。そういうところも尊敬してる。

中野――そういうところは、お師匠さんは聖人君子だと思います（笑）。お上手もなく、とっつきも悪くて、旅に行くとよく恥かくんです。検校さんたちは、皆お口もよくて、おつき合いもいい方なので、名刺持って、「私が……です」とやってる。ところが、先生は知らん顔している。「用事があれば向こうから来るからいい」って（笑）。そういう風で、放送局やどこへ行ってもPRが下手でね。ハラハラする。でも、そういうところが先生のいいところ。

桃山――本当に芸ができる人は、こういう風なのよ（笑）。

（『桃之夭夭』一九八二年八月／一九八五年二月）

添田知道さんが逝ってしまわれた

三月十八日（一九八〇年）の早朝、信州上田の安藤病院で、ガンが胸部いっぱいに拡がってそのいのちを奪ってしまった。於晴会の最初からの中心メンバーであり、私にとっても最後までかけがえのない大切な人であった。大森馬込の傾きかけた家で、夫人に先立たれたあとの八年間は、体の不調と日常の雑事と、いろんな会の推進役・世話役としての雑用と、『素面』◉の編集・発行と、そのうえ創造的な仕事をしようとする努力とで悪戦苦闘されていた。そうした日常のすべてにわたって行き届いていないと気が済まなくて、妥協をしないからなお大変だった。演歌◉に興味を持ち、内弟子と称してひと夏を泊り込み、たまっている家事を片っぱしからかたずけかけた一九七五年の初秋、膵臓を患ってしばらく寝込んでしまった私は、その後も恢復が遅くて内弟子とは言いながら思うに任せぬかかわり方しかできなくてイライラした。一人の人間の生に誰も手を貸すことはできないのだ、ということを思い知らされて切なく情けなかった。

先生から教わったことは多い。一九七五年、考えるところあって書くことを始めた頃、「身内の思いを喋るつもりなの。句読点は話すときの息つぎと間でつければいいのじゃないかしら」と言う私に、「ウンウンその通りだよ」と、御自分の文章感をいろいろ披露して下さった。

「春歌」という語は先生がつくった。言葉もいつも新しくつくられるものだ、と俳句にもよく造語を使われた。そうした独特の文体を私たちは「添田節」と名づけていた。あるとき『素面』に原稿を書いてくれないかと言われたことがある。謙虚で折り目正しい依頼の仕方に内心恐縮しながらこれはえらいことになった、と手をつけ始めたところへ、「四枚と言ったが何枚になってもいいぞ」と電話があり、翌日また「オイ、大切なところをけずろなよ」と言ってこられた。これで私は完全にコチコチに緊張してしまって、原稿を送ったあとも、お返事をいただくまで怖くて怖くて仕方がなかった。優しかったから怖かった。自分には「うた」と「小説」の二筋、道がある、と言われていたが、生まれたそのときから唖蟬坊（あぜんぼう）◉の息子として演歌の中にあったこと、演歌師として作曲をしたりうたって歩いたり、演歌組合の推進、演歌関係の著作、そしてまた演歌だけでなく庶民の、人間存在の根源に触れる「春歌」というものを陽の当たるところへ浮上させた『日本春歌考』◉と、うたの上での足跡に、生涯を音楽することに生きた人という一本の筋道をまざまざと見る気がする。その同じ人がすぐれた小説を書いたことも、ちっともこの筋道をじゃますることにはならない。この二つは添田知道という人間の内で車の両輪のようなものだったのだろう。

私が生意気に演歌批判をするのにもまともに耳を傾け、「先生、唖蟬坊の女房役のようなことばかりしてきたせいか、いまだに同じようなことをしているじゃない」と、家事や会の世話役や編集の雑事に明け暮れている日常をわらうと、「そうなんだァ、まったく嫌になるよ」と、父唖蟬坊にひきかえて早逝した母上がいかに独立、自由の人であったかという「母恋い」のひとくさりを聞かせて下さったりした。女房役の如く優しく細やかにすべてにかかわりながら病に耐えてしぶとく、最後まで前向きに生きる姿勢は変わることがなかった。自主的な働きかけの強い、それでいて人に与えることの大きい人だった。

そこに、男っぽい、線の太さを感じる。

もう会えないのだ。


（『桃之夭夭』一九八〇年五月）

千寿師匠の死を悼む

「ありがとう、本当にありがとうございました」

手を合わせると、身内からついて出る祈りの言葉は御礼ばかりです。

千寿師匠が逝ってしまった。

ここ柿生の小庭には初秋の白い陽ざしに、水色の朝顔がはかない大輪の花を咲かせている。プティトマトが赤らみ、つる菜が繁り、地這いキュウリもなり出してきた。皆みんなオッショさんに喜んでもらいたくてつくったものばかり。師匠は早寝早起き、宵っぱりの私とは生活ペースが合わなくて、めったに届けることができなかったけれど、種を蒔く、苗を植えろ、食べ頃のときと、いつも師匠を思っていたのに。その相手がいなくなってしまった。

涙があとからあとから流れ出て、とまらないのです。

八月の終りに二日ばかり寝込んでしまった私は、その分用がたまってしまって、朝から外出ばかり。古参の師匠がいくら電話をして下さっても連絡がつかなかったそうで、葬儀の日の朝、それでも念のためにと、もう一度電話をかけて下さった三絃師、竹内さんのお蔭でそれを知りました。

予感はありました。数日前、夢に見た師匠はつらいからさすって欲しいと背中を向ける。着物を脱がすと胴体が透明にすけて空っぽなのです。血が一筋したたっていました。私は自分の体の調子が悪いせいにして、嫌な予感を打ち消しました。

会場には白い菊が一面に飾られ、ところどころにカトレアのブーケがさしてある。この気がきいたお花は、弟子一同が送ったもの。志だけいただいて、花輪も香典も一切お断りするようにとの遺言が、いかにも師匠らしい、スッキリした葬儀です。祭壇の後ろを通り、控えの間で飲食の接待役にまわった私は、友ちゃんを探しました。友ちゃんは内弟子だった私のあと、師匠のそばにつき、最期を看取るまで一緒にいてくれた人で、上半身がモジリアニの肖像のよう。ちょっとそこいらに見あたらぬ八頭身の美人です。しばらくして喪服の彼女は私の姿を見つけると、「どこいってたのよぅ」とワーッと泣き声を上げながら駆け寄ってきました。

祭壇の後ろにいざなわれ、ひっそりと横たわる柩の中の師匠と対面しました。顔のところが覗き窓になっている、その扉を、「おしょさん、モモヤマですよ」と声をかけ、左右に開くと、一瞬、紅をひいた師匠の唇が、ニッと笑ってくれたような気がしました。友ちゃんの腕の中でことされる、いまわの際には、大きくうなずくとニコーッと笑いかけ、その瞬間、あたりが輝いたようだったそうです。眠っているように、おだやかな死に顔でした。

ガンを宣告されて約三年。今年の二月国立劇場での名演奏は溜息が出るほどだったそうで、七月にはまだ門弟へ稽古をつけていました。立派な人でした。強い人でした。

私にとっての師は、宮薗千寿ただ一人。基礎も、芸についての開眼も師を通して得たものです。師匠と過ごした日々は美しい、美しい、確かなものとなって私の身内に残っている。血となり肉となっているのかもしれません。

一枚目のレコードが出たとき、「あんた、よし町の秀奴さんもGさんもOさんも皆買ってくれたんだよ」と言われるので御礼を言うと、「家元がれ、あの子があの子がってあんまり言うもんだから」と、返事が返ってきて恐縮しました。面と向かっては「調子はあってたよ」とポイと一言。調子については厳しい人ですからホッとしていると、名古屋の稽古場の、縁者になる老婦人から「三味線誉めとったに」と聞きました。葬儀の日、大津からかけつけた若手のKちゃんには、「三味線がいいよぅ」と言われたそうで、私はどんな勲章をもらうより嬉しく思いました。あのレコードを録音するとき、師匠に聴かれても恥ずかしくないようにと、それがどんなに支えになっていたことか。その師匠がもういない。私は自分の大黒柱を失ったような気持ちです。

男手が足りないので、霊柩車に移すとき、私も棺をかつぎました。おちやらさんが「おししょさん重い、重いよう」と言う。そのずんとした重さを、一足ずつにしっかりと受けとめながら――。

九月二日二十二時三十二分。享年八十五歳。

人間国宝、四世宮薗千寿。戒名寿徳院釈妙初大姉。

九月の十日が誕生日だったのに、もうお好きだったカトレアを届けることもできない。白い細長いお骨を、清岡さんと二人で拾いました。清岡さんは「汗だか何だかわからねェや」とつるりと顔をなでると、「師匠は女のかがみだね。オハルもあやからなきゃいけないねェ」と、しみじみとした口調が、身に沁みました。


(『苑』一九八五年九月)

秋山清さんを偲んで

柿や酢橘（すだち）や、南瓜の出る秋になっても、送ると喜んでくれる主がいなくなってしまった。

叩いてもビクともしないような秋山さんだったが、何となく予感がして、猛烈な忙しさの中を無理やり「夢二絃唱」公演にまでこぎつけたのは、一昨年の夏だった。お元気なうちに見ていただきたいと、追われるような気持ちがあった。

「ボクの、最後の〈夢二〉をキミに書いてあげよう」と約束して下さった台本は、夫人の逝去や引越しなど、晩年の変動期にかかって、一度書かれたものは紛失。どうしても見つからなくて、大変な日常の中を再度やりなおし、ふりしぼるように書いて下さったものだった。構成は未完、終章部分がほとんどできていなかったのは、私の意見を聞き入れながら完成させてゆくつもりらしかった。

打ち合わせの段階では、「切ろうが捨てようが君の思い通りだ。遠慮のない意見を出すように」と言われた。が、遠慮のない意見を出せば相当のタタカイになるであろうことを覚悟していると、おかしな塩梅になってきた。何度目かの打ち合わせで連絡すると、電話口の御子息雁太郎さんの妻君が、煮え切らない口調であるのに、思いあたるふしがあった私は、神田にある伴侶、照枝さんの公団アパートを、初めてこちらから訪問した。

布団に起き上がったステテコ姿の秋山さんは、三曲ばかり作曲したばかりの子どもうたのテープや、公演のチラシを受けとると、「これはボクの、ボクの」ととり込むのに夢中であった。その様子が、つい先だって新宿で会ったときより変におかしく、子どもっぽく思われた。壊れているテープレコーダーをなおしに御子息の妻君と同行した土取が外出すると、二人だけになるのを待っていたように、秋山さんは声をひそめた。

「こないだ、ここの階段をころげ落ちたと皆が言うんだがね。多数の論理ほど恐ろしいものはないということをキミも知っているだろう。一人として異なる意見がないのはおかしいじゃないか。何か図られているのではないかと思うのだが、キミはどう考えるかね」と切迫した目つきが、こちらを凝視していた。

秋山さんの身体の内に何事かが起こったのは歴然としていたが、私はその暗い気迫にタジタジとなった。

構成は思い切って組み替えた。取り組んでみると、秋山さんらしい見方や対し方に、詩人ならではの言葉が光っていて、その珠玉の輝きに触れるたびに深い感動を覚えた。さすがに無駄なところがなかった。私の手など入れたくなかったから、終章部分は、その前に習って、夢二の詩文から引用して埋めることにしたが、最後の文章が本当に秋山さんらしく冴えていて、納得のゆく台本に仕上がった。

拙著『恋ひ恋ひて・うた三絃』の方は、よかったァ、と五冊送るように指示があったが、夢二の方は「キミはそんなにいい声をしているのに、体の底から素晴らしい声なのに何で……かネ」と言う。「……」の部分が幾度聞きなおしても聞きとれなかった。

病状の進む中を七時の開演なのに三時から来て、初日のゴタゴタでくたびれてしまった秋山さん。公演の実現をあんなに喜んでくれた、五、六年ごしに思い入れのある夢二に、秋山さんの嫌いな沖縄音階で一曲入れたこと、脳を病んだ秋山さんに、なじみのなかった土取利行の参加など、気に入らぬであろう要素は思いつく。が、秋山さんにも負けずこの作品に愛着を持つようになった私にも、自信がある。最後の仕上げに、がっぷりかかわってもらえなかった残念さはあるけれど、快方に向かわれてからの「タタカイ」が心待ちに待たれた。その上でまた手なおしをすればよい。入院されてからの訪問時には、私が誰かの識別もつかなくなっていた。何か言いたげな様子に、気管支にあけられた穴を照枝さんが指でふさぐと、「何か用？」とあまりにしっかりしたひと言が胸に応え、悲しかった。

生身の暖かさで向き合い、かかわることのできた秋山さんは、もっと長いこと元気でいてくれないと困る人であった。「真の自由」を、音の世界にかちとろうと研鑽し、あるいは音世界を通して活動してきた人びとの流れ。その一人である行動する音楽評論家、竹田賢一と土取利行を引き合わせたときは、もう病状が進行していた。詩人や文学者のほかにも、秋山さんを夜空の星、嵐に位置を知らせる灯台のようにしてきた人びとのあることを知って欲しかったし、交流を深めて欲しかった。秋山さんも、夢二をダシにして彼等を紹介した意図をうんと喜んでくれるはずだったのに。

何を喋っても誤解される心配がなかった。私のすることを深い信頼で受けとめてくれた秋山さん。だからこそ思いは一方的に残ってしまうのだけれども、仕方がないから、さようならを言います。合掌

（『苑』一九八八年十二月）

桃山晴衣自筆の宮薗節譜「鳥辺山」。書き込みも桃山によるもの。

香遠山

おてうし
云より来てふりし連ざつ
極楽此清水寺の滝のこゑ
さや神夜もすがら四つもつげ
九ツ八ツも夢路の中ゑ来
久まし、んある、ぢやなまよ 二ゑや

ごまはしみつなつのは縁や
縫之助はなぶれも織と
あまた間人の女夫は名たいと
おもふ思ひもはなしぬへ
今ハ紙子みの何をもない我も
つまく守世や　いざ急る神す

女ハしたハ白むくやうへハ
むらさき紀菱の紋ちらしのぶん
緋きぬに黒じゆすの帯
としハ十七ばかりなるの
あみおもへるうちまぜがい
男もはぶたへの小袖きて

思ひまはせば浅茅うら
三千一期の所ござのり我で
出つといふ字に衆を捨小舟
何所へと流れ鳴とてもヲなし
きくたびくみつかりし
父母みな一おもひつし語の

あけおをおとじやうこから
いんでくれいけだふしぎづこ
ふふ神の霊にま橋あるゑ
もうとおみぞとやきんしやかつさへの
かうがおま孫もおかしそうや
その親く母苦をこのける

不孝をのゝるハ為ましゞのした
阿兄れといふ仲人や梅の
悪口じやなどのこじ那者ハ心の
ほうとゆくらくめうも門の花車ぎ
つしみいまでをまへじつの
いくといふ事が阿まむらき

まこのめい流と先の志ん問うも
すりいとのじさうろいれ
いとしゝの悪がまゝつ形ふに
五度行ふもとの銭二度行は
二度を一度のほうふするハ
親おやのてのきげんかよく

いろて身をうつちともなく
せいゆん母多以志んだうも
全く不孝じ名をあゞす
いろじ死ねるハなかぞとよ
悪心をおもひ我をじめすてし
さかりイづ丹らひむつひしかざ、

我なきあし／＼や朝露の
ゆふ影みまでもはかなくて
しんきの苦界まよひぬる
かなしいかなや彼らいふと
いまる死ぬるの手つめまでも
すならず／＼りあゝ家を出し

たんきれ心もちやんわりと
一寸さ手丹筒乃之ころた
粋のいまんもうへの袖くら
おまへみ情よふくらつつら
おもしろのきてきそていぬ
ツレ
おやらさぬつも世乃義理も

まことのおらはぜしだら
かんにんしてとげずりすを
まごのりはしくかりすにあや
思ひきらぬわましまふ浮世身を
わしはなの科どソレいふさんの
いゝや其眼らめハやいふくのと

龍と虎の戦も今こそし一度に
こ以ごたゞくみぞ一河の
清てり緑みさの野の春日
ふる雪やおりふしもなかに奉
く北陸もつゞいて、庭を
あらくとふるか通ひまで見ゆる

ニャン
たらヒ。

枕がとかげや

鐘もつきやみ

かおとかお

わ、と

桃山

今様の冒険

一九八一―一九八三

「梁塵秘抄」に出会えて

「梁塵秘抄」をひもといていったとき、一面の青空の下で野の花が、太陽に向って両手をいっぱいにのばし、嬉々として揺れ咲いているのを見たような気がした。そこにあるうたの数々は、生きているものの讃歌だ。自然の中の木も草も、虫や鳥や小動物も、皆同じ生きとし生けるものとして登場している。男女の恋情は何のてらいもなく身内の奥底からの本音を吐き出していて、あるときは高らかに性を讃え、あるときはつれない男へ持て余した愛の焔をぶつけるような罵詈雑言となり、また苦しみと悩みの中をさまよい深い悲しみに沈み込んでいるようなうたもある。「梁塵秘抄」の恋のうたは、男女や年齢差を問わず我が身にピッタリ重なってしまうのだ。まさしくそこに生きているもののうたがある。「梁塵秘抄」は、ずっと日本芸能にたずさわってきた私が、江戸からこっちにあきたらなくて探し続けていた世界をバッチリと持っていた。現代に古いものを甦らせろなどというものではなく、そのまま現代へのメッセージだ。「古典＝むつかしいもの」教育の弊害による常識はクソくらえ。私にわかるものが皆にわからないはずがないじゃないか。私はこの「梁塵秘抄」と、やはり堅苦しく難しいと思われている三味線一挺手にして、何でもなく当り前にうたって歩こう、そう思った。

私はプロとかアマチュア、という考え方がどうもわからなかった。私はうたうことが好きだ。三味線の音が一つピーンと鳴ると、それにのって心持ちが明るくなり、次々に繰り出される音と声に心はどんどん開けて体中が楽しさでいっぱいになってしまう。ところが現在、三味線の舞台はほとんどの場合かしこまって拝聴され、楽しいなんてとんでもないこと。プロは破綻なく完璧に演奏できなくてはならないのだ。もっと昔の明治・大正にはまだ、お互いの心が湧き立つような場があったようだし、名人のレコードからもそんな様子がうかがえる。どうしてこんなにつまらないものになってしまったのか、どうして次の新しいいのちが生まれてこないのか。……それはそれとしてとりあえずいま、自分はどうあったらいいのだろう。私は好きでうたうのだからコミュニケーションできる人数はそんなに多くなくていいのだ、と考えた。それに音楽というものはそんなに膨大な不特定多数に伝達されるものじゃない、とも思った。それで於晴会という集まりの中でうたい続けてきて、不特定多数に向けてうたうときにも、主にこの於晴会の人たちのつながりによる自主公演という程度の場でうたうことを芯にしてきた。この期間にいまの私がつくられたのだ、と確かに言えるから、いままでのプロセスの中でこの時期も間違いではなかったという気がしている。

が、「梁塵秘抄」に出会って大きく転換することになった。流行歌謡は、社会構造上、都市というものが出現してきて初めてそう呼ばれるのだそうで、その古い資料である「梁塵秘抄」に惹かれた一つの要素に、自分が東京生まれの都会人間である、ということがあった。そして取り組んでみてそこに見えたものは、宇宙とたった一個の自分という存在が確かにつながっている大きな世界だった。いままでいくつもの壁につき当たりながら考え考え進んできて未解決だった事柄の、すべての答えがここにあったような気がした。もともと地方のうたに比べて都会のうたは、歴史的な積み重ねが多く、そこに集まる職種の多様さからも普遍性を持っているのが特徴だ。遊女、傀儡（くぐつ）◉、歩き巫女◉などは社会構造に組み込まれないアウトサイダーであったらしいし、随分とあちこち歩いていたようだ。考えてみればプロとかアマチュアなどという言葉は、明治からこっちの、生活から遊離してしまった近代社会の枠組みの中での区分けであって、何とはなしにずっと受け入れることができずにいたけど、やはり私はプロでもアマでもない、とここではっきりと言えるようになったと。

いま、私は三味線ツアーコンサートと銘うって全国を歩いている。多くの人とつき合い向き合っていただいて受けた恩恵を生かし、自分を生かし、プロでもアマチュアでもない「自分の最もいい有り様」を模索しながら、場の設定や設営からして両者がコミュニケーションできるよう受け手と送り手との関係をいちばんのポイントに、個人と個人の出会いが一つの流れになり、そのいくつもの流れが集まって大きな流れとなっていくような、そんな毎日の中でうたいたいと思っている。

(『桃之夭夭』一九八一年十一月)

「梁塵秘抄」の世界をうたいながら

三味線などを楽器にしてうたっていると、きまって〝和風ナニナニ〟といった肩書をつけられてしまう。それに伝統論者の格好の対象でもある。そういった場合、要求している日本的といわれる内容は、江戸の後期、文化文政から明治大正あたりを指している。

三味線は室町時代に日本に入り、さかのぼると、沖縄、中国、チベットのダムニアン、イランのセタール等をへて、古代エジプトのネッフルにいたると言われる。日本文化は多様だし、強烈で生き生きとした大きな広い世界を持っているはずだ。私はそうした、心と心に響き合える私たちのうたが欲しかった。

そんなわけで、明治大正演歌、子守唄、仕事唄、室町末期頃の歌謡などと遍歴することになってしまった。私の好きなのは伝統音楽でも芸術音楽でもない、流行歌といった類のものだ。「梁塵秘抄」は、私にとって流行歌だった。そこに見られる恋歌の、陽気で開放的な明るさは、なんとも目もくらむように見えた。

恋ひ恋ひてたまさかに逢ひて寝たる夜の夢は如何見る
さしさしきしと抱くとこそ見れ

これはセックスへの賛歌そのものではないか。室町になるともう男女の愛の歌もぐっと違ってきてしまうのだが、その後の江戸からこっちにはなおさら皆無の自由さを持っている。かねてから探し求めていた世界がここにあったという思いだった。そして私は、「梁塵秘抄」をうたって歩こうなどと大それたことを考え、その中にノメり込むことになったのだ。

「梁塵秘抄」は、平安末期、大衆の間に最も広く行われた歌謡「今様」を、後白河法皇の手で集大成した歌謡集である。現存部分は、五六〇首を収めた歌謡編と、後白河法皇の今様生活の自叙伝といった内容の口伝集とからなっている。この口伝集では、法皇自らが手をつくして今様を学んださま、乙前という老遊女を師として、芸や技の正統をかたちづくっていく次第、法皇をめぐる専門歌手の伝系、なども知ることができる。

さて、「梁塵秘抄」の中で、「神と仏」をさけて通るわけにはいかない。なぜならば、「梁塵秘抄」は信仰のうたでもあるからだ。この歌謡の中心の座を占めているのが、仏教の和讃の一節が口ずさまれて広く行われた法文のうたである。私が好きで選び出した恋歌や、小動物・虫などをうたったもののほとんどが、神楽歌の直系の二句の神歌、また法文の歌がこの歌に作用して生れた四句の神歌の中にある。後白河院はその口伝集で、「そのかみ十余歳の時より今に至る迄、今様を好みて怠る事なし」と、その熱中ぶりを披露しているのだが、今様を一心不乱に歌うことが信仰そのものである、と考えていたようだ。

この「神と仏」は私にとっていちばん厄介な問題だった。漢文の仏教用語や地名、釈迦をめぐる人びとの名称、仏像の名称など難解な事柄が多いわりに、よく読んでみると情緒的に見える。それに権現という称号が、インドの仏が仮の姿を日本の神としてあらわしたものとか、大日如来がどうこうといった、神と仏の融合も詩章の内容をややこしくしている。そのうえ、二句の神歌中に仏歌があったり、一つの詩のなかに神と仏がゴッタになったりしているようだ。後白河院は熊野に詣でること三十数度、その他、八幡詣とか、天王寺詣とか、枚挙にいとまがないが、「心をいたして神社、仏寺に参りて歌ふに、示現をかうぶり、望む事叶はずといふことなし」と、誰それが「ぞうほうてんじては」とうたって病がたちどころになおったなどと、次々に名をあげてその霊験を説いてもいる。ここで神社仏寺と並べて述べているのだが、神社で仏の有難さをうたっているようでもある。私は、複雑に入り組み一種の独特の曖昧模糊とした様相を呈している「神と仏」に、途方に暮れた。

「梁塵秘抄」をうたうことを知って、寺社と仏教関係の人から多くの問い合わせがあり、あたかも「梁塵秘抄」は仏教歌、といった印象であった。仏様の前では、法文歌のうちから自分に納得のいく詞章と、情緒的ではあるが本音をうたっているものを選んでうたった。が

私は、底辺庶民の歓び、嘆きや苦しみがありありと感じられる生きている者の声にゆさぶられていた。そしてこれらが信仰の歌の中にあることが、私を得

心させてもいた。それで「梁塵秘抄」は生命の賛歌であるという考え方を芯に据えて、興業者の手を通さず、聴いてくれる人とじかにコンタクトをとり、全国をうたい歩いた。送り手は一方的にデッチあげ創りあげたものを送り出し、受け手はそれを受け身にただ聴くだけというあり方ではなく、双方が同じ地表に立って、受けとめ合い感じ合える場を、みんなでつくっていく方法をとった。古典は難解なもの、三味線は堅苦しく我々とは無関係でわかりにくいもの、という偏見に腹が立つので、できるだけ中央と離れた地からはじめた。一回目は佐渡、二回目は紋別からはじめて北海道全土と東北、後白河院ゆかりの京都では新緑の嵯峨野・釈迦堂にやぐらを組み、南は博多の住吉神社にいたるまで、百か所以上でうたったことになる。

「梁塵秘抄」には、子どもから主婦層、若者、じっちゃま、ばっちゃまにいたるまでが熱い反応を送ってくれた。アイヌ問題の渦中に行き合ったこともある。自然農法、福祉、各種の差別や原発に反対する人たちにも出会えた。苦小牧のロックライブでは一か月前から私のレコードをかけっ放しだったとかで、熱気のこもったカケ合いが延々と続き、研究者・文学者風と日本芸能関係の観客を驚かせていた。秋田の合川町では、はるか向こうの山々まで、自然林の新緑が目の限り続いてる会場で、重度の精神障害の人が、一番前に陣どり、深いところで反応してくれていた。あんな質の良い聴き手はめったにあるものじゃない、それは真に音楽の理解者だった。車椅子の人は体が不自由な分だけ、遠慮なく声をあげていた。老人ホームのグループ、ばあちゃんの膝の上には子どもがいて、町の人たちがいた。そこでのやりとりの清々しく気持ちの良かったこと。

まだまだここに書きつくせない感激的な交流がいっぱいある。そして私には、彼等こそ神々であり仏様のように思えるのだ。その人びとのすべてと、あきらかに感じられた生の息吹が、私には時空を超えて心に響く歌謡「梁塵秘抄」を支えている民衆の世界そのものに思えた。

（『日本民俗文化大系』月報　一九八三年六月）

綾藺笠それを尋ぬとせしほどに

――各務原 雨の夜ばなし

出席者……桃山晴衣

藤井知昭［元国立民族博物館教授］

青木雨彦［作家］

皆川達也［各務原市文化事業課長］

（一九八一年九月八日　岐阜県各務原市鵜沼　桃山晴衣居にて）

音の力

藤井――この家は、どこからか運んできたものですか。

桃山――もとは越前の小さな百姓家です。

青木――小さいといっても、いまのわれわれの住居の感覚からすると、やっぱり大きさが違う。あの梁の太さなど、ここへ来れば、若い連中でも「梁塵」の意味がいっぺんにわかる……。

藤井――雨音が聞こえますね。本当に日本の里の夜の雨だ。

桃山――雷の先ぶれかもしれません。犬が吼えています。低周波が耳に響くらしい。

皆川――人間に聞こえないものが感知できる。藤井先生の著作にもありますが、ヒマラヤの高地の長いホルンの低い音は、日本人には感じられないけれど、現地の人びとにはちゃんと聞こえているそうですね。犬だけでなく、各国の民族は、風土や生活様式によって異なった可聴限界を持っている。

桃山――太鼓の音も、随分遠くまで響きますね。耳でなく、もっと体の芯の方へ伝わる。あれを信号として使ったということが、実感できます。

皆川――信号の場合、最初は人間の声だったのかな。たとえば木を叩いて知らせるのと、どちらが先だったんでしょうね。

青木――声が届かないようなとき、それに代わるものとして工夫したのではないでしょうか。また、宇宙的な、たとえば雷や山崩れなどの自然の音に畏怖を覚えたんでしょう。それを超える音を出さなければ、と考えたんじゃないのかな。

平曲と「梁塵秘抄」

桃山――藤井先生のご専門は、アジアやアフリカを中心にした民族音楽学ですが、お父上の藤井制心さんは、「平曲」の研究で第一人者でいらした。

藤井――「平曲」の採譜や、それまでバラバラだった平曲をまとめるという仕事をしていました。

青木――現在、平曲はどちらの方が継いでいるんですか。

藤井――名古屋の井野川幸次さん、土井崎正富さん、三品正保さん。

桃山――平曲はいいですね。私が男だったらやりたいところですが、低い方の声がずうっと続くので無理なんです。

藤井――ただ、現代の平曲はややつまらないところもある。固定化していますね。

桃山――井野川検校のドイツでの演奏、とても良かったですよ。FMで聴いて、眼を開きましたね。

藤井――あれは良かった。でも、本当の平曲はもっともっと面白くて生き生きしていたと思います。

皆川――平曲の場合、原型というか、盛んに語られていた時分の姿まで、さかのぼろ材料はあるのでしょうか。

藤井――『平家正節（へいけまぶし）』など、非常に古い写本が残っています。それには楽譜と言ってもいい符号がついていますから、復原してみると、現在の平曲の譜本との大きな違いが見えてくる。たとえば宇治川の合戦のある部分はもっとふくらんだメロディーで、そこには土地の民謡も入ってきただろうと思われます。

皆川――民謡が入ってくるというのは。

藤井――当時、平曲を語る琵琶法師は地方へ流れていく。そこでその土地のお客さんとの交流ができてくる。

桃山――コミュニケーションですよね。うたはエロスですから。

藤井――そうです。交流によるふくらみがあるから、その土地の要素も入ってくる。そういう記号がちゃんとあるんです。伝承されてきた現在の平曲は、骨組みは忠実に残ってはいますが、そんな生き生きとした味つけが消えちゃっています。

桃山――「梁塵秘抄」をやるときに、たとえば「遊びをせんとや……」では、自分でとてもおもしろいと思った雅楽の中の気に入ったフレーズを、全部入れてみた。そうしたら、自分の感覚でつくったものなのに、非常に平曲に近いものになった。何も知らない人びとがうたったのなら、私と同じような感覚で受けとめていたはずです。雅楽と平曲は意外に近かったのかな、とも考えました。

藤井――平曲をつくったといわれる信濃前司行長（しなのぜんじゆきなが）自身、雅楽の大家でした。

桃山――平曲には、それまで日本に入った音楽の要素が、全部入っていると思いますね。

皆川――雅楽による楽琵琶と、平曲の琵琶は、ちょっと違うでしょう。盲僧琵琶といわれる系統の方が平曲絃に近い。

藤井――同種の楽器ですが、発展段階が違い、日本へ入ってくるルートや時期も違いますし、調絃からして違います。

皆川——音楽の流れとして、平曲に雅楽が流れる可能性はないことはないですね。

藤井——雅楽の中における楽琵琶の位置というのは比較的低い。ジャランと分散和音を弾くのが琵琶の役割です。雅楽の鳴り物の主流は、やっぱり篳篥や笙です。

桃山——私の「梁塵秘抄」のレコードで、雅楽をバックにうたっているのがあるのですが、篳篥のずうずうしいような音は嫌だから取っちゃおうと思ったんです。そうしたら、うたの部分は篳篥がないとどうしようもない。それであらためて聴き直すとなかなか面白い。

藤井——篳篥のあの音は、どうしても日本人の肌に合わない。日本であの系統の楽器として生きているのはチャルメラくらいです。胡弓も日本人がなじめなかったんですが、ユーラシアではこれらの音がないと、まったく音楽が成り立たない。

桃山——中近東あたりに、〝ベーッ〟という、日本人には耐えられないような音を出す楽器がありますね。

藤井——トルコではズルナと呼びます。イランではスルナイ、インド行くとシャナイ、中国へ行ってソナとなります。名称でもつながっている。

皆川——「梁塵秘抄」では一曲だけ、雅楽の「越天楽」そのままの節でうたっていますね。

桃山——私が十五年近く十八番にしていたうたに「筑前今様」があります。黒田節は赤坂小梅（あかさかこうめ）◉が勇壮にうたって、それが一般に浸透している黒田節になってしまいましたが、もとは雅楽の越天楽です。以前、端唄◉や流行り唄をうたっていた時期に、同じ曲を自分なりに、雅楽をイメージしてうたっていました。それで「梁塵秘抄」では、雅楽の「越天楽」そのままの節でうたってみようと思った。「仏は常にいませども」などですね。うたってみると、他人のつくったものとは思えないぐらい心地いい節なんです。

うたと女

青木――「梁塵秘抄」は、いわゆる今様ですが、一体どういう形でうたわれていたのか、やっぱりよそから入ってきたものと、もともとあったものとが混じり合っていたのか、そのもともとあったものもどこから来たのか、わからなくなってしまう。

桃山――私も、うたが好き、三味線が好きでこうしてやっているのですが、そうすると、日本独自のものとか簡単に言われる。でも独自のものって何だろう。日本は昔から、絶えずよその影響を受け続けてきたので、何をもって日本独自と言うのかが問題になってくる。「梁塵秘抄」の頃はまだ、雅楽のようにシルクロードや中国から渡ってきた音が圧倒的で、それを消化して日本独自と言えるものになったのは、平曲あたりからじゃないでしょうか。私は、日本の音楽と語りものというのは奥深い関係があると考えています。外来のものを消化し独自のものになると、言葉に重きを置くようになってくる。平曲はそういう意味で、独自のものと言えるでしょう。

藤井——今様とは、いわゆる現代風ということですね。でも、それが果たして平安の頃の、本当に日本の現代風のものかというと、ちょっと難しい。奈良時代には雅楽寮というものがあって、外来の楽人が所属していた。多くは異国音楽文化とともに日本に来た帰化人やその子弟です。古代律令体制が崩壊するなか、彼らが地方に分散していく。そういうホカイビトというか、流浪人たちの系譜と、今様の白拍子とか遊び女は同じ系列に属している。そういうことからも今様だからといって、必ずしも日本的とは言えない部分が沢山あります。

青木——その遊び女というのは、現代で言う娼婦そのものではない。

藤井——平安のころには分類として、遊び女や白拍子があって、巫女の系統も含んで、ある種の娼婦の位置づけではあるのでしょうが、皆、芸を持っていた。売春というのは、ほんの傍らの役割にすぎなかったのでしょう。

皆川――しかも遊びという言葉そのものが、吉川英史（きっかわえいし）さんの『日本音楽の性格』によると、音楽を奏でたり歌ったりという意味もある。おそらくそういうことをやった人たちを主に遊び女と呼んだのでしょう。

桃山――江戸時代以降の遊女というのは、全く違う。つまり管理売春、男に隷属した苦界の女になってしまう。私は、相手と響き合ううたをうたいたかったし、自分の真実を腹の底から言いたかったけれど、江戸邦楽にはそういううたがない。明治からこっちは特にひどい。演歌をやってみたけれど、演歌も表現が屈折している。第一、女が自分の真実をうたったうたではない。男の世界です。以前から「閑吟集」はすごく好きでしたが、今度「梁塵秘抄」をやってみて、これだと思った。「我を頼めて来ぬ男……」でもそうです。「角三つ生いたる鬼になれ さて人に疎まれよ」と男のことをくそみそに言う。ああいうのは、江戸の遊女じゃ考えられない。堂々と相手とわたり合ってるという感じがする。芯からくそみそに言っているから、かえってひたむきに惚れているのがわかる。江戸になると「やつれしゃんしたもわしゆえに」、なんてことになってしまう。

青木――桃山さんは、端唄はともかく小唄の世界は、女心はうたってはいても、それは全部男がうたう女心であり、女がうたう女心ではない、とおっしゃってますね。

皆川――うちの教文文化講座で、以前、安田武さんが九鬼周造の『「いき」の構造』について話された。その時、女性の聴講者から、「いき」というのは、男の側の美意識で、女はその勝手な美意識の対象になっているだけではないかという意味の質問が出ました。

桃山――そうです。しかも江戸という一地方のある時代に限定された男の美意識だと思います。やっぱり子どもを産まないものの論理ですね。

青木――そうすると、江戸時代に日本の真の女性というものが抹殺された。

藤井――完全に江戸で屈折します。中世はもっとおおらかで伸び伸びとしていた。

皆川――中世というのは、民衆にとっては暗黒の時代だったように思われていましたが、そうではなく、波乱万丈の変転のなかで、男も女も非常にあっけらかんとして生きていたのでしょう。

青木――武士道では、「武士は二君にまみえず」というのが江戸時代武士の誇りとされた。ところが、それ以前の塙団右衛門（ばん）とか後藤又兵衛なんかはどんどん主君を替える。主君を沢山替えることが武士として誇りであり、武士道といっても、江戸とそれ以前とでは全く性質が違う。それと同じで、女心をうたうといっても、女を生かすのと抹殺するのとでは、文化が全く違います。

藤井――平安末期に、永長（えいちょう）の大田楽（おおでんがく）をはじめ、女性が大きなパワーをもってあらわれてきた。そういうものが底に流れていたのに、江戸時代では、全面的な人間の開放とか喜びというものではなく、もっと繊細な部分、人間の末梢神経を大事にするような美意識が、特に芸能や遊びの世界で伸びてきた。これは一面、洗練と言えろけれど、人間性とか男女の愛とかについては、大きな屈折があったと思います。

桃山――文化文政がその極みです。末梢神経ばかりのような感じがして、嫌いです。あそこにはまっすぐな人間がいないし、本当の女がいない。そこから出てきた江戸邦楽が、明治政府の西洋音楽一辺倒の官憲的文化政策によって、ますますやせ細った。守勢一方でどんどん形骸化して、「芸ごと」や「家元」の館に閉じこもってしまった。だから、「梁塵秘抄」をうたってみて、生き返ったような感じを受けたのです。

青木――これは自分の不勉強をさらすようだけど、「梁塵秘抄」というと、すぐ頭に浮かぶのは、「遊びをせんとや生まれけん」ですね。われわれが教えられてきたのは、子どもが遊んでいる姿を見ろと自分の心もわき立つようだと、そこで終わっちゃう。そこから先がエロスの世界であることになかなか思いいたらない。ただ、外から入ってくる知識としてあれは遊び女、いわば娼婦のうたであるから、別の意味も持っているのかなと考えたりする。ところが、桃山さんのレコードを聞くと、いや待て、これは全く違う世界じゃないか、すごくセクシーなうたではないかと思う。

皆川――ぼくも桃山さんの「梁塵秘抄」で一番最初に気になったのは「遊びをせんとや」ですね。やはり有名ですから。私は桃山さんはあっけらかんとしたうたい方をするのかなと思っていたので、聴いてびっくりした。ほかの、たとえば「舞え舞えかたつむり」なんかは、二拍で、わらべうたに近い感じで、おそらくかつてそういうふうにうたわれていたのかなという感じにできている。ところが「遊びをせんとや」は、「ゆり」とかいろいろな技巧を入れて、非常に重く感じられた。そこが意外でしたが、逆に言えば、非常に現代的な新しい作品じゃないかとも思える。

桃山――あれは最初、意見が真っ二つに割れました。でも「遊びをせんとや」なんて、非常に底の深い言葉だから、どんなふうにも受けとれるし、私は私の解釈……というよりは、私自身の感性をあのうたに重ねてみた。

藤井――「梁塵秘抄」の頃のうたは、ある種の想定はできるにしても、再現不可能です。桃山のイメージでふくらんだ新しい創造ということでいいですね。

青木――「梁塵秘抄」のレコードで最高だと思うのは、「恋い恋いて　たまさかに逢いて寝たる夜の夢は如何見ろ　さしさしさしと抱くとこそ見れ」。ここに行きつく。

桃山――あれはつくるのに苦労した。いわゆる江戸邦楽調にしたら、すごいうたになってしまう。そんな感じではない。「さしさしさしと」なんて率直なすばらしい表現があって、とってもおおらかで明るい。だから三味線がただ歌をなぞっただけの、出来るだけ素朴でサラリとした感じにしたつもりです。

私は、いわゆる楽理というのをやっていない。いまの邦楽の人たちは、西洋音楽理論の作曲法をやって、その上で新しいものをつくろ。日本の音楽は全然異質だから、西洋音楽理論をやった人たちのつくったものは、どう聴いても腑に落ちない。

藤井――西洋音楽は、強弱というリズムでしょう。日本の音楽は、間合いの音楽で、その場合にも表とか裏があるという、全く違った概念です。

桃山――大体、昔から日本のうたをつくってきた人びとは、楽理なんかやってない。だから私は、それをやらないでつくってみせようと思った。

三味線と「梁塵秘抄」の出会い

桃山――今回の「梁塵秘抄」では、主に三味線についての、自分で考えられる限りの筋や系譜みたいなものを通してあるつもりです。

青木――三味線の伝来は、だいぶ後のものでしょう。十六世紀半ばあたりですね。

藤井――正確には不明ですが、安土よりちょっと前に、堺へ入ってくる。

桃山――永禄年間に伝わったとか、いろいろな説があるようです。

藤井――西アジアのセタールとも関連し、中国の三絃が沖縄を経て渡来したと考えられています。

青木――その三味線と、「梁塵秘抄」のイメージと、どうつなげたのでしょう。

桃山――つなげたというより、三味線弾きうたいの自分が、いろいろ遍歴していろうちに、「梁塵秘抄」に出会ったわけです。自分としては必然だった。好きで好きでたまらなかったうたうことで、生活のためにお弟子さんをとったのが始まりで、なりわいにする様になったのですが、社会に出てみると三味線音楽に対しての一般のイメージが、四畳半の差し向かい、色っぽいとか粋とか、でなきゃ厳しい芸道修行、この道一筋とかというもので、どうも私の中で喰い違っている。ひとことで言えば楽しくない。大体邦楽界というのが特別な世界で、一般の音楽とは無関係になっている。それで、江戸邦楽を抜け出したのですが、古典はやっぱりいま生きているものではないから、皆と通じ合えない。お互い響き合えるうたを探して、はやり歌、端唄、民謡、子守唄、わらべ唄、明治大正演歌、と片っぱしから遍歴しました。そしてうただけではなく、場もないことがわかり、自分は何故うたうのだろうとか、うたが生まれた状況、生きている状況まで気にせざるを得なくなって、随分考えた。それで自分でつくるようになったのですが、そのプロセスとして「梁塵秘抄」があるわけで、私としては復原からやる気はてんからなかったわけです。

藤井――それじゃつまらないですからね。

桃山――そう。それに歌詞がすごく短い。当時は賛歌風に同じ節でうたわれたものでしょうが、現代の人間にあの短い歌詞を、同じ節で繰り返して聞かせたら飽きてしまう。やってみるうちに、全部違うパターンでつくっちゃえと思うようになった。私の性質として、やり出すとおもしろがってとことんやってしまうところがあって、自分のなかにある音感の、総掘りおこし、集大成みたいなものになりました。自分のなかにこんないろんな音があるとは思ってもみなかった。

青木――古今東西、絃、打、管、雑（笑）。

桃山――もちろん、芯は邦楽ですが、明治大正演歌、雅楽、平曲、明清楽、琉球からシルクロード、チベット、ペルシャ、トルコ……それらが今度「梁塵秘抄」をやったことで、自分のなかで全部つながった。

皆川――楽器でいえば、芯は、もちろん三味線でしょう。

桃山――そう、絃楽器の音はポツポツと切れて、ボーカルととても相性がいい。だから琵琶の系譜、三味線の系譜、胡弓、この三つは使いました。三味線は、私の一番好きな音ですから、いろいろなパターンをつくり出した。とにかく調絃から何から全部自分で音をつくり出す、というところが気に入っている。宮薗節の三味線をもとに、撥でなくつめを使って自分の音をつくった。三絃楽器を使う国で日本だけが撥を使って弾くのに、私はどうも宮薗以外の、撥によるパチッと決まってしまう音が好きじゃない。ウードは琵琶の系譜ですが、宮薗の音の「うみじ」といって余韻がながく「ううん」と変化する、それが楽器のうしろが丸くて共鳴部分が多く余韻が長いウードの音に共通する。私の好きな系統の音なんです。自分の音の芯になっているのは、宮薗と、江戸初期の頃の復原曲です。

青木――それはお父上の影響ですね。

桃山――そうですね。子どものころ出会って、ハッと思った。

皆川――「泥洹（ないおん）」は、純粋に楽器だけでおやりになっていろでしょう。

桃山――あれは非常に西洋的な発想です。父はインド音楽を聴いて発想したみたいですけど、その「泥洹」も、私と父とじゃ全然違う。結構面白いから、自分なりに三分の一くらい、勝手にぶった切っちゃいました。日本音楽の器楽曲は少ないのですが、復原曲の半分が器楽曲で、語りものである宮薗と対極にあるようなものです。ほかにも、父の作品は沢山あるけれど、本当に自分のものとしてうたおうとすると、親がつくったものでも、ほとんど使いものにはならない。大体、日本の伝統や修行というものは、ほとんど前の人の足跡をたどっているだけです。修める時代はそれは必要ですが、「修破離」というように、修めて、破って、離れる。それともう一つ、日本の芸能は、「起承転結」じゃなくて「序破急」ですね。必ず「破」がある。いわゆる伝統主義者たちは、この「破」の部分をとり逃がしている。音楽を聴くときも、知っているメロディーが出てくると、いろいろな情景が自分の心に映し出されてくるから、なぞっている快感というか安心感がある。でも、もっと前向きの新しいものに出会ったときの、何ともいえない高揚感や何かの予感みたいなもの、そういったものを受けとめられないと、どんどん貧しくなってしまう。

皆川――「序破急」というのは、一つの楽理といえるんですか。

藤井――思想といった方がいいですね。音楽を考えるのも、人生を感ずるのと同じように、ずっと流れていくという……やはりこれは、梵鐘音の消えていくところに自分の人生を考えるような一つの思想ですね。楽理としての面では、それが技術として適用されるにすぎない。

桃山――今度やってみて、日本の音楽は楽理というより、思想が主になっているということを感じました。うちは父が岡田三郎助の弟子で油絵描きでしたから、どっちかというと西洋直系の、主にフランス文化が私の中に入っています。小学校時代は唱歌もやったし、そういうものを否定はしません。ただ、西洋音楽だけを、音楽の尺度にするような考え方はやめた方がいいと思う。

皆川――藤井先生の『「音楽」以前』によると、あらゆる音の中から、音楽と非音楽をわけていく、そこから音楽文化というものが出てくるという説が紹介されていますが、日本の音というのは、その区別では、「非」のほうに近いのでしょう。

藤井――非音楽ですね。三味線を弾いても、撥の音とかサワリとかが必要ですし、能管でもわざとピッチをルーズにしてありますし、尺八のむらいき（ムラ息）とか、いずれも大事な要素です。つまり楽音と非楽音を分けるほうが間違いなんです。それは自分の心の問題で、民族によって全部違います。

桃山――楽音、非楽音というのは、西洋的な発想でしょう。

皆川――いろいろな日本の音楽について、音階とか音色が分析されるけれど、最終的にはどうしてもある程度の普遍性をもった西洋音楽理論の上に引き延ばさざるを得ない。五線譜にあらわして、つまり西洋音楽理論を借りて説明せざるを得ないところに、大きな問題があります。

青木――だから桃山さんが、楽理はやらなかったけれど、日本なら日本なりのあらわす方法があるだろうといわれる、その辺が結びついてきたら、おもしろい。

藤井――結局、桃山さん固有のうたを伝承する方法はないわけです。つまり音そのものですから。もしレコードやテープがなかったら伝承できない。それをどう表現するかというのに、いま言った五線譜しか使えない。ところが五線譜は、実際の音楽情報の三分の一も盛り込めません。

青木――桃山さんは伝承ということをどう考えますか。

桃山――転換期というか、創成期にはジャンルとか型とかはなくて、一人一ジャンルなのですが、それが洗練されて完成度が高くなってくると、パターンとか技術の伝承が必要になり、家元制もおこってくる。私がいま立っている時点では伝承は必要ないと思っています。

藤井――音楽というのは、もともとはやっぱり個人のものですからね。

桃山――レコードに入れる場合も、自分としては記録としては考えていない。あくまでもコミュニケートする媒体です。

つかず離れず、合う合わず

桃山――いま、雨に濡れた広葉が、風にゆれて、一斉に雨滴をはらい落とす音が聞こえますね。落ちるのが湿った地面だから、ああいうしみこむような音になる。

青木――さっきの話では、非楽音、つまり雑音ですね。

桃山――最近の邦楽の人は、絃を押さえて移動する時のすれる「ズーッ」っていう音をレコードに入れないようにする。機械を相手にしたときは、特に気をつける。私、「梁塵秘抄」から、レコーディングのときにわざとそれを入れるようにしました。

藤井――日本の音楽、音の文化はそこです。しぶい声とか、さびのある声とか、そういうものをよしとする美意識がある。とくに擬声語というか、音の感覚でとらえた言葉も多い。梁塵秘抄の中にも「さやさやさやけ」とか「ちうとろ揺ろぎて」とか、例の「さしさしきしと」なんて、いい擬声語が出てきます。それからはやし言葉の「そよや」とか「やれことつとう」なんて、それ自身、音楽的ですね。

桃山――私は弾き語りですけれど、日本音楽の場合、三味線はバックとか伴奏じゃない。最初のレコーディングのとき、若いミキサーの人が録音してくれたのを聞いてびっくりした。三味線がバックの音になってしまっている。日本の音楽の場合、そこに参加した人は同等です。女房役という言い方はしますが、どっちが主役で、どっちが脇役ということではない。三味線も、うたの切れたところにポンと音が入る。それで息つぎができる。競い合うときもあり、せめぎ合い、補助し合い、そういうふうに流れていく。人間関係と同じ。人生と同じです。

皆川――文楽の人たちがよく三位一体と言うけれど、本当は最終的に一体になるんであって、人形は人形、語りは語り、三味線は三味線、実際になると、もうお互い本当に「つかず離れず、合う合わず」でやっている。そうでないと、うまくいかない。

桃山――女房役ということを、脇役とか伴奏とかいうふうにとるから勘違いもおこる。うたに対しての三味線弾きは絶対に強烈な自分がないとだめです。うたと三味線と、これは全然合わないと思うような人と一緒にやると、世界が広がるというようなことがある。

皆川——日本には合唱形式というものがない。いわゆるユニゾンというか、斉唱はあっても合唱はないと言われていますね。

藤井——声の技法で、同時に幾つかの違った音を出して、そのハーモニーを楽しむという形式が日本にはない。東南アジアの山岳地帯なんかには、いくつかの声を出し合って喜ぶという文化がある。その意味では、日本の場合はむしろ単純です。

桃山——単音志向も日本独特です。現代でも最近の傾向は、若い人からはじまって、非常に単音志向になっています。これは、日本の音楽が、言葉に重きをおくということと重なるのでしょうね。

藤井——日本の音楽は、一つの言葉を表現していく。高い声と低い声を一緒に出しても、それは高低が違っただけで、同一のメロディーです。いろいろ違う音が混然と混じり合った、ハーモニーというか、透明ではない重なり合いというか、そういう美意識は日本人にはないのでしょう。

青木——そういえば今夜の語り合いだって、合唱じゃなくユニゾンだ(笑)。

桃山——それぞれが主役で、連れ合いで(笑)。

皆川——「美濃の国雨夜の弾き詠み草」ですか(笑)。

(横浜市教育文化センター『市民と文化』一九八一年・8号)

遍歴と輪舞

一九八二―一九九〇

ウードと三味線
――ハムザ・エル＝ディン

六月（一九八二年）の初めに、一年半にわたった全国ツアーコンサートを終えて休む間もなく、東京、名古屋、京都、福島と、スーダンの音楽家、ハムザ・エル＝ディンとの共演が続いた。私は彼と接触をする時間をできるだけ多くとりたかったし、彼の生演奏も許す限り聴いておきたかった。彼の音楽をかたちづくっている、生まれ落ちてからの現実の生活と背景を知りたかったからだ。そのため、ほとんど自主的なコンサートになり、名古屋など、準備期間が十日間しかないという有様だった。

ハムザ・エル＝ディンの音楽は、「梁塵秘抄」をつくっているとき、日本でただ一枚出ているレコードで知った。ウードの音は、地味でいぶし銀のようで余韻の長い、宮薗節の三味線の延長上にあるという感じでとても気に入ったのだが、日本でいうと琵琶の系譜に連なろ。そのウードのレコードが幾枚もあろうちから、彼の音楽は資料としてではなく、いつも手近に置いて日常の中で聴くためのものになった。ふとしたことから、そのハムザが日本に滞在していることを知って、初めは信じられなかった。ちょうどこのレコードの監修をした中村とうようさんと西武スタジオ200の森さんが居合わせていて、「会うだけでもいいから会いたい」と言うと、早速スタジオ200で共演ということになった。共演とはいっても、私は彼の音楽のすべてを紹介したいということと、彼と接することによってその音楽の背後を探りたいという気持ちが強く、国を異にする二人の音楽家のセッションというコンサートとはちょっと違っていたのではないかと思う。私は自分のツアーコンサートの流れの都合上、新作ばかりを弾きうたい、前座を勤めながら彼の紹介をし、彼には三十年も前からと思われるオリジナルを演奏していただいた上に、アフリカのタール(片面だけ皮を張った太鼓)まで打っていただいた。

私たちは、西洋には触れる機会が多いのだが、アジア、アフリカの生(なま)に接することはめったになくて、私にとっても初めての体験になる。手始めに共演部分の、「ラマ・バダ・ヤタサナ」という彼の曲の練習に入ったのだが、何度も投げ出したくなった。ウードは長さ十五センチ、幅一センチほどのへらへらしたピック用のもので弾くので、柔らかい音が出る。「ランマェーバーッダアァエヤタアサンナー」とうねりながらねばってうたうのに、その音が実によく合う。ところが三味線でうたうと素っ気ないことこの上ない。うねってうたおうとすると弾く方がトテトテになってしまう。そういうわけでとても難しい、と言うと「伴奏と同じことをうたってるだけ」とバカにしたような顔をされる(ように思えるのダ)。私は手首から先をへらへらと柔らかく動かして弾く練習をして、何とかサマになるようにこぎつけたのだが、お蔭で初日は右手がドーンと神経痛になってしまって細かい手が思うようにならず、三味線はとり落としそうになるし、エライ目にあった。何故三味線か、と聞かれると「日本語と三味線はピッタリだから」と答えていたのだが、楽器と言葉の関係がこんなにも厳密なものであったかと、あらためて思い知らされた。

スタジオ200のお客様は国際色豊かだったが、スーダンと日本を同じ距離感を持ってとらえることのできるフランス人の、「まったく異質の音楽を同じ空間の中で聴くことができて面白い体験だった」という意見が私をとらえた。文化の違い、ということを身にしみて感じていたからだ。

三味線はアタック音が強い。メリハリと切れのよさを大切にし、一音ずつをとことん味わおうとする日本の音楽は、余韻から間にいたるまで、徹底してそちらに重点がおかれるために、規則的にきざまれるリズムなど無視してしまって自由自在、演奏のたびに違う、即興性をはらんでいる。

日本の音楽は、流れる水のように変化していく。物語性を帯びているというか、構造的には場面、場面で展開していくように構成されているようだ。

私の音楽は特に、見えない糸をピーンと張ったような緊張感を特色に、内へ内へと統一されていく。そして日本人独特の無常観（本来の意味とは別のものとして定着している言葉だ）、諦観みたいなものがあるが、かといって決して弱くはない。生きるものの強さは当然持っている。

私の育った東京から中部は、曖地で湿度が強い。そのために太陽は、特に愛知では赤茶けた光線を地に注ぎ、緑もたけだけしいほど濃く景色そのものが重い。この特色ある自然を絵にするなら、墨絵というところだろうか。墨一色でありながら、ものの重なりとその奥行きの深さも色もあらわし、それでいて、光と透明感さえ感じさせる。

ハムザ・エル＝ディンの音楽は、百種類以上あるというアフリカのリズムと、アラビア音楽の楽理と、イタリアで学んだ西洋の古典の楽理をきっちりおさえた上でつくられている。彼は即興は一切やらない。だから私のオリジナルにウードをつける段になるときっちり同じに弾こうとする。そうすると彼が身につけてきた音楽とは正反対の構造を持つ私の音とはなかなか合わせにくい。彼の音楽に最初に出会ったときには、こんなに理論的に構築されているとは誰も思えないだろう。心地よいリズムとうねり、果てしなく続くかと思われるそれは、内的でありながらいつか森羅万象とつながり解放感に行きつく。内的に見えて外へ向かっているのだ。土の匂い、裸の生々しさ、そして芯にズーンと一本通っている絶対の何か。

ハムザは、ナイル河の上流、アスワンの南のヌビアの人である。ヌビアはアスワンハイダムの湖底に沈んでしまい、その周囲も砂漠の侵食が急速に進んで故郷は失われてしまった。が、ヌビア族はもともと農耕と牧畜を主とする民だったらしい。

彼のこめかみにはひっかき瑕がある。これはお七夜だったかの儀式でつけられるものだそうだ。彼はいまでも必ずシャワーで身を清め額を地にすりつけて、コーランを誦えアラーの神に祈る。

ヌビア族はウードは持っていなかったが、タールなどを演奏し、全員が音楽家だと言われるような芸能を持っていた。彼はその五〇〇万ヌビアのうちから、たった一人だけ専門の音楽家になった。

彼がタールを打ってうたうとき、彼そのもの、ヌビアそのものになってまわりの何もかもが消えてしまう（ソロで、舞台演奏になればもとの芸能とは違っているだろうけれど、それでも）。前述のフランス人は彼のタールだけを本物と認めぞっこんだ。が、私はウードでうたわれるオリジナルに親近感を持つ。アフリカのうたをアラビア音楽にのせ、イタリアっぽい変化がある。それは故郷を失った人の音楽にふさわしい。——そしてそれは、日本とは、自分とは何かを拾い集めている私とどこかが重なる。

「梁塵秘抄」で、自分の中にある中国経由のアジアの音の掘り起こしに夢中になったのだが、ハムザとの一か月にわたる共演とレコーディングで、アジアも西洋もまったく異質なもので、いくら影響を受けてみても、日本的なもとのものは、変わらないのだということを思い知らされた（日本が外来をとり入れるときには、いつも異質の文化を選ぶようだ）。身近にあるもの、特質は気がつかれないし、いわゆる日本的な感覚は嫌悪さえされている場合が多い。ましてやそれを大切なものとは考えられないだろう。が、どうあろうとそれを強味にしていくより仕方がないのだ、ということも思い知らされた。

ハムザはカイロの大学で電気工学を修めたエンジニアでもある。彼はカメラが大好きで、レコーディングのときも、デジタルがどうの日本の技術はどうのと結構うるさい。彼は、インスタントコーヒーに砂糖をいっぱい入れてガブ飲みの毎日。私はと言えば、二反の畑を耕し百姓の真似事、自然食。彼の音楽は理論的にバッチリ組み立てられていて、私はできる限り動物的な勘と自然から湧き出るものを主体に、理論を拒否している。それなのにそれなのに……。

彼のオリジナルに、ナツメヤシの木の下で、娘の足首につけた鈴の音が鳴るといううたがある。彼はそうした土俗的なものを、体の中に持っている（成長期の環境がすべてを支配するということか）。そして彼の音楽の芯に通っている絶対の何か……、宇宙と自然の事物から男女の愛にいたるまでいつもその上にある、アラーの神への信仰なのだと思う。この何かはどうも先進国と呼ばれる人の文化にはないような気がする。

私は明治人間を、特に祖父や大叔父を想い重ねていた。宮内庁の御物になっているという大叔父の写真は、浮世絵を思わせる日本独自の構図と題材を画面いっぱいにあらわした。スケールが大きく、ズーンと一筋芯が通ったものだった。機械が写しとった写真なのに、まぎれもない日本の文化だという気がした。明治人は維新で日本を切り捨てられても、まだ日常に日本の生活を持っていたからだと思う。私たちがとり戻さればならない文化とは、生活とは、何か……。

（『桃之夭夭』一九八二年八月）

デレク・ベイリーとの即興

京都のジャズライブ、ZABOでは、実に多様な出会いがあります。昨秋（一九八一年）の「蔵の中」の映画音楽制作という仕事も、ここで高林監督に出会ったことで経験することができたのですが、今回の公演中もちょうど、ミルフォード・グレイブスと共演中のデレク・ベイリー氏から若手ミュージシャンを介して会見申込みの電話があって、その後京都で二回、東京、名古屋と都合四回にわたってともに音楽時間を過ごすことができました。二日目は個人的に音楽で会話をしたいという彼の意見で、京都の新・都ホテルの彼の部屋で、木幡和枝(こばたかずえ)女史の通訳により、私は、矢つぎ早やの質問をあびせかけ、三味線とギターでインプロヴィゼーションなるものをやったのですが、不思議やいつもの私のピッチと調絃でそのままぴったり。激しく、柔らかく、しなやかに、向い合って数十分とたたないうちに、それまで考えられなかったような素敵な音楽空間を遊ぶことになったのでした。ZABOの連中は「おはるさんとデレクじゃ無理やないの」という感じだったし、三味線という楽器は意外にヤッカイなのでちょっと予想外でした。彼は「とても確かな可能性を感じたがあなたはどうか」と聞いてくれました。私はいままでに即興演奏なんて体験したことがないし答えようがなくて、ただ眼をかがやかせて面白がっていました。それから「芝の増上寺ホールでインプロヴィゼーションに参加しないか」と、方法などを細かく説明、熱心に誘って下さって私は頭の中が混乱しました。この「誘惑」はとても魅力的なものでした。パーカッション、管楽器、ベースなど最高に素敵なメンバーの中で音楽できるのですから。しかし私には毎日「梁塵秘抄」の公演があり、その流れの中で一日だけ即興演奏をとってつけたように簡単にできるものでもなく、お互いのスケジュールを何度も検討したのですが、とうとう舞台での共演は実現しませんでした。せめてもう一度個人的にということで、十二月に入って私の家に来て下さることになり、そのつもりで用意しておりましたら、彼はその夜、ホテルの換気扇の音で一晩中眠れなくて、体調を整えるためそのままその日の公演地の大阪へ立つことになりました。木幡女史からの連絡のほかに、その旨をわざわざ自身で電話をかけてこられたのですが、受話器をとった母は、英語と「モモヤアマ、モモヤアマ」を連発されるのに動顛、「マイマザー！　マイマザー！」と、とっさに出た意味不明の音声を張り上げて、駅の雑踏からデンワをしている相手に対抗したのでした。私ももちろん、中学で習った英語からもう三十年近くたっているのですから、おして知るべしなのですが、言葉が通じなくても自身で真意を伝えようとする彼の誠実さに、暖かいものが身内に残りました。この出会いはこのままにしたくないと思っています。

（『桃之夭夭』一九八二年二月）

パリの三人の音楽家

暮れから新年にかけて、アジアの人は故郷に帰っていて、十日過ぎまで作動せず、パリの街のみ通常に流れていました。ときどき晴れるほかは、毎日ほとんど灰色の空にビショビショしみったれたみぞれや雨ばかり、パリの冬はそんなものだと覚悟しているせいか、気にならなくなり、やっと体も慣れてきたと思った途端、風邪をひいています。「にちろく」めいたものを書くといっぱいになってしまうので、中旬からの三人の音楽家との出会いを記すことにして身辺報告にかえます。

シャルミラ・ロイ◉一家

戦前までの文化全盛期に、日本にも大きな影響を与えたインドの詩聖タゴール◉は、戯曲、詩の朗読と歌劇を組み合わせた新スタイルの公演を行ったり、タゴール・ソング◉などをつくっている。ベンガル地方のバウルや古典音楽を訪れ、西洋までとり入れながら自国のそれをしっかりとおさえた、それでいて誰にでも楽しめる、優しさを持つこのうたはいまもうたい継がれている。シャルミラはこのタゴール・ソングを修めた人。ちょうど、タゴールの生前からシャンティニケタンにあるタゴールの学校で教鞭をとってこられた父上もパリ滞在中で、夫君（ポーランド人の画家）ともども会食と音楽。タゴールは何度も来日しているので、彼等も日本人の「日常生活を芸術にまで高めてしまう」文化に興味を持っており（現在は残念ながら失われてしまったが）、交感の夕となった。

私の父は引越しをするたびに、新しい家に英語版のタゴール全集を大切そうに並べ、その前に座って机に向かうのが習慣になっていた。先夏、書棚の中から『ギーターンジャリ◉』

をとり出して、頁を繰ってみると、タゴール来日時の新聞記事がハラリと出てきた。こちらでも『タゴール全集』を読んでみたが、父はどうもタゴールに非常に影響されていたらしい。江戸初期の音を文献から復元し、移転先の盆踊り歌を起こし、つくり、その地域の人を集めて、踊りから太鼓、演出まで考案し、西洋（ポール・クローデル◉の「女と影」などもオペラ風舞踊劇にしている）をとり入れ、歌舞伎や邦楽をベースにした上で、詩の朗読（箏の伴奏をバックに）と日本舞踊を組み合わせて能楽堂で公演したりした。私がうたうようになる前後の小曲は、あの一世を風靡した市丸（いちまる）◉姐さんがうたっていた。絵描きが本業だったが、詩もエッセイも書いていて、エッセイは新聞によく載っていた（演劇や映画についても書いている。私は十代から音楽の方の手助けをさせられて、太鼓を打ったり、箏を弾いたり、朗読などもこなしていた）。父の生涯は、ほかにもタゴールと重なるところがあまりにも大きく、シャルミラと彼の父上との出会いは、私の父の内部へ下りていくような気さえしている。

フランス語、英語、ベンガル語、日本語がとび交ったこの日の別れ際に、足の悪い老齢の父上の、「この次はシャンティニケタンで会いましょう」のひと言が胸に沁みた。

ケマンチェを弾くマモード◉

イランの人は表情にあまり感情を出すことがないようだ。情熱的な顔立ちなのにどこか日本人によく似ていて、その音楽も音色もとても繊細。彼との即興ではとても考えさせられた。日本音楽は乱暴な言い方をしてしまえば、リズムがない。メロディーがない。音色の味わいや面白味をとことん追求するため、三絃楽器の私の場合にも同じ手を違う糸で繰り返したり、細い糸から脈絡なく突然太い糸へ移行して、その妙味を味わったり。また音と音のあいだの気の流れや緊張や変化を感じたりする。使う音の数は少ないのだが、そうした虚をつくような音の移行の仕方や変化そのものを味わい、切れ味のよさを尊ぶ。こうした手を使うと、あちらは音を探るのに大変なようで、あちらに合わせようとすると、今度はこちらが大変になる。楽器もそういうようにはできていない。

もちろん、もっと何度か一緒に音楽する機会があれば、共通項を探り出せるのだろうと思われるし、そうした努力も必要なのだと思う。貴重な経験だった。

歴史的に、日本は他国を一方的にとり入れるばかりで、共存することをしてこなかった。そうした積み重ねがないのだ（音楽も非常に特殊なものになっている）。経済大国になってしまった日本はいま、世界の最前線に躍り出してしまっている（十年前に来たときのパリと、日本人に対する接し方が全然違っている）。情報は即日世界に行きわたり、ジェット機の飛び交う現代、培ってきたその特質を再認識し、しっかりと踏まえた上で、島国的なままではいられなくなってきているようだ。

トルコ人スーフィー、葦笛奏者クツィ◉

彼の葦笛（ネイ）◉は柿生の秋の住まいで、テープで毎日聴いていたけれど、遠く近く虫の音が折り重なって聴こえるのに、全然違和感がなく、静かで深い精神性を感じさせる。

が、想像していた人とはまったく違って、明ろく小太りの親分肌の人だった。ネイの音は尺八より柔らかく厭味がない。私の三味線の音（日本音楽の内でも独特で柔かい）ともぴったり。管楽器の中ではいちばん相性がいいかもしれない。彼は静かなものが好きなようで、感性的にはとても重なるところが大きい。なのに即興では、マモードとのときに突き当った同じ問題に直面してしまう。例によって、何人かの訪問者や弟子の前でまずトシ（土取利行）の演奏、そして即興、彼のソロ、と交互に行った。

トルコに復絃の長い三絃楽器があることを知った。これは一絃のみをメロディーに使いあとは伴奏、補助的に使う。ウードより深味があり、とても気に入ったので、テープのコピーと、楽器の手法図のコピーをいただいた。帰ったら山口善道氏（交流会担当者）が栃木県までとりにいってくれた干瓢（かんぴょう）でつくってみたいと楽しみにしている。

（『苑』一九八五年二月）

モロッコは三絃の国

二月（一九八五年）の初め、ヨーロッパ・エアーサービスなどというあやしげなチャーター便に乗り、モロッコの古都、マラケシに出掛けました。

早朝のパリ、オルリー空港で体が冷えてしまい、午前十時にマラケシに着くとやはり寒いのです。それが午後になると、ホテルのプールで泳げるほどの暑さ。赤土の街には二頭立ての馬車やロバ、自転車、人、自動車がゴッタ煮のように行き交い、クラクションが鳴りっ放し。人はもちろん、馬やロバまでアゴを出して小走りに、一種独特のテンポと騒がしさ。そして都会の汚れた土ボコリ。二、三日前から、いま流行の風邪をひきかけていたのでノドが痛い。

前回パリに滞在したとき、アラブの人からモロッコ三絃のレコードを聴かせてもらい、気にいっていたので、三絃楽器があることは知っていました。ここの楽器と音楽を見たいと思って来たのですが、ホテルを一歩出ると、自称ガイドや押し売りが蝿のようにたかってくる。ちょっとうなづいたり「ノン」と返事をしても、それをキッカケにやりとりを始めるのです。麻薬を買えと言われ、断っているのに無理矢理メディナ(旧市街)に連れ込まれ、ユスリ、タカリに変った彼等を追い払うため、空手の型を真似てキエーッと奇声を発しやっと逃れた、という話も知人から聞いていた。子どものカッパライも多く、タクシーの運転手が「夜は絶対に外出するな」と言う。そのタクシーの値段からして、本当の料金がわからない。

ミュージックホールなんてなさそうだし、楽器店はおろか、レコード店も見つからない。

運転手に尋ねてもらった年寄りも知らないという。旧市街は迷路のようで、こんな調子ではとても入り込めそうもない。マラケシはフランスの植民地だったため、フランス人用の新市街と旧市街に、まっぷたつに分かれており、観光客は新市街しか歩けない。観光客とはハッキリ対立しており、彼等の中に入り込めないのです。

着いた夜は南国の気候と人びとの強烈さに、少々ヘキエキ。風邪がこじれて高熱を発しながら、それでも「この旅はいいことがあろ三日目から開けろう」などと思っていました。

着いた翌日出掛けた、ベルベル族の住む田舎は素敵でした。途中のレストランも、流れが見えて眺めもよく、料理も最高！ 四種類の生の葉をとり合わせた食後のミント茶もここだけのものらしい。少しモロッコの文化がわかりかけたような気がした。この観光ルートの途中に、陶器づくりばかり住んでいる集落があり、そこの村の男をガイドにして中を見学、赤い山肌に、斜面を利用して赤い土壁だけのような住居がへばりついている様は、遠目には人が住んでいるようには思えません。

土を叩いている男。黙々と轆轤を廻している男。あごに入れ墨をした老婆。子どもたちは行列になってついて歩き、「お金を、お金を」と手を出す。ガイドの男が手を振り上げて時々追い払います。がこの男、なかなか計算高くコスイのです。ここで祭り用の片面太鼓と亀の甲羅を胴にした三絃を求めて帰りました。

さて、これからが本番です。マラケシに帰ると、この楽器を見て、音楽をやっているという青年ハーフィーズが声をかけてきたのです。楽器を見たい、音楽を知りたいと聞くと、明日案内してくれると言う。彼は自分が仕事で抜けられないときには、弟をさし向ける、という具合にキッチリとつき合ってくれました。お蔭でメディナの中を堂々と歩き、彼の知人の楽器づくりの店で、二日間遊びました。そして様子がわかるにつれてビックリの連続。

ここは、原住民ベルベル族の居住比がモロッコでいちばん高く、サハラとブラックアフリカの入り口でもあります。説明してもらうと、楽器にはベルベルのもの、サハラの砂漠の黒い人のもの、伝統のものと、幾種類もの三絃があり、どこでも主要楽器になっているらしい。ハーフィーズが所属していたのは、いま人気のニューミュージックグループですが、ここにも三絃が入ります。三絃楽器はシンプルで男性的、独特の個性があるのですが、いろいろな楽器や音楽に触れる機会が多くなるにつれ、自分はどうもこの三絃の特色を好みとしているらしいのに気がついてきました（イランのセタールは現在四絃で、日本の三絃のルーツとされていますが、四絃はギターっぽくなるというか、どうも中途半端です）。マモードが古い三絃のもの（同型でタールと呼ぶ）を見せてくれたときには、思わず膝を乗り出してしまいました。一緒に食事をしようと誘うと、ハーフィーズは家に招待してくれました。赤土の高塀だとばかり思っていると、それが彼の家です。次々ととり壊されて新住宅街になっていく中で一軒だけ頑張っているのだそうです。四角い中庭のまわりが長方形の部屋になっている。言い換えると長方形の部屋にとり囲まれて中央が庭になっていて、赤土の壁ばかりなので塀のように見えたというわけです。子犬が五匹、土皿から水を飲んでいる。

母犬、白猫、子猫、鶏も走りまわっている。皆小ぶりで可愛らしい。とても清潔です。シンプルなハーフィーズの部屋から見えるのは、正面に台所の土壁、その上は夜更けても美しいお納戸色の深い空。白い大きな月が中庭を照らし、射し込む光が土壁に影をつくり、刻々とうつろっていく。窓にたたずむ白猫、ローソクの光。彼のかけてくれる音楽はセンスのいいものばかり。そして、目の前でお湯を沸かすところから始めて、上品に、ハーフィーズがいれてくれるミントティ。十六、七歳の妹がつくってくれた、モロッコ風クスクスは芸術でした。ハーフィーズはまだ二十五歳の独身。老齢の父親に、母親と六人の弟妹をそのキャシャな肩に背負っているため、音楽も続けられず、結婚も遅れているようでした。彼のように責任感が強く、行き届いていて、その上、最高の感性を持ち、文化とは何かを知っている、こんな青年はいまの日本にはもういないでしょうね。いままであまり必要を感じなかったフランス語ですが、私は彼に手紙を書くために、勉強しなおそうと考えています(植民地だったためにアラブ語のほか仏語を話す)。

アトラス山脈に向かい、アスニというところまでいく途中、ベルベル族の交易のための市にもぐり込みました。彼等はまだ土器の壺と甑でクスクスを料理します。この市には、こうした土器から日用雑貨、あらゆる食糧、岩塩、宝石、織物、絨毯が出ていて、床屋も出ている。外科医は二か所あり、手術中でした。ルバーブを弾きながら、よしずで荒っぽく囲った食堂街を流しているベルベルの吟遊詩人。三絃とベンディルの音楽家もいます。こんなに収穫が大きいとは思わなかったので、録音機を持っていなかったのが残念。ここで聴いたベルベルの、誰でもうたいそうな三絃の曲が録れなかったのが、かえすがえすも残念。耳に残っているのに再現できないのです。

というわけで、いまだにマラケシボケ。「梁塵秘抄」以来の念願だったリズムについても各民族による三絃のサンプルが集まっており、私にとっては今後の展開の突破口になりそう。しなければいけませんよね。三月の中旬には帰るつもりでいます。

(『苑』一九八五年三月)

パリからの便り

日本は毎日雨ばかりとのことですが、皆様お元気ですか。私めは、ピーター・ブルック●の次の作品「テンペスト」制作参加のため、フランスはパリに来ています。五月十三日（一九九〇年）に日本を出発、同十三日夕方到着。翌日の打ち合わせに続き、以来、毎日劇場に出勤。朝十時から夜の八時、九時まで仕事なので、せっかくの晴天にお陽様の顔はちっとも見られない。でもこちらにいると、雑用に追われることがなく、仕事に集中できるのが幸せです。午前中が役者の数人とミュージシャンに歌唱指導。

午後は全員に歌唱指導。二時食事。三時から本読みとシーンづくりにつき合う。と、いまのところこんな具合。最初のうちは役者と一緒にワークショップに参加させてもらい、運動にはなるし、嬉しがっていたら、それどころではなくなってきました。ブルックは次から次へ曲を要求するので、まるで宝石箱をぶちまけたみたいになってしまう。でもお蔭で、アイヌから古代中世、古謡に民謡、わらべ唄、流行り歌、邦楽……と日本総ざらえ。いまの私にとっては、またとない時間を持てたようです。

六月中旬。またたく間に一か月が過ぎました。二週目にやっと三日間休めましたが、午前中から夜十一時半までなんてこともあってヘトヘト。ミュージシャン同士の練習、役者のうち、うたう役のついた数人に特別稽古。午後から全員に歌唱指導。シーンづくりに一日つき合って音をつけてゆく作業の合間に作曲。すでに妖精や、キャリバンのうた七曲をつくりました。これはアフリカ人だったり、フランス人だったりするので、その人の持っている音楽特性を見て、メロディーの駄目な人にはノリとリズムを主に、場面に合わせてつくる。大層喜ばれていますが、ジャン・クロード・カリエールの「詩」が歌詞としてつくられていない、フランス人でも尻込みするという代物なので苦労します。

最初のうちはフランス語でチンプンカンプンの台本の、見たこともないシーンの冒頭は、大抵はうたをつけるようになっていて、「アルエ(晴衣)」とこっちを向かれるとすぐにうたわなければならないのに閉口しました。その次には一瞥しただけで、フランス語の例の詩を即興でうたえという(これはどうも即興の手練れ、土取利行がつけた悪い癖らしい)。ブルックは、役者にはとっかえひっかえ、様々な方法で台詞の練習をし、シーンづくりにシツコク時間をかけるのに、音楽はすぐに出てくるものだと思っているようです。

土取のほかには、私を含め新人の音楽家が四人でしたが、土取が血相を変えてがばったのに途中で絃楽器の二人が抜け、あとの一人もあやうく首がつながりました。ミランダ役のフランス娘と、新人の役者一人にこのパーカッショニストの三人は、いまのところいかにも自信なさそう。地の底を這う苦しみをなめているように見えます。こうした苛酷な経験を超えて、初めてステージに立てる人間になれる。崖っぷちに立っている緊張をヒシヒシと感じさせられます。高名な歌手四人をオーディションして断り、桃山一人になったという責任と期待を裏切ってはいけないし、全体が見えてきて「うたには問題ない」と言われるようになるこの頃まで、私めも必死でした。皆より一か月も先にリハーサルを切り上げ、録音して帰国予定のいまは、大詰めに掛かりましたが、鶏の鳴き声、犬の声からシャーマン、はてはフランス語のうたまで録音すると言われて大弱りです。自分の持ち場以外にこんなにやるのは多過ぎるのではないかと言うと、「ノンノン、そんなことはない」と一蹴される。ほかに録音予定のものが十五曲ほど（すっかりでき上がると、こんなにいらないと思うんだけど）。私の都合ではあるのですが、リハーサルも公演も、やはり最後までつき合えないのが心残りです。

劇場の舞台監督のフィリップや技術のジャン・ギー、事務所のソフィーやピエール、裏方のムスターファ一族に、美術のクロエ、ペッパ、そして役者の全員がよくしてくれます。

もういまから別れのつらさが思われる。特筆すべきは、私め、このブルックの拠点、ブフ・デュ・ノール劇場（リハーサルにもここを使っているという日本では考えられない贅沢さ）で、ミランダ役をやったことです。ある日突然に、学校があってリハーサルに来られなかったシャンタラ（インド娘）の代わりをやれと言われて、王子様の許婚者を勤めたというわけ。テレてどうしようもないほどでしたが、生まれて初めての忘れられない経験でした。

「テンペスト」の配役は、プロスペローにアフリカ人のソティギ・コヤテ（彼はベルトリッチ監督の映画に出演、今秋あたり日本でも銀幕に登場する）、映画「ブリキの太鼓」に主演したデビッド・ベネントが怪物キャリバン役。ミランダ役はインド人とフランス人の二人が交代で勤めます。

今回は十数人の役者は七か国ほど。脚本はジャン・クロード・カリエール、音楽は土取利行と桃山のほか、マハーバーラタにも出演したマモードが加わりました。衣装づくりはイギリスから呼び寄せ、裁縫師ほか、クロエ率いるイギリス人スタッフが四階フロアを占領。プロデューサーやマネージャーのいる事務所はまた全然別なところにあり、劇場スタッフに、美術やカフェまで含めると、たいへんな大部隊。こういう贅沢なやり方でつくられるブルックの劇の次作「テンペスト」は、来年三月、四月に日本でも公演されます。

（『苑』一九九〇年六月）

タゴール・ソングと土取利行

ピーター・ブルックにすすめられ、ポーランドでグロトフスキーのワークショップに参加した土取利行は、インドから来ていたリビングシアターの若者たちに出会い、行動をともにした。彼のインドの旅は、このグループの一人をカルカッタに訪れたことから始まっている。

そのカルカッタで、リビングシアターの若者が聴かせてくれた一枚のレコード「タゴール・ソング」。ポピュラーでありながら優雅な旋律に心うごかされた土取は、このうたを自分でもうたってみたいと思っていると、ベンガルと英語が対訳になり、二百曲あまりが五線で記譜された「タゴール・ソング」の本を手に入れることができた。この楽譜をパリに持ち帰り、ブルック劇「カルメン」の歌手の一人ひとりに即見でうたってもらい録音してみたり、自分でも試みているが、もとのそれとはほど遠いものになってしまう。ベンガル語もわからなかった。四苦八苦してとり組んでいると、ちょうどそこへ知らせてくれる人があり、彼はとび立つ思いで、ベンガルの女性、シャルミラ・ロイを訪ねるのである。初めて聴くシャルミラのそれは、レコードのものとはまるで違っていたそうだ。静謐なうちに幾重にも折りたたまれた精神のひだがみられ、豊かな色彩に満ちたそのうたに感動を受けた土取は、パリ郊外に住むシャルミラのもとへ、教えを受けに通うようになった。そしてうただけでなく、タゴールと、その理想教育実践の場であったシャンティニケタンの話を聞かされるうちに、どうしてもそこを訪れたいという想いがつのってゆき、何度目かのインド行きで、それを果たした。タゴールが愛してやまなかったという、擦絃楽器、エスラジを習得しながら、彼は全身でシャンティニケタンの空気を吸収したのである。

灰色の空に覆われた冬のパリで、土取が次々にかけるテープやレコード。毎日鳴りっ放しの「タゴール・ソング」には少々うんざりしていた。流行歌風あり、映画音楽風あり、発声とテクニックは申し分ないのに、きれいごとの、美しいが本質の欠けている、本物に近いけれど情緒に流れ過ぎの、壮麗で精神性も深いけれど立派すぎるもの、などなど――。

突然、陽光が射し込み、あたりの空気が一変したような男声に衝撃を受けた。それまで聴いていたものとは何かが根底から違う。土の匂いが、裸足の感触があった。行ったこともないバングラデシュの景色が拡がり、私はその中にいた。大空の下に屈託のない男の声が流れ、てらいも気どりもないそのうたに、濃い充足があった。

シャンティデヴ・ゴーシュの「タゴール・ソング」では、語りものと男のロマンをうたい上げたものが絶品だと思う。その壮年の声の中には少年の頃から男だけが持っている、抱きしめたいような男っぽさがある。

ときにはリズムも何もおかまいなし、音程も狂ってしまうことがあるが、そのぶん生命の歓びと内奥の想いが伝わってくるところは、技術に偏り過ぎた現代にあって稀有な存在である。彼の直弟子である神戸朋子さんによれば、教えるときには完璧といえるほど技術的にも厳しい人だとのこと。ちゃんとした裏づけと積み重ねがあるからこそ、ここまで超えられるのだろうけれど、詩聖タゴールの片腕であったインテリのはずなのに、そのうたの中に毛筋ほどもそんなところが感じられないのもすごい。

なおシャンティデヴ・ゴーシュのうたは、精神的で高邁、孤高の人だという印象が強かったラビンドラナート・タゴールを、何冊の本を読むより身近なものにしてくれた。

はるか彼方へ向けられている視線と理想。子どもを生まない性、男のみの持つ透明感とその精神性の高さが美しい。また、身近なものに向けられる優しい視線とかみ合い、細やかな日常性と、把握した全体を明日に向けて推進させる力。まったく違う世界であるが、女にも男と同等の高さが備わっていると思う。

シャルミラ・ロイのうたを初めて聴いたのは土取がコーディネイトした、フランス放送用のデモテープを録音するときだった。ブルックのリハーサル場だったバスチーユの美術学校の、民族楽器がところ狭しと置かれた四階の部屋で、向い側の棟のだだっ広いコスチューム工房には、製作中の「マハーバーラタ」の衣装が見えていた。

窓辺に寄ってくる鳩を追い払いながら立ち会ったシャルミラのうたの中には、この女にしか持てない、生活の実体といったものが感じられ、何より嬉しかった。

シャルミラの暮らしぶりは、やはりその日常がそのままうたに映し出されているのだと、納得のゆくものだった。彼女の手づくりのベンガル料理を待つ部屋には、彩色のほどこされた素焼の壺が飾られ、木製の玩具箱にも模様が描かれている。まだわからず屋の幼女二人を子育て中なのに、どこもきちんと整頓されているところをみると、相当忙しい毎日であるはずだが、彼女のまわりにはインド人特有の静けさがただよっている。優雅なインド服に身をつつんだシャルミラは、ポーランド人の夫がナイフとフォークを使う食事も、インドの習慣にしたがい指を使う。自国の文化に確固たる自信を持ったその様子は羨望の念を抱かせる。入学するときは五百人、卒業は五十人という厳しさで定評のあるソルボンヌ大学で博士号を取得、絵と彫板を専門としながらうたもその右に並ぶものがないという、詩聖タゴール理想の全人教育を具現した存在のキュートな彼女に、いつになく土取が惚れ込み憧れているのもわかる。

シャルミラから指導を受けた「タゴール・ソング」を、土取はマハーバーラタの劇中に三曲とり入れている。フランス語、あるいは英語の台詞に、同時にベンガル語の優婉な歌声がからみ、見事な効果を上げる印象的な場面となっている。

彼はまた、マハーバーラタの音楽家たち、トルコ人でスーフィーのネイ（葦笛）奏者クツィ・エルグネル、イランの古典音楽ザルブ（パーカッション）奏者シェミラニ、ケマンチェ（擦絃楽器）奏者マモード・タブリジ＝ザデーに、自身も加わる編成で「タゴール・ソング」をプロデュース。パリの録音スタジオでシャルミラのうたを録音している（この録音は、この五月発足した「立光学舎」レーベルより、CDとして日本国内でリリース）。

これら国際交流による創造は、土取が詩聖タゴールの理想を汲みとったものであるが、この「詩聖に捧ぐ調べ」は、「マハーバーラタ」における共同作業で拓いてきた即興世界を、タゴールをテーマにさらに展開したものといえる。タゴール生存中の創造的な高揚を現代に再現しようとした今回の企画の中でも、特筆すべき演目といえるだろう。

（『苑』一九八八年六月）

インド紀行

エアー・インディアとデリー空港

空港待合室から、エアー・インディアに乗り込む仮設廊下にさしかかった途端、カレーとスパイスの匂いが鼻にきた。赤、紫、緑と色とりどりの座席の一つにおさまり、前のポケットにさしこんである雑誌をとろうとすると、縫い目がほころびていて、左側がパカッと口を開け、紙屑や間食の包み、お菓子の粉までボロボロ出てくる。やれやれ、と背もたれの調節ボタンを押して寄りかかろうとすると、ガタン、と後ろに倒れてしまうのに、また驚かされた。トイレから戻ってきた野々上氏は「扉もしまらないッ！　鍵もかからないッ！　インドだインドだ、桃山さんインドだよ」と、はしゃいでいる。客席上部のトランクケースはきしみながら揺れ、心なしか翼も微妙に揺れながら、「ただ飛ばしている」、「いつ落ちても誰も不思議と思わない」と人の言う、インド航空の旅客機は、一路デリーへ向けて飛ぶのであった。

機内中央部のスクリーンでは、スピルバーグの「バック・トゥ・ザ・フューチャー」が上映されていた。イヤホンを耳にあてると、インドのクラッシックや映画音楽など、チャンネルがいくつもあって、日本でのそれと違うことにホッとさせられる（日本の機内音楽に、日本のクラッシックなど皆無である）。

さて、ろくに睡眠もとらず仕事をこなしてきた野々上、桃山両人は、欲も得もなく、くたびれており、座席の上と下に別れて横になったが、ソウル、ホンコン、と寄港のたびに乗降客の入れ替えと掃除。そのあいだを縫うようにして食事に間食にお茶、と休むまもなくやってきて眠ることができず、ヘトヘトになってしまう。

そもそも、このインド行きはヒョンなことから決まったのだ。何をしてきたらいいのか、二転三転するうち見当がつかなくなり、ビザではねられたのを幸いに、パスポート取得にかかる期間を情報集めにあて、十日ばかりあとに残ることにしたが、あい変わらず釈然としなかった。先に発った土取に何回電話を入れても通じぬし、やはり一抹の不安は拭いきれないままである。


真夜中のデリー空港はひどかった。

税関を通る前にトイレを探すと何も標示がない。通りがかりの男性(もちろんインド人である)にアゴで教えられて、大きな扉を押すと、汚れてビショビショしたタイルの大部屋にポツンと西洋便器があり、欠けてもとの姿をとどめないフタが、申し訳のように乗っている。

ああ、これが首都の国際空港なのだ。

朝六時のアーメダバード行にはまだ三時間はあるが、念のため確かめておこうと、国内線の乗り場を探すと、標示もそれらしいものも見あたらなくてあわてた。うすら寒く殺風景な建物の内を走りまわって何人かに尋ねまわると、皆一様にアゴで外を指す。やっとここから何キロか離れた場所にあるらしいことがわかり、ウロウロしていると、筋書き通りヤミタクにつかまった。ぼろタクシーは暗闇の中を突っ走り、とあるホテル前で止まる。と国内線では換金ができないからと談判され、五百ドルか、千ドルかとたたみかけるのをシブシブ五十ドルだけルピーに換金するよう渡した。

土地カンもない初めての地に真夜中のことでは、ドロンされても手も足も出ないのだ。空港に着くとこれもオキマリのようにメーターが壊れているの、一キロが二十ルピーだから九キロ分払え、と法外の値を吹っかけてくる。「全部で二十ルピーでしょ」とかませておいて、「夜中だから五十ルピーが妥当だが、あとは友情代だ」と、やりとりをしめくくった野々上氏が百ルピー渡した。いかにも爽やかな若者たちなのに、こちらが旅行者であるということだけで対立してしまうことが悲しかった。マラケシでもこんな風だったが、どうしてこういう図式になってしまうのだろう。

そんなこんなで結局、時間の余裕がなく、フラフラのままアーメダバードに着いた。方向音痴の上に英語も話せない一人旅だったら、とうていここまで来ることは無理だっただろう（インドへ出掛ける皆様、ゴヨウジン）。

アーメダバードの街

運よく電話が通じ、マリカが車をさし向けてくれることになり、ホッとした。空港の外は、日本の白秋を思わせる光線の下に、赤、白、橙、ぼたん色と、とりどりに咲き乱れるブーゲンビリアが美しかった。鉢植でしか見たことのなかったこの花が、こんなにこんもりと丈高くなるものとは知らなかった。

車に乗り込んでしばらく走ると、真ん中だけ舗装された道路の両端は、かたちのいい並木が立ち並び、乾いてサラサラした赤土の畑が広がって、山羊の群れ、サリーを着けた女、リヤカーを引く男などが次々と視界に入っては後ろへ遠のいてゆく。

街に入っていくらもたたぬうちに、人間の数が多くなり、スラムめいた集落も目につくようになった。路上生活者らしい人びとは、子どものシラミをとったり、水浴みしたり。横になって寝ている男もいる。道路の上は彼等の日常の場らしく、コンロを持ち出して炊事をし、食事をし、水を使う。歩道のはずれ、車道との境は便所であるが、すべてが景色の中になじんでいるせいか、ごく自然に見えるのが不思議だ。どこにも動物たちがいる。上品な神々しい牛たちが歩き山羊が歩き、リスが走る、犬がいる、猫がかくれる。広い道路には、美しいサリーをそよ風になびかせた女たちが横一列に並んで歩き、おびただしい数の自転車がそれぞれの都合に合わせて動き、大八車に南京袋を山盛り乗せて押している男たちがいる。オートバイには一家中が乗っている。運転席の前に男の子が一人、父親の背中にしがみついた格好の女児、その太腿を、下からすくい上げるようにつかまえて、サリーをなびかせた婦人が最後部に横坐り、その片膝には横抱きにされた赤子がぶら下がっている、という具合だ。

その昔のミゼットに黒い幌をつけたようなオートリクシャもうじゃうじゃいて、ゴムボールを押すと鳴る仕掛の警笛を鳴らしっ放しで走っている。この車は小まわりがきき便利なせいか、突然中央にとびだしたり、方向転換したり、ひどいのになると次の交差点まで逆行して走ったりする。何十年か前の旧型であっても、自動車はやはり大きくてスピードが早いからいちばん威張っている。が、バスにはかなわない。図体が大きくて、はげたトタン張りの箱といった体のバスは、二階建てのもの、トレーラー型のもの、と三種ばかりあるようだが、とび乗り、ぶらさがり、何でもご自由で、いつも超満員。ただでさえ傾いているのに、曲り角になると倒れないのが不思議なくらいかしいで走っている。インドの車にはサイドミラーがない、方向指示機がない、ドアは壊れていてガラスもない。

そして、四ツ辻だろうが、星状の交差点だろうが、信号がない。だからバスの車掌は、行先をどなり、発着の安全を確かめて誘導し、切符を売り、ただ乗りをおさえ、運転助手を勤め、一人何役をもこなさねばならない。

舗道には屋台ほどの小さな、スナック、飲食店、チャイを売る店、果物の店などが立ち並び、サンダルに靴みがき、洋服やクルタを売る店もあり、そこここに人びとがたむろしていた。何の脈絡もなく背に人間を乗せた象が一頭、悠然と歩いていった。

アーメダバードの街は、いたるところに緑があって美しい。そして、人種や階級によってあきらかに好みの違いがあるようだが、乞食にいたるまでサリーが美しい。クルタパジャマの若い女性も美しい。男性の服装も幾種類かあるようだが、デザインがこっていて感心させられる。

どの土地も、独特の色と特徴を持っているものだが、リズムもあきらかに感じとれる。

モロッコのマラケシでは、人びとの気が胸から上にあり、馬や驢馬までがあごを上げて小きざみに走っていた。そこでは空手が大人気で、若者皆のあこがれの的だったけれど、街の動きを一目見て、彼等には無理な道であることを感じた。旧市街の楽器屋に毎日居座って見物していると、職人が斧を使うとき、私たち日本人の常識である「腰」を使わない。力の入れ具合がまったく違うことに驚かされたが、やはり空手は無理だったと、初見に感じたことが間違いではなかったという裏づけがとれた気がした（武術にもそれぞれの国のリズムと流れがある）。

このアーメダバードは、街全体の気が腰のあたりにあり、身体的に違和感がなくなじみやすい。この街は優しいスパイラルと、リズムに乗ったゆるやかなうねり。動物と人間と乗りものが、軽みを持ったスピード感で、縦、横、ななめ、前後左右を自由に動いている様には面喰ったが、考えてみるとこれまでに聴いていたインド音楽そのもののようにも思えた。

マリカとの再会

アーメダバードは、ガンジー◉が無血革命行進の第一歩を踏み出した地としても名高い。大通りの左側にはガンジー・アシュラムと博物館とのぞみ、交差点の中央には、あのおなじみのガンジー（子どもの頃から、父はタゴールと並びガンジーの写真を飾っていた）が、やせた全身に鋼の意志をみなぎらせ、衣服の裾から長いスネを見せて、いままさに一歩を踏み出さんとする銅像が立っている。はるかに遠かったインドが、歴史が、そこに生きた人びとが、にわかに身近なものとなって息づきはじめる。

ダルパナ・アカデミー◉は、そのガンジー像のちょっと先を右に曲がると、突き当たりにあった。門番の男たちに立して迎えられ、車がすべり込むと、玄関に懐かしいマリカの明るい顔が見えた。命じられるままゲストハウスに荷物を置き、感じのいい居間に入ると、一面のガラス戸の向こうに、芝生の庭がゆるやかな起伏を見せて広がっており、ブーゲンビリアの花が乱れ咲いている。

子どもが三、四人でとり囲むほどの大木のかたちよく広がったその下枝には、太い縄製のブランコがしつらえられ、揺れていた。庭のはるかはずれには、土器製の大きな埴輪やポットが並べられていた。庭を眺めながら、もう一度マリカと抱き合って頬を合わせ挨拶を交わすと、涙が溢れてきた。この前別れたのはパリ。ブフ・ドュ・ノール劇場の楽屋だった。

ピーター・ブルックの最新作「マハーバーラタ」に出演中の、幕間の短い時間に食事をしていると、立っている旦那様のピピンに気をつかった彼女は、手を上げた拍子にポットをひっくり返し、床に豆カレーをまき散らしてしまった。

そそっかしいマリカ……。コンサートの楽屋で使うために買ったばかりのポットを貸すと、翌日はもうみじんに砕け、録音のできるウォークマンもあっという間に壊されて戻ったんだっけ。いつ会えるかわからないけど、しばらくお別れねと告げると、乱暴に引きよせてキスの雨を浴びせたマリカがここにいる。「あたし嬉しいの」とつぶやくと、覗きこんだ大きな目がうなずいている。

母上のムリナリニ・サラバイも顔を見せた。優雅な雰囲気をただよわせながら、初対面のまなざしに、こちらの底を見すかすような鋭さが印象に残った。入れ代わり立ち代わりあらわれては紹介される人びとのそばに、懐かしげにニコニコしている、パリで見かけたサーバントの女性もいた。

幾日も寝ていないせいか、頭がクラクラする。日本を発ったのは一月の終り、ここは夏の終りを思わせる白い陽射しに乾いた空気。体の中の水分が徐々に蒸発してゆき、変質してゆく自分。この天地の下で棲息できるように、つくり変えられてゆく身体の変化が、ありありと感じられるようだ。寝がえりばかりうっていて眠れない。

インドの夜とポット・ミュージアム

夕方からダルパナ・アカデミーのメンバーとの会食が用意されていると告げられ、正装し、いつもの着物スタイルで玄関へ出ると、口々に感嘆の声で賞賛された。こちらから見れば、とりどりのサリーをまとい豪華な宝石をつけ、髪に花を飾った彼等こそ素晴らしいと思うが、桐生の田舎で織ったような綿の縞模様もなかなか決まるようだ。もちろんこちらも衿の色とか帯からたらす飾りとか、スカーフなどで行先に合わせ、着付には工夫をこらすようにしている。足元は昼間買い求めたサンダルできめた。草履は重くて合わないだろうと予測して持ってこなかったのだが、案の定、親指だけが輪の中にスポリとはまるようにつくられたこちらのサンダルが白足袋に新鮮だった。

さて、一同車にうち揃い、ガンジー・アシュラムのあたりまで走ると、マリカが大声で人を呼び、横をとばしているオートバイの小柄な青年がにこやかに応えた。その笑顔の美しさ、全身のしなやかさ、瞬間のすれ違いなのに彼の一挙一投足が存在そのものを全開にしてあらわしているような深い残像となって残った。ダルパナの男性舞踊手だという。インドの夜は、街も部屋も灯りが弱く暗くてさみしい。すっかり暮れてしまった郊外のレストラン、ビシャーラに着くと、あたりは何も見えないのだが、広い空間に薄暗い木立があり、ぼんぼり様の灯が見え、人影がいくつか動いていた。目をこらすとランプの薄明りが点々と置かれ、いく道を指し示している。優しい音量でどこからか生の音楽が聴こえている。

白い香りの高い花飾りを手渡され、一行にはぐれないように、あとを追っていくと、椰子の葉で葺いた屋根の下に、大きな銅鑼状のものや人が何人も入れるようなポットなど、鋼鉄製品ばかりが並んでいるのにまず圧倒された。「ポットのミュージアムがあってね、とにかくすごいんだ」。すごい、すごいを連発する土取利行の話は要領を得なかったのだが、まわりを壁で囲まれた長方形の敷地の中央部には、やはり長方形のプール状の池があり、水草が生え、観葉植物などをあしらったこの庭に置いてある大きな壺も鋼鉄製品。見渡せば壁に沿って展示されているおびただしい品々に、またあらためて驚かされる。椰子の葉で葺かれた屋根の下の廻廊を歩くと、ハサミ、毛抜きなどの日常具からキセルに水ギセル、家具に扉、大工道具、弓剣などなど、歴史を追ってあらゆるものが展示されていることがわかってきた。二つ目の角にくると、腰かけて待機していた男がそのままくるりと背を向け、逆様にしたポットの底両面を叩き出した。手の平の感触と肌の触れる音、何本か指輪を嵌めた両の指のすべてが繰り出す繊細なりズムがあたりを充たしてゆく。壺太鼓の実演である。時間がなくなるからとうながされ、せかされながら感嘆の声をあげ、進んでいくと、笑顔をたたえた子ども連れに紹介された。やはり男性舞踊手の家族で、彼はカタカリの名手だという。

一巡のあと、資料を買い求め、興奮した野々上氏と顔を寄せてボソボソ。「これだけでも日本で行われるインドフェスに持ってかれたらすごいじゃない」、「ああして、こうして、こうすればさア」などと話し合っていると、そばから土取が「まだまだ。アーメダバードはこんなもんじゃない」と笑う。

最初にあまり大きいので圧倒された銅鑼のようなものは、その昔、寺院に人が集まったときに米の飯を盛る器で、大壺は穀類保存用の容器だった。インドに来ると楽器と器の区別がつかなくなってしまうようだ。

街角の劇場

ミュージアムの外に出ると、少し大きめの屋台といったテント張りの売店に布や皮革製品が下がっており、私はマリカとビピンにすすめられて地面に並んだ履物のうちから、トランプのジョーカーが履くような一足を選んだ。ここは非常に質が高く、ことに靴に関しては街では買えない製品を扱っているのだという。向き合いにしつらえられた売店では、ダルパナの庭で見た大小幾種類もの埴輪の馬や象、羊やポットが整然と並んでおり、これだけ勢揃いしていると可愛らしいし、存在感があるのに心が動いて、私たち日本の一行はまた額を寄せ合い、「日本でも展示して売れたら素晴らしいわね」などと話し合う。道端に置かれたランプの薄明りとマリカの案内に誘導され行きついた一角では、二、三十人がとり囲んで人形劇を楽しんでいた。高さは子どもの背丈ほど、横三メートルほどの布製の舞台面には、ぎっしりと人形が並んでおり、ストーリーの進行にしたがって動物や人間の人形がその前に次々に登場する。間断なく繰り出される草笛を吹くような甲高く鋭い音に反応した素早い動きで、思いもかけぬポーズをとって笑わせる。スピーディな展開があざやかで新鮮だ。

狭い舞台面の左端に、昔の日本女性よりもうひとまわり小柄なサリーの女性が脇に子どもを遊ばせながら、両手でボロ太鼓を打ち、語っている。女児とおぼしき子どもの方もこれが人間の子かと疑われるほど小さいのだが、ボサボサに逆立って虱（しらみ）が巣喰っているような頭が、人形ではないことを実証している。女は語りながら遠来の私たちの方にもの珍しげな眼を動かし、無心に遊んでいる子どもがガラス玉をとり落すと、片手で太鼓を打ち続けながら、もう一方の手で落したそれを拾い上げて、子どもに戻してやる。視線はあい変らず、私たち一行の動作に注がれたままである。

生の音、地面の感触。木のベンチに座っている子どもからは低い舞台がほんの少し見下ろせるくらいになるから、まるで手にとるように、お伽の世界と感応することになるのだ。別の一角にさしかかると、また違う音楽が流れてくる。さしのべられた大きな枝が黒い影をつくり、埴輪の大きな馬が一つ。その前面に同じ赤い土を固めてしつらえた高さ三十センチほどのステージ用の台があり、音楽家たちはそれぞれの楽器を手に演奏を始めていた。

広場のまわりはベンチや低いハンモック用のイスが置かれてあるらしく、黒い人影がとり囲んでいる。すすめられたいちばん前に腰かけると、いつの間にか登場した初老の男がステージの前で回転を始めた。細身のズボンの上につけた緑色のワンピーススカートが円を描き、介添えが立派なつくりの剣をわたすと、頭にかかげ、何本かを首で交差させ、だんだん数が増えたそれを腰へ組み合わせる。回転している遠心力を利用しながらあやつる剣が風車のように見えたり、複雑な造形のポット状に見えたりするわけである。音楽にのってそのまま休むことなく回転を続けながら、男は長い布を使って兎をこしらえていく。さらに長い長い布をねじってかたくしたりして、口まで使いながら、長い首をもたげて豊かにしっぽを垂らした孔雀をつくり終えると、頭上高く差し上げて終った。この思慮深げな、学者のような風貌の老人は、七時間でも回転していられるのだという。私はこういう身近にある何気ない思いつきの組み合わせが「芸」になることに感動した。代わって登場した、ふさふさした白い頭髪とひげの老人は、観客に呼びかけ、まず相手役を探すことから始めた。またしてもマリカの大声に返事をして出てきたのは、スラリとした細身の美青年。クチプディ舞踊◉の名手だという二十歳の若者である。白いクルタ姿の彼は今日は特別おめかしをして、裾に金糸がキラキラ輝く地色に、ほんの少し黒をあしらった美しいスカーフをきっちりたたんで肩から垂らしている。

一ルピーが十ルピーになり、そのコインが二つになって、ちょいと投げると四つになる。巧みな話術にまたたく間に引き込まれてゆくと、中央に戻ってかがんでいる老人の白いひげから、うごめきながら黒いものが出てきている。ほんの少し沈黙の間があって、また語りながら地面に放り出したものは、何と！　サソリだった。どよめき声をあげ、這い出したサソリに気をとられているうち、二匹目が唇から出てくる。今度は前のよりも大きかった。二匹のサソリが動くのを見つけた幼児が、ヨチヨチと走り出し、あわてた親が観客席へ連れ戻すと、いつの間にか今度は白蛇が口からぶら下がっており、喉をなでさすりながら長いものを吐き出すあいだにも、サソリはそれぞれの方向へ足早に逃げようとするので、ハラハラさせられっ放しという具合だ。

さて、悠々と二匹のサソリをつかまえ、小さな缶へ閉じ込めてふたをしたひげ老人は、今度は私たちのすぐそばにひざまずいているクチプディの美青年に近づいてきて、またやりとりを始めた。まず、自分の持っている粗い織の大布を拡げて裏表を見せ、胸から背中、腰巻まで触らせて、「何も仕掛はないナ」、「いいか、確かめたナ」と早口でたたみかけて返事をさせる。勢いに呑み込まれたところで、今度は肩にかけた一張羅のスカーフをちょいと寄こせ、と言われると、さすがに迷っている様子。それをさらに言辞を弄して「何故寄こさないのか」、「こうこうでか」、「ああだからか」と、しつこくたたみかけて追いつめてゆく。

衆人環視の中で、とうとう観念した彼がオズオズと差し出すと、「うん、うん、それでよいのだ」とホッとさせておいて、受けとる一瞬の間にスパンと音がとどろき、虹の布がひらめいた。活を入れられ、ハッと背をのばした目前に間髪を入れず、今度はドサッと重い音がする。と、放り出された大きなコブラが二匹、鎌首をもたげ、見るまにふくらませた扁平な頭部をゆらゆらさせて、最前列の私の目前に向き合っていた。美青年が尻もちをつき、マリカの一際高い叫び声が中空の闇を走る。手練の早技だった。

音楽なしの巧みな語りに一同を巻き込んでゆく間合いの見事さ。猛毒の生きものをいともたやすく扱う危険度の高さ。代々続く八代目の継承者だと説明されて、芯から納得のゆく素晴らしいものであった。

敷地の中には土器をつくっている一角もあった。二人の男が少し離れて坐り、それぞれに轆轤をまわし、手早く器をこしらえてゆく、周囲一面に赤土の乾いた土器が並んでいて美しい。それを見物しながらの道筋には、黒々とした建物らしい入口から灯りがもれており、覗いてみると忙しげに立ち働いていた男たちの眼がいっせいにこちらに注がれ、あわてて一行のところに戻った。どうやら私にとってはいちばん興味のある厨房らしい。どうやらここは見物コースに入っていないようだが、チラリと眼に入ったのは、スラリと黒い男たちが黒い粉を練っている景色だった。

レストラン・ビシャーラ

一緒に歩いてきた一行は、集まってみると二十数人ほどで結構な大人数。マリカはダルパナの主要メンバーと日本メンバーとの顔合わせをセッティングしてくれたらしい。次々に紹介される中には、相当な高齢と思われる人も入っていて、それぞれが落ち着いた個性を感じさせている。コの字型に置かれた木製のテーブルに坐ると、四、五人の給仕があらわれ、一列に並んで、木の葉を縫い合わせた丸い皿、同じ木の葉の小鉢、素焼きの茶碗が三個ばかり、飲みもの、チャパティ（全粒粉を練って焼いたもの）、チャツネにピクルスなど次々に給仕してゆく。次にあらわれた一群が今度は木の葉の大皿の上へ、ダールにクリーム煮、様々のカレー料理を匙で給仕し、葉っぱの小鉢にスープが注がれ、ヨーグルトと、あっという間にグズベリの実に大根の細切りサラダや玉ねぎ、人参などが添えられ、ココナッツクリームやコリアンダーをすりつぶした香味料が飾られる。あぐらをかいて坐る客に対し、彼等は歩きながらの中腰、動作が素早いのにテーブルの上が造形の美に彩られてゆく流れにはすきがない。素焼きの器はここでつくられているものとか。注がれた飲みものは、発酵飲料が二種ばかりにライムジュースとトマトジュースで、どれもえもいわれぬ味がする。中でも特別くせのある飲料の感想を聞かれて「素晴らしいわ」と答えると、マリカが嬉しそうに笑った。

インドに来て一日目。初めての、たとえようもないインド料理の美味しさ、美しさに、目を見張って感嘆しながら食べていると、頃を見計らったようにまた給仕男の一群があらわれて、お代わりを置いてゆく。このスピードにタイミングを合わせて必要なものを欲しいだけもらうのがなかなか難しく、三度目の一群があらわれると、マリカと旦那様のビピンの向こうに坐った野々上さんが、「ノー、ノー、ノー」を連発しているのがおかしかった。

この料理は、丸ごとの小さい果実や生の野菜があり、穀物粉をそのまま練って焼いたような何種類ものチャパティ（チャパティのほか名称わからず）が焦げ茶色をしていたり、うっすら生なりの色だったり、素材の持つ生命を直接皿に盛りながら、一方には洗練と繊細の極みといった感性をとり合わせたところが、私をうなるほど感心させた。ここでは、政府の重要な会談も行われるのだと聞いた。ところが、このレストラン・ビシャーラは、行政から何の補助もない前述の鋼鉄製品のミュージアムを運営するために営業しているのだということだった。どこでも個人が頑張っている。頑張っている人がいる！

しかし、日替わりで演しものが変わるラジャスタンの芸人たちの演芸に、売店やレストランなどの営利を目的としたものまで組み合わせながら、何か一つ大きなもので貫かれているというのはすごいことだ。文化そのものであり、現在があった。頭を垂れて深く感じいった第一夜であった。

ダルバナ・アカデミー

粉っぽい赤土が灰色がかって煙るはるか向こうに、スラム街らしい汚れた小屋が点々と並び、こちら岸との中間あたりを一条の黒濁した細い水の帯が走っていた。親指ほどに見える牛の群れがゆっくり移動していく。

サーバルマティー河は、河だとは思えないほど広い乾いた窪地である。が、雨期には荒れ狂う水流が家屋を押し流してしまうほどになるという。川岸の木陰に残る、マリカの父上のプール付邸宅跡がそれを物語っていた。

ダルパナ・アカデミーはこの河岸沿い、ゆるやかに起伏する立地の比較的小高い場所に位置していた。数千坪と思われる細長い敷地に、河に向かって左から学舎、畑、邸宅、庭、土器づくりの工房と点在するが、学舎の周囲には人形劇の倉庫、事務局、マピンブックスの編集局などの建物もある。丈高い樹木の並木があるかと思えば、横に枝をのばした木々の林があり、玄関前の石畳の広場のぐるりには竹の植込み、邸宅のサロンから見晴らす庭には、起伏のある一面の芝生に一本の大きな古木が枝を拡げ、色とりどりのブーゲンビリアが配されている。左側の土塀にも大きな土の瓶に植えられたそれが彩りをそえていた。土器づくりの工房は見えないところにあるが、黒土や赤土の大きな壺や、馬や象の埴輪が庭のはずれに置かれるように仕組まれているのは心憎い。まったく自然のように何気なく造園されたセンスのよさは、建物にも生かされていた。アーメダバードは緑の多い美しい街ではあるが、コンクリート打ちっ放しの建物群には、粗っぽく落ち着きが感じられない。ダルパナの調和の美にはやはり格別の深さがある。

学園のそばの野菜畑にはあぜがつくられ、ひび割れた田んぼのようになっている。ここへ朝夕たっぷりと水を流し込むという。湿地帯の日本では考えられない畑づくりの方法を、また一つ学んだ（粘土質の土地では根腐れのないよう土を盛り上げ、砂地では畝の中ほどに種を蒔き、頂きに水やりをするなど）。毎日の食卓には、この畑からの収穫が、繊細な野菜カリーとなって登場する。

着いた日の午後、それまで幾日か徹夜を重ねたため、とうとう起きられなかった昼食の代わりに運ばれたチャパティは美味だった。全粒粉を練り丸くのばして焼いたチャパティに唐辛子ソースをさっと刷いただけの二、三枚が、疲れてバランスを崩している体に精気を甦らせてくれる。このチャパティと玉ネギと紅茶があれば、インドでは一か月は過ごせるなどと考えたりした。私はその土地土地の食べものの最低限のとり合わせに興味がある。それは人間が生きるために必要な食の要素のすべてが集約された、最もシンプルで充足した一つの基準であると思う。ダルパナの食事は、辛味と油をおさえた、華美ではないが質のいい、上品で繊細なものだった。マリカは飛び上がるほど辛い強烈な味を好むようだから、これは母上ムリナリニの感性によるものらしい。

長身の、神経質そうなオドオドした目がうつ向き加減の、無口な青年が料理長らしい。「どうしてこんなにかかるの。大体いつも量が多過ぎるのよ。あまったものをどうしてるの？」——いつか一か月の食費がかかり過ぎていると、早口のマリカに怒られているところを土取が見たという。

マリカは学園の二階を住居にしており、こちらの邸宅の方はムリナリニと環境庁に勤めるその長男夫妻、その子どもで十代の男児二人の住居になっているようだ。私たちは玄関横のゲストハウスに世話になっていたが、このバストイレつきのがっしりとした石造りの一部屋を出ると、原色を色とりどりに使った布をサリーにした中年女性が床をみがいており、つい逃げるように身をかくしてしまう。庭へ出ると芝生へ水やりをしている男がおり、いつも裸足で林の落葉を掃いている八歳と六歳ほどの姉弟もいた。このほかに運転手、門番と使用人は数えきれないほどで、時代が逆行したような古きよき時代の日本（明治か大正か）を思わせたが、こうした生活もなかなか気づまりなものであることがわかってきた。

朝、起床と同時にバストイレを消毒に、原色サリーの婦人が来る。朝食までにゲストハウス係りの老人がやって来て掃除、ベッドメーキング、ポットに煮沸した水の入れ替え、ゴミ捨て、そしてタオルを替えてくれる。この老人は荷物を拡げているとブツブツ文句を言い、こちらの都合はおかまいなし。ときには原色サリーとかち合ったりすることもあるので、私たちは排泄、シャワー、身づくろい、化粧といった朝の支度にテンヤワンヤの仕儀となる。

リンボパニおじさん

居間の丸テーブルを囲み、一同打ち揃った朝食を済ませると、十時には「リンボパニ、リンボパニ」を連発する老人が大ぶりのコップにライムジュースをささげ持ち、再び登場する。昼食が終わると昼寝の時間。乱れた寝床をなおすために、また件の老人登場。ここでまた「グジャラーグジャラーティー、リンボパニ、リンボパニ」と飲みものが運ばれる。十時と三時の飲みものはこのリンボパニ（発音正確にはわからず）と呼ばれるライムジュースのほかに、畑でとれたばかりのトマトジュースのこともあれば、チャイ（ミルク紅茶）の熱いポットのときもある。私たちはこの老人を「リンボパニおじさん」と命名した。そして夕暮れどきの食事前には、また夕方の掃除。

リンボパニおじさんは自分に与えられた役割を、みじんもゆるがせにしないで遂行しようとする。楽器を出して資料を拡げようかな、と考えているだけで、気配を察したおじさんは、「クリーン、クリーン」と身ぶり手ぶりで止めにかかる。合間をぬって着替えたものが出ていたりすると、腕組みして考え込み、批難のまなざしを投げてよこす。散らかった棚はそのままにして、あいているところだけ拭っておいたらよさそうなものだが、そうはいかないらしい。私たちはこちらの風習に合わせて、朝食、外出、夕食、パーティー、演奏会など、そのたびに着替えをしなければならないし、洗濯もしなければならない。水を使える時間は乾期のこの季節には限られているため、洗濯どころか、下手をすると髪も洗えないし、シャワーも使えない。トイレも流せないままになってしまうのだ。

このリンボペニおじさんは三度の食事には給仕としてあらわれ、またあるときには玄関の石の床を雑巾がけしていたりする。私たちの姿を見ると好意を感じているのか、やたらグジャラー語で話しかけてきて、野々上さんを見ると、「フォト、フォト」と写真をねだり、ポーズをとる。アーメダバードの一日はリンボペニおじさんで明け、暮れることになる。

リンボペニおじさんとセットのように給仕にあらわれるネールさんもいる。「僕この人大好き」と土取が笑いかけると、彼は体中で胸衿を開いてフウワリと応え返してくれる。言葉のおじぎもいらない。何となく薄汚れた、大柄の布袋様のような太鼓腹は、まったく政治なんて無関係のようだが、この老人にはネールを思わせる風貌がある。

朝食はトーストにコーヒーかチャイといった軽食。それぞれが忙しい仕事を持ち、出勤時間も登校時間も違うから、あらかじめ用意されたテーブルで各自都合のいいときにりンボ・パニおじさんの給仕で食事をとり、散っていく。昼食と夕食は、インド料理と西洋料理（日本の西洋料理よりはましであるが、インド風になっている）が交互に出る。これはインドの中流と上流家庭の食事の典型であるらしい。

マリカはブルック劇「マハーバーラタ」で世界中を公演、夫のビピンはニューヨークに事務所を持ち、外国を飛び歩き、マリカの兄嫁になる人はハビタ製品工場のデザイナー。母上のムリナリニも国内外で活躍というインターナショナル一家にとっては、家族揃っての食事は何ものにも替えがたいコミュニケーションの場であり、それを意図してこのときを大切にしているようであった。慌ただしい朝食のときにも、夕食時にも、ムリナリニはいつも優雅な雰囲気を漂わせ、客人である私たちを待っていてくれた（インドでもこうしたよき時代の習慣はなくなりつつあるのだという）。

いく日か滞在したある日、マリカは私たちを客人として、友人知人を集め夕食パーティーを催してくれた。リンボパニおじさんとネールさんは、派手な花模様のターバンで頭を飾り、料理を捧げ持っていつも家族が食事をとる居間へ、二人並んで踊るように登場。野々上さんが奇声を上げて拍手し、私たちも声を合わせてはやすと、リンボパニおじさんの方がすぐにノッてきた。すると、マリカの鋭い一瞥が投げられ、おじさんはシュンとかしこまる。どうやら私たちの善意の表現は、この場の規律を乱すものとなったようだ。昔の女中や召使いがお手伝いさんになった日本の感覚で接すると、ことごとくチグハグしてしまってやりずらい。インド到着一日目、あのレストラン・ビシャーラでの学園関係者の会食に加えて、この日の夕食会のあとでは、私たち日本勢が、どこへ出掛けても顔見知りがいることになった。異国の地で孤立しないで済むようマリカが配慮してくれたものらしい。

インドの朝に踊る

アーメダバードの朝は爽やかで長い。インドには「朝のラーガ◉」というものがある、などと言われても、たいそうなものかと思っていたが、インドまで来てみて納得がいった。日本ならさしずめ夕方にしか着られない、絶対街着にはならないような、白地に藍で七草を染め抜いた綿の浴衣が実に似合うのだ。私は涼やかな朝の空気に足どりも軽やかになっていた。学舎から聴こえる音楽に惹かれて歩いていくと、教室の建物の向こうにしつらえた円型舞台に、鮮やかな民族衣装をつけた踊り手がうち揃い、音楽家が奏でる軽快なフォーク・ミュージックに合わせて、円を描きながら舞っていた。舞台の中央の一本と、背後をとり囲んだ立ち樹の小さい丸い葉が、こまやかに光りながら揺れている。

「おはよう」「おはよう」

私は中央の階段から、全員が坐っている真ん中へ登場することになってしまった。音楽に合わせマリカがうたうように「踊れ、踊れ、ハルエ踊れ」と言い出すと、「おはよう」が「踊れ、踊れ」の合唱に変わってゆく。流れるような軽い三拍子のりズムに体を委ねていると、動きが自然に郡上八幡の盆踊り「春駒」になってゆき、私は踊りの名手たちの中で臆面もなく踊っていた。

揺れる木漏れ陽を映した白地の浴衣がやけに新鮮に見え、見慣れぬ自分がもう一人いるような、インドの朝だった。

（『苑』一九八七年五月）

たかが日本、されど日本

帰ってきました。三月（一九八五年）に入ってすぐ、航空会社に帰りの便を予約に行くと、四月の末まで満員、十七日だったらスイスからソウル行の便がある、と事もなげに言うのです。三味線二挺に、モロッコの絃楽器四種類ほど持って汽車に乗り、飛行機に乗るためだけにスイスまで出掛けるのはとても無理と判断し、予約リストがすいてそうな日にあたりをつけ、この日にチケットがとれなかったら滞在をのばすつもりでいたら、七十数時間前にとれちゃったんですすね。十中八九は帰れないらしいと知ったパリで出会った人たちは、もし帰れなかったらあれをしようこれもしようと言ってくれて、またたく間にスケジュールいっぱい。長い冬が明け、春のきざしが見えてきて、何かできそう。小さいイベントなどもできそうでした。

催しものも魅力的なものが目白押しで、土曜にはモロッコの三絃弾きが十五人来る、という。これは見ておきたかった。前回渡仏のとき、私が公演したサントル・マンダバと、フランス放送が組んでのイベントは、何と夕方七時から翌朝までオールナイトでインド音楽。北と南インド（音楽が異なる）の巨匠が勢揃いしての公演です。これも見たかった。加えてピーター・ブルック劇団の「マハーバーラタ」の初演が、やはり四月にパリで幕開けする。今後二年間は世界中を公演して回るであろう、ブルック十年来の懸案だった演しものです。そんなこんなで後ろ髪を引かれるようにして帰りました。

パリは文化的なものの有り様が違うんですよね。例えば、ブルックの演しものを日本でやろうとしたら、まず「場」がないでしょう。劇場のつくり方が画一的になってしまっていろ。消防法だの何のと法律で規制されるとできない演出ばかり。野外などのフリーなスペースがない（法律でも規制されている）という具合。その上、受け手が生の催しを、出掛けて見に行くなどという、能動的な暮らし方をしていない。ごくごく限られた、特別の層の対象になってしまうでしょうね。よその国では半年ロングラン、などというところもある。日本よりずっと貧乏な国々でも一か月とか二か月とか公演するのです。人口と動員数を考えてみれば、ずいぶん広い層が出掛けていることがわかります。日本でブルックの名は大層高く、日本国は世界有数の金持ちですが、ここでの公演はゼロ。これは何も最先端をゆく世界的な劇団を例にだけあてはまることではないのです。

日本人の私が、身のまわりの何気ないうたを、当り前に、あるいは昔のようにうたいたい、と考えてもそれが実現できない、カチカチの構造になっている。公演のたびに膨大な量の雑事と、次々に立ち塞がる壁を何とかしなければならない。本質的には関係のないところでです。非常に種類の少ない、画一的な音楽や催し、番組。まあ実に見事に管理されちゃってるナ、といった印象。それなら国や財界上部の人はどうか、というと、これがやはり皆頭がかたくて型通り。新しい芽を育てようという気がない。文化的なものに投ずる予算の少ないことは世界一。人間国宝になっている私の師匠が、もう十五年も前に言っていました。「いいパトロンというのは、おアシは出すが口は出さない。金力にものを言わせ芸の中身までとやかく言えば、大きいものは育たないかられ。そんな金持ちはいまはいないよ」。これは、上も下も誰も平均に慣らされているということですよね。見事なものです。気持ち悪い！　気味が悪いです。不気味です。

不気味といえば東京ですね。中心部の昼間は溢れるほどの人がいるのに、夜は無人の街になってしまう。私の父は日本国建設途次の時代に「表通りに銀行など並ぶのはよくないよ。夕方から暗くなるのでは街が活きてこない」と、特に文化的なものの育つ時間帯と都市の構造、全体を考えた計画性がないことをなげいていましたっけ。いまや中心部はビジネスの塔、歓楽街は歓楽街。人間は二時間も三時間もかかるところに住み、という具合に分化されてしまって、これはもう都市ではない。その機能を果たしていません。東京人の居住比がまったく低いのです。これでは新しい何かが育つわけがありません。

飛行機が大阪に着いたものですから、三日ばかり京都の仲間と遊び、柿生の里には夜遅く到着。駅から留守番をしてくれていた響子ちゃんの「あらァ、お帰りなさい」と、ふうわりまろやかな声。翌朝目覚めて縁台を見ると、干瓢がド迫力で並んでいる。大きいものはタテ四十センチ、横四十五センチほどもあるそれは、内側にはベラベラ、外側はボロボロ、膜や皮がこびりつき、お尻には腐った藁屑をつけ、埃をかぶってゴロゴロと七個もあるのです。普通は横っ腹に穴をあけ種をとり出すのに、上部をカットした状態にして下さった青柳さんに感謝。制作意欲が湧くぅ。たまっている手紙の山も嬉しい。そこへ重永クンから「もう帰る頃だと思って」と電話。重永氏は、いつも間際になって差し出す通信の、鉛筆で書きなぐったまま原稿用紙も使ってない乱文を、起こしてタイプに打ち、『苑』を発行してくれていました。私幸せなんですよね。しかし、このズシンズシンと家鳴り震動するのは何だ。買いものに出掛け外を歩くと、ああショック！　竹藪だった小高いところがけずりとられ、ライオンズマンションが建つのだそうで、ボウリングしている最中。いくつもの小山が連なり、尾根づたいが絶好の散歩道だった、「ほかほか弁当」の後ろの山も一つけずられてしまっている。家賃を払いに行くと値上げを宣告される。四か月もたたないのに、こんなに変わっていいものでしょうか。スーパーには独活や根三ツ葉、蕗、筍、と春の味覚がいっぱい。ああ、この新鮮な季節感！　菫、蒲公英、雪柳、連翹に椿、桜まで咲いて、鶯が何ともいえぬ粗い可愛い声で鳴いている。ああ、私幸せ。やっぱり日本はいいナ。そんなに長いこと行ってきたわけじゃないのに、人に会うこと、季節感、味覚、ものごとの推移と、何もかもがクッキリと感じられて不思議です。

（『苑』一九八五年四月）

立光学舎での桃山

郡上の子どもたちと桃山[p.316]

父、鹿島大治と[p.068]

宮薗千寿のもとでの修行[p.126]

桃山の母、鹿島寿子

堺利彦の娘、近藤真柄と[p.075]

秋山清と[p.131]

遊びをせんとや生れけむ
戯れせんとや生れけん
遊ぶ子供の声きけば
我が身さえこそ動がるれ

梁塵秘抄コンサートにて［p.158］

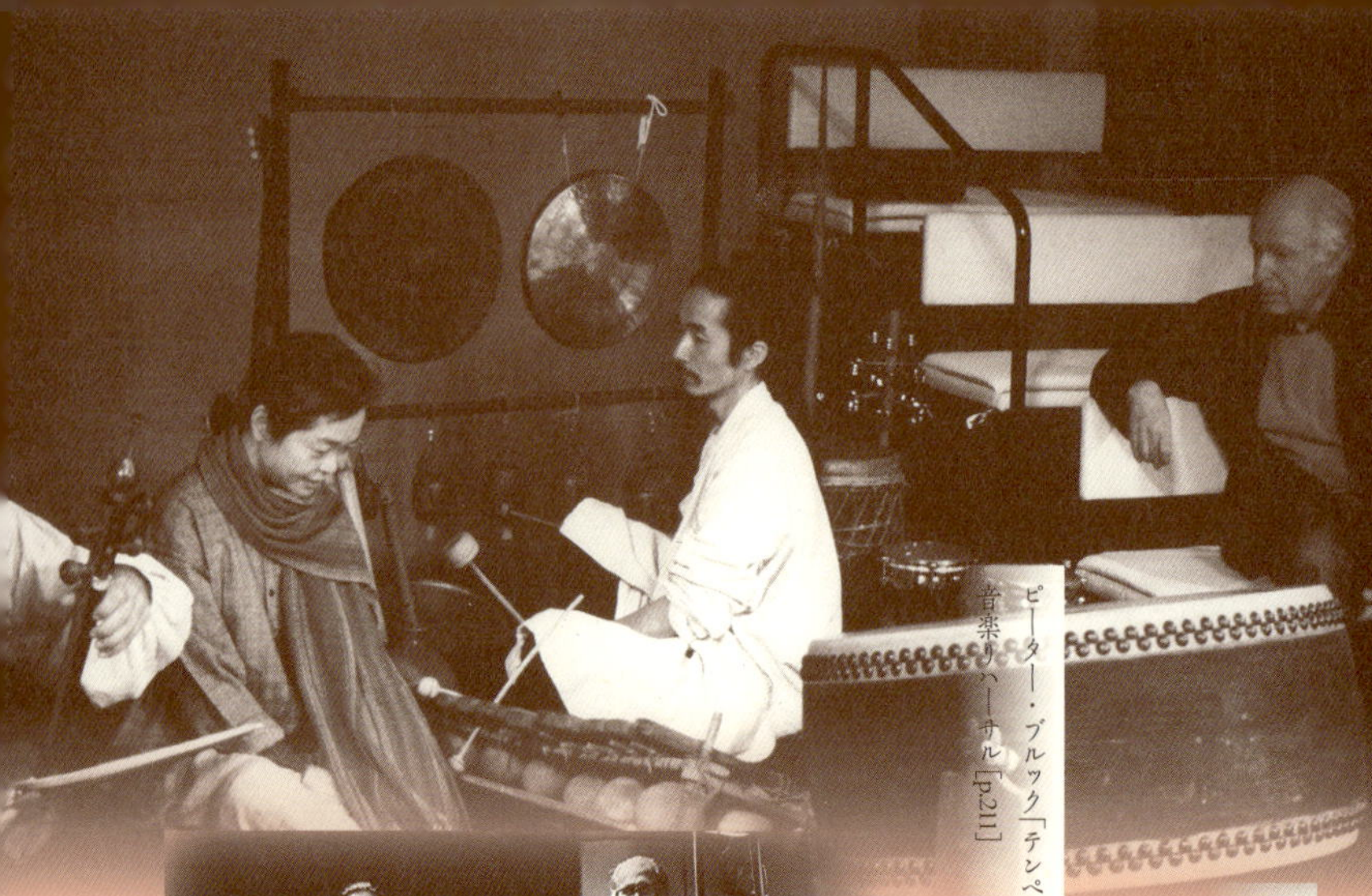

ピーター・ブルック「テンペスト」音楽リハーサル［p.211］

タゴールの直弟子、シャンティデヴ・ゴーシュと［p.224］

インドのダンサー、女優、政治家でもあるマリカ・サラバイと［p.224］

インドネシアの詩人
レンドラ・ベンケル(右から二人目)と

リンポパニおじさん(右)の給仕を受ける
土取と桃山[p.224]

パリの土取利行と桃山[p.211]

立光学舎を背に

帰郷と三絃

一九八五―一九九〇

内なる風景、外なる風景

五月二十五日(一九八五年)は、「秋山清・伊藤信吉(いとうしんきち)、元気の会」なるものに出席。新宿西口「火の子」に顔なじみが集まりました。秋山さんはこの日、持っているレパートリーをすべて披露。一人でうたいづめ。お二人とも病気で、しばらく調子悪いときいて心配していたのですが、この分なら、当分まだ大丈夫。丈夫でいて欲しいのです。男とか女とか関係なく、心の支えというか、自分の歩く道筋の燈となっている存在が何人かある。その中でも大切な大切なお二人さんなのですから。

五月二十七日、高山に出発。ずっと以前、宮薗の千寿師匠と小唄のさろ家元など案内したときを思い出しました。師匠たちは洗練された生活文化と人情の街に大いに感激して、いつかはここに永住するのだと言っていました。ここは十年近く前、仕事を手伝ってもらった久美ちゃんも住んでいます。

一五五八年、金森長近（かなもりながちか）公は高山城を築き、京都の範をとって城下町の基礎をつくったそうで、小京都とも呼ばれる高山は、その後天領地となって、元禄以後の江戸の流れも汲みとり独特の文化を形成したのだそうで、懐石系統の山菜料理、地の日常食からの系統の料理と、何軒かの料理屋さんのどこも美味しい。きのこの沢山入った品漬などのつけもの類、きなこ、こうせんなどの穀物粉を使った菓子類、塩味のせんべい。それに、呑兵衛のあいだで名高い清酒、鬼ごろしなど。食は文化の高さのバロメーター。飛騨の工匠は歴史的に有名です。

深味を増した新緑のそこここに、林の木が香り高く白い花をつけている季節、コンサート会場となる曹洞宗、正宗寺には、芍薬(しゃくやく)がいまを盛りと咲いていました。高山の冬は、零下二十度まで下がるという寒さの厳しいところですが、住職の原田氏は、住居部分だけのぞいた寺の建物のすべてが障子一枚で外気と一体という構造の中で、夜明けの五時に鐘を撞き、勤行のあと坐禅という毎日。御自分の生き方のもとをおさえておられるのに頭が下がりました。

本堂の隣りに位置する、二階の広い広い一部屋を、私専用に用意して下さったのですが、夕闇になると明りを慕って、障子にぶつかる蛾や虫の音が雨かと錯覚するほど。宵っぱり朝寝坊の私がやっと寝つく頃には、屋根の一角にもの音がしたかと思うと、何者か室内に入り込み、畳敷きの広廊下を運動会するのです。はじめ子どもが走っているのかと思いました。それにしてはいやに身が軽い。座敷わらしだろうか。

昨秋泊まったとき、むささびだと聞いていたので正体はわかっているのですが、この前と同じヤツなのか、今度はいやに喜んじゃって、キキと走りまわる。誰かが泊ると興味しんしんで見物にくるのだそうで（出会ったことのない人もあるそうです）、姿が見られないけれど、一晩中、羽を拡げて走って歩いていたようだったのが、住職の下駄の音が響いて朝の鐘が鳴り出すのと入れ替わりに、失せるのです。

農村に響く朝の鐘の音がこんなにいいものとは知らなかった。闇の刻が過ぎて、新しいエネルギーが噴き出し流れ出すような一日の始まり。鐘の音が響き渡ると、畑仕事に出る人間の声も聞こえてくる。暮らし、というものを実感したような気がしました。

正宗寺は前も横も田んぼ、向こうにオーイ、といっぱいに叫んだら、こだまが返ってきそうな距離に連なっている山脈を眺める、南向きの山裾に建っています。ここ特有の気候とかで、日中陽の射しているときと、朝晩の冷え込みの落差が激しく、東京から持参した衣服の上にジャンパーを借り着してもまだ寒い。私のように、約一時間半のステージをマイクも使わず、生（なま）でうたったり話したりと、声を使うものにとっては、この気温の差がこたえます。人体のうちでは、声帯がいちばん敏感で弱いように思いますが、この寒さではインド舞踊のような暖地の動き、アクロバットのような柔かいダンスも無理ですね。筋肉を痛めてしまうのだそうです。

気温の変化など予期して三日前に入ったのですが、コンサート当日は終日陽が射さず、土地の人も珍しいという寒さになり、ホカロンを三つも身につけての本番になりました。寒いと聴き手の方も体がかたくなっていて聴きにくく、私も声の出が悪く、それなのに素晴しい一夜でした。一曲うたい終ると、その余韻と重なって、夜のしじまの気配に蛙の大合唱が湧き起こるようにとって代わる。予期せぬカケ合い、自然との共演、建物の中にいながらこんなにも自然と一体感があったのは初めての経験です。

街から離れた、山間い(やまあい)の田んぼに囲まれポツンと建つ寺に、二百名もの人びとが集まって下さったのです。昨秋の宴を張っての顔合わせからこれまでお世話下さったお一人ずつに感激、感激、感激、感激！

例えばパリで出会ったアジアや中近東の音楽家が来たとき、どこを、何をこれが日本といって見せられるだろう、どういうかたちで音楽的な交流をしたらいいのだろう、と考えていました。私たちが、当り前の日常の中で、しっかりとした有り様をうちたてられるところ。飛騨では、面白い人びととの出会いも沢山ありました。新しい時代に向けて、希望を持たせてくれるようなコンサートだったと思います。

（『苑』一九八五年六月）

祭りの魅力を感じるとき

石取祭り

八月は、桑名の祭りに始まり、長崎県野母崎の浦祭りから、福岡へ寄り、郡上八幡の盆踊りと歩きました。ここでは祭りだけ記します。

桑名、春日神社の「石取祭り」は、八月二、三、四と三日間行われます。私は初日の夕方、各町内の子どもたちが趣向をこらした揃いの浴衣で、袂を持って一列に連なり、「おかっつァんはしうちにか」とうたいながら参詣に出掛ける、祭りの序曲といった風情の中へ到着。まず寿司屋でゆっくりと腹ごしらえ。ここの時雨蛤は全国的に有名ですが、柿安の牛肉佃煮、たがわ、安永餅など群を抜いた味覚がいっぱいあります。

春日神社はお伊勢さんとつながっているらしく、御遷宮に使う材木の御神事が行われたり、伊勢代神楽も生きているらしい。が、そういったことは庶民とあまり関係ないようで何はともあれ、石取祭りです。若い娘など名古屋に就職しても、この祭りがあるから親元を離れず、ここから通い、「よそへは嫁にはいけやん、どうしよう」と言う。街の人びとも、産業日本になって仕事の規模が変わり、あるいはサラリーマンになり、と生活形態もそれにつれて変わってきても、郊外に建てた住宅とは別に、街にある先祖代々の家は、祭りのために手放さない。ふだんは無人ですが町内のつき合いも一切そのままにして、祭りのときだけ戻るのです。

ここの祭りの料理は、枝ごとの新生姜の梅酢漬けと、茹でた枝豆だけです。このシンプルさには驚きますが、祭りの構造上、実にうまくできている。女、子どもも、青年も大人もほぼ平等に参加できる、皆の祭りであるところが、どことも違います。

石取祭りは鉦と太鼓の祭りですが、初日は夜の十二時まで、チンとも鳴らすことは御法度になっている。自分らの汗と労力で得た金でつくり、管理し、一年ぶりに引き出された車は、漆塗りの豪華なものですから、大切に埃を払いみがき上げ、組み立てて提灯をつけて待つ。三十七台の青年組がそれぞれ参詣する頃には皆ぐでんぐでん。肩を組んで連なりながら、おかっさんや、めでたいうたい、コップがあればいい方で、どこへいっても大やかんの口飲み、ビールのらっぱ飲み。はやく鉦太鼓を打ちたくて腕が鳴り、はやりいきり立ち、エネルギーが渦を巻いて、何の変哲もない街全体が異様空間となっていく。各町内と神社のまわりに石取車は揃って待機している十二時五分前、あれほどの騒ぎがおさまり、いっせいになりをひそめる。

一分前。心臓の鼓動まで聞こえるほどシーンと水を打ったような静寂。大太鼓の打ち手は衆人が見守る中を、白紙に水引きのかかった桴を高々とかかげ、十二時、合図とともにパチン！　と水引きを切り離すと、三十七台にとりつけた一メートル近い大きな鉦四個と大太鼓、つまり合計三十七の大太鼓と一四八個の鉦がいっせいに鳴らされるのです。私の泊った竹中さんの町内では、二日も三日も、朝六時まで打ち続けでした。三日の夜中など、寝ている二階のすぐ下なので、耳をつんざく鉦の響きと、ドーン、ドンドーンと大太鼓の振動に全身が反応してしまって眠れたもんじゃない。ちょっとでも音を途切らせることは御法度になっているらしく、鳴りっ放しなのです。「遠くに行きたい」の口ケでいらっしゃった永六輔さんと、久し振りにお会いして、わあ、懐かしい、と近寄っても話もできない。何も聞こえないのです。

つぶさに浸って見た祭りは、流れも風情もあり、山場あり。ここに書き尽すことのできないのが残念ですが、暑さと酒と睡眠不足、音にトリップして三日間を終りました。

ここのように、生きている皆の祭りを持っているところは、ほかにもうないのではと思います。

野母浦祭り

長崎へは、原稿書かねばとキリキリしているところへ、敬愛している岡本文弥師匠から電話をいただいたり、未知の人の熱意におし切られて、何だかわけのわからぬままに出掛けることになりました。この素晴らしい祭りに招待して下さったのは平原さや子さん。もう二十年も野母崎にかかわり、ほろびゆく芸能を甦らせたいと、心を砕いていらっしゃる女人（お年をきいても可愛らしくて老婦人と呼ぶのはふさわしくない）でした。

十二日午後六時、羽田発の全日空に間一髪ですべり込み。そのせいかドキドキと胸騒ぎがおさまらず、あらぬことを次々に考えるのが自分らしくないし、おかしいと思っていると、長崎空港で出迎えた彼女が「事故があったというので本当に心配しました。到着のランプがついてホッと胸をなで下ろしたんですよ」と、何度も言う。大して気にもとめず、宿でテレビのニュースを見ると、あの日航機墜落事故。ちょうど同じ時間に乗っていたのです。

野母は、長崎港から海岸沿いに車をどんどん走らせると、半島のいちばん突端にある漁港の町です。どちらを眺めても暖かい、柔らかい光線に美しい海が広がり、海岸からはすぐ小高い山々がせまっている。そんな立地条件の故か、ざっと調べたところでは、焼畑はあっても、弥生稲作民の定着はなく、現在も農地はとても少ないようです。

そんなわけで野母浦祭りは海に生きる漁民の、漁業振興を祈願するものらしく、約五百戸ほどの集落を持つ畦津（あぜつ）と星浦、二つの部落が合同で行います。現在では、神社と寺に奉納して歩く「奉納踊り」と、港で行われる「舟行来」が残っており、十三日の朝八時頃、まず奉納踊りからついて歩きました。奉納踊りのうち、「ちゅうろう」は、一台の太鼓と合の手に、皆でうたい踊るのですが、このうたがなんと「催馬楽（さいばら）」なのです。舞いの手も江戸以後のものに見られぬ広がりがあって自然の理にかなった動きで、こういうものが、それと知らぬ人びとの手でうたい継がれ、踊り継がれてきたことが驚きです。飾りのついた菅笠に麻の帷子（かたびら）。優雅に舞いうたう曲節は、「梁塵秘抄」で耳になじみのある、あの催馬楽そのもの。これが一地方の盆踊りなのです。奉納の演しものは変化もありセンスの高さにびっくり。

韓国やアイヌの芸能文化に触れると、日本国がそれらをぶち壊していった様がよくわかります。が、よく見れば自分たちの芸能もことごとく失わせたり、ゆがめたりしているのです。野母でも特にこの「ちゅうろう」のような優婉なものは後継者がなく風前の灯といった態でした。

祭りのあと、平原さんの肝いりで、町の助役、教育長、観光課長さんたちに集まっていただいて、祭りの持つ意味と今後について、特にこの「ちゅうろう」の再興について、これまで並々ならぬ苦労してこれらた伝承者、小柳氏ともう一人の老人（名前を失念）を中心に、話し合いをしました。

つけ加えますが、野母の魚料理は抜群です。

（『苑』一九八五年九月）

生活をデザインする

見渡せば、どちら向いても鈴なりになった柿ばかり。柿生(かきお)の里はその名の如く、柿だらけです。私の侘住いの脇にも、大家さんのお墓を抱き込むように大木が茂り、連なった小山の斜面もびっしりと柿の木。近くの屋根伝いに歩くと、寺の前には人里を見下ろして見事な古木。虫の音しきりの夕闇に粒立って浮かぶ赤い柿の実。大きな口を開けいっせいに柿色のうたをうたっている禅寺丸は、かぶりつくと種ばかりの懐かしいゴマ柿です。さて「天高く」というのに雨降り続き、「馬肥ゆる」というのに、悪い風邪がはやってお腹がおかしい秋ですが、お元気でいらっしゃいますか。敬愛する師匠に逝かれてから、原稿書いていていても逝ってしまった人たちへの哀惜と生きているもののはかなさ、哀しさについ泣いてしまう、涙もろい秋。予定より原稿が遅れて仕事ができず、またまた貧乏な秋。転換期のこの二年、よくやってこられたと不思議なくらいですが、この不思議は、皆様のお蔭、お天道様のお蔭。一人で暮らすことは三十年近く夢見ていた。それを思うと、豊かな秋！　幸せです。小庭の紫蘇（しそ）をとって、紫蘇の実の塩漬けをひと瓶つくりました。枝ごと洗って、実だけこいてとり、あとに軒に干して乾かす。これをハサミで二センチほどにチョキチョキ切り、とろ火でさっと炒って紫蘇茶にします。今年は雨で遅れてしまったけど、よもぎ茶もこうしてつくります。ほかに柿の葉、コンフリー、雪ノ下、露草、十薬、杉菜。これは庭でとれるもの。笹、葛（くず）の葉、楤（たら）などは、この近くでとったもの。河原決明（かわらけつめい）と現（げん）の証拠（しょうこ）は見つからなかったので仕方なく買いました。私はこれら野菜茶に陳皮、蕎麦か鳩麦を香ばしく炒ったものなどを取り合わせて飲みます。お茶の木が大陸から入るまで、日本人はこうしたお茶を飲んでいたそうで、それを「こばこ湯」というのだとか。素敵でしょ。小川みち先生からうかがった話です。

私のルーツは弥生稲作民ではないらしく、どうも縄文農業になります。狭い庭で大きな瓢箪や南瓜、隼瓜など農家のおかみさんに感心されるほどの出来ですが、皆ひとり生えです。スーパーで買ったカボチャを食べて、生ゴミと一緒に堆肥に捨てておくと生えてくる。全部収穫したつもりなのに見落しがあるとそれが落ちてまた生えてくる。そういう具合で、いまどきになって赤くなっているトマトまでひとり生えのものです。そして生えてきたものは捨てられないのです。こんな具合に、向日葵や鳳仙花、朝顔や小菊といった花をはじめ、韮、コンフリー、三つ葉、蔓菜、辛子菜、体菜、蔓紫、蕗、山芋、茗荷、エンツァイ、ターツァイ、ミントと、初めは一所懸命買って植えたものもあるし、茄子や胡瓜などは苗を植えたりします。そのあいだに落ちた種がときならぬところへ出てくるので、花も野菜もゴチャ混ぜになって生えている。今年は鳥が種でも落としていったのか、白い木槿(むくげ)が咲きました。荒れ放題だったこの庭にあった擬宝珠(ぎぼうし)や紫露草、水仙、菖蒲(あやめ)、クロッカスなど、糸のように細長いこの葉は何だろう、というほどだったのが皆花をつけてくれるようになりました。

そんな風に応えてくれると、もう可愛くって、いとおしくって食べちゃいたいほど(もちろん食べてもいるけれど)。薺(なずな)や種漬花(たねつけばな)、蒲公英(たんぽぽ)などの野草も出てくれます。私にとっては花とか野菜、野草の区別はないみたい。皆きれいなんだもの。縁側を下りて庭下駄をつっかけ一足二足歩くと、いっせいに笑みかけてくれる植物たち。

でも――ォ、この平和を野良猫ミー子の三匹の子猫たちがぶち壊すのよね。この頃は相当大人になってきて、それなりに悪いことをするのだけれど、もう少し小さい頃など大変でした。縁に置いてあるかんぴょうの中へ出たり入ったり、ごろごろ転がるのを面白がってドシンバタン雨戸にぶつかるし、干してある洗濯物や種などをコチャコチャにしてしまう。夜中騒ぎが続いて眠れないので、明方五時頃たまりかねて雨戸をあけ、コラッ!

と叫んでもアレッ、とかわゆい顔でこっち見るだけ。眠い頭を使って一計を案じ、鉄製のりンを二つばかりチリチリ鳴らしたら、しばらく首傾けて考えていた挙げ句に退散しました。猫はこの鋭い高音を嫌うのです。
この子猫たちには、生み落とされた直後から裏のMさんがエサをやっている様子なので、私は安心してミー子だけに煮干などをやります。それはいいのですが、三匹の子猫は親について遊びにきているうち、ここをトイレにしてしまったのです。四匹の猫がひっかきまわすので、時いた種や芽出しの苗はメチャクチャ。雨降り前など、うっとおしいので窓を開けるとモーレツな臭気がなだれ込んできます。そこへ最近、昔出入りしていたハー子が何思ったか、懐かしげにあらわれた。ハー子は根性がまがっているので、中ぐらいになった子どもたちまで追っかけまわしているらしく、早朝から大騒ぎのこの頃。柿生の里から秋の便りのお粗末です。

(『苑』一九八五年十月)

弾き語り放浪の旅から

私のコンサートは、三味線弾き語りの曲の合間を、何気ない喋りでつないでゆく。そんなスタイルで三味線一挺手にして全国をコンサートして歩くようになったのは、一九八一年に十二世紀の流行歌謡「梁塵秘抄」に曲づけをして発表して以来のことです。

ツアーコンサートは、日本全土を一年半かけてまわったのち、昨年(一九八四年)の冬、パリでも公演をもちました。あちらの大衆小劇場でうたうときも、小学生の可愛らしい子どもばかり五百人ほどが相手だったときにも、フランス語を覚えて、そんなスタイルで通しました。ただ、きっちりと構築されたロジックを持つフランス語と、イメージの積み重ねと飛躍でできているような、ある意味では曖昧ともいえる日本語の感覚とではギャップがあって、曲の部分と喋りの部分で身体が二つに引き裂かれるようで、その民族の言語を成り立たせている風土と歴史、環境の違いとその奥深さを思い知らされる経験でした。

私が、とりあえずいまのような弾き語りのスタイルをとるまでには、様々な試行錯誤と道程がありました。そこでまず、邦楽にとって語りとは何か、ということから考えてみたいと思います。私にとって「語り」は自分のほとんどを占めている、それほど重要な問題だからです。

日本の中央的な三味線音楽である「邦楽」は、語りもの（浄瑠璃）●と、うたものに分類されますが、「うたもの」は一、二割程度で、語りものがほとんどを占めています。三絃だけの器楽曲、つまりうたのつかないインストゥルメンタルにいたっては、西洋近代の手法に習った現代邦楽を除いては皆無といってもよく、大部分は歌詞に沿って曲が構成されていて、中でも語りものが圧倒的に多い、というわけです。語りもの、うたものの区別は、発生系統の違いからもきていますが、内容的には、語りものといっても、うたものに負けぬぐらい音楽的で、曲節の変化もあるのです。

日本民族と言語的な感性というのは切っても切れぬ大きな意味があるようで、独自の音楽には語りものが多い。日本音楽の分水嶺といわれる「平曲」も語りものです。この独自の音楽が創出されるまでには、①まず外来模倣時代があり（この時期には器楽曲も行われる）、②次に外国輸入の音楽と、民族固有のそれが融合されたスタイルのものが出てきて、③大衆の方でも、上層から入った外来音楽に影響を受けて生まれた流行歌謡が行われ、それが完成度をもってくると上層と下との歩み寄りが見られる。「梁塵秘抄」はその産物です。④そのあとにほかからの影響を受けず、独自の創造に入る、というプロセスを辿っています。

このプロセスは明治維新からこちらの音楽的な歩みにもぴたりとはまっていて、現代はこの第④の時代に入っているように思います。そしてこの独自の創造時代に入る頃から、言語に重きを置いた、語り的なものに近寄ってくる傾向があります。もちろん文化の背景には社会的な状況もあって、現代はことに文化の土壌である自然と生活を根こそぎ変えてしまった工業国への転換という、歴史上に類を見ない変化の最中にありますから、昔と同じ条件だとは言えないでしょう。それでも近頃は、語りの傾向が目につくのです。明治中期、自由民権を啓蒙した演歌をルーツに持つ歌謡曲の演歌は、約百年かかって邦楽のようなものになり、フォークも輸入されて当初の根底にあるものをおいて語り的になったなと見ているうち、ロックやニューミュージックまで言語の面白さが表に出てきたようです。演劇の分野でも、鳴りもの入りの上方落語や芝居噺を思わせる一人芝居が盛んです。それに最近流行しているパフォーマンスというもの、これも言葉の要素が目立っています。

私は邦楽の古曲、「宮薗節」という語りものを修めました。そして語りが好きです。私自身三絃器楽曲をつくってみると、よその民族の音楽のようにリズムやメロディーのある器楽曲にはならないで、三味線で語っているというものになってしまうのです。

江戸初期の手ほどき書では、三味線の音、と言わず、「声」とあります。虫の声という言い方と同じで、その虫も種類によって松虫はチンチロリン、鈴虫はリンリンというように鳴き声が言葉になっていますが、三味線の音も言葉であらわしてしまう。チントンシャンというあれです。日本の音楽は、虫の音に限らず、自然音だったらすべてとり込んで一体化させてしまう不思議なものです。

「語り」にはほかにも落語、講談、節談説教など様々の分野があります。落語のうち上方のものには、三絃、鳴りもの、踊りまで入るものもある。講談は無音で手に扇を持つだけですが、トントンと運ばれる流れはとても音楽的で、私の子どもの頃の愛読書は表紙のとれた何冊かの講談の本でした。

節談説教を聴いて感動したのは、言葉の切れ目に、ナンマイダブナンマイダブと、早口にありがたそうな受け言葉がいっせいに湧き起こることでした。説教師の投げかけに大勢の声が受けて返す。明らかな交流にのって繰り出される次の言葉はいかにも自信ありげなものになり、受ける方はなおさらありがたくなり、エネルギーの充ちみちた空間が創出されていくようです。

歌舞伎でも、台詞の間に大向こうからかかる掛け声が、場を生かします。歌舞伎座で見物していたとき、三階席に苦みばしった渋い男っぷりの初老の人が孫とおぼしきぼうずを連れていて、二人が実によい間合いで声を掛けるのに感激したことがあります。漫才などでも客席からやたらとヤジがとぶ。ヤジというより気のきいた合いの手のようなものですが、客のセンスがよいと、言葉と言葉の応酬に弥(いや)が上にも場が盛り上がってゆく。演じ手と受け手の違いはあるにしても、場を共有している者同士は同等なのです。こうした情景はどうも日本独特であるように思います。

盆踊りも歌詞言葉の組み合わせが主になっていて、ほとんどの場合、うたの後半と合いの手は踊り手が受ける。エネルギーの交感による盛り上がりは、声（音楽性）と動きのみによらず、声と声でも行われるのです。言語性ということでは、よその村からの客人への挨拶のうた、うたで喧嘩合戦するようなものまである。日本芸能における「即興性」というのも、メロディーの方ではなく、言葉での変化にあるようです。

現在の日常の中に失われてしまった文化のもとの姿を求め、それらが生まれた状況と生きている状況を探し歩いた時期があります。歌謡曲のルーツである明治・大正演歌、地方のわらべ唄、子守唄、古謡となった仕事唄、盆踊り唄、それに昔ばなしなどです。現在は古謡、昔ばなしを民謡とか民話とか呼んでいますが、この語からは単一的で皮相的なものしか感じられません。その実態はもっと厚みやぬくもり、生のすごさがあって、生活背景を持たぬものの絵空事ではないのです。柳田國男（やなぎだくにお）の『遠野物語』で有名な遠野も、民話のふるさとと呼ばれている。それで遠野を訪れたとき聞いてまわったら、あんのじょう土地では誰も民話などとは言っていませんでした。

民謡というのは、大正七年だったかにできた新語です。民話という語にも、自然風土とともに営まれた人間の生の個々に焦点当てたものではない、中央集権的な匂いがします。これも新造語でしょう。近代西洋の導入と中央的な見方で物事をはかるようになってから、どうも本質とのズレが大きくなって情報が溢れ、教育制度が行きわたっても、実体が抜け落ちているどころか、何も伝わっていないようです。私たちの音楽に関する常識など間違いだらけなのですから。

幼い頃から身の回りにあった語りには、田舎の万歳、お縁日の物売りの口上、バナナの叩き売り、紙芝居、それに夕涼みの縁台での近所のおじいさんが聞かせてくれた怪談話もある。そうした身体の記憶をもとに、最近の私が惹かれたのが、民話ならぬ昔ばなしでした。暗い闇の中から、囲炉裏のまわりで、人間たちを浮き立たせ、影をつくり、赤い炎がゆらゆらと動いているそこで、おばあさんが語る昔ばなし。毎日見ている空や山や川の流れ、石にも、木や花、土くれ、虫にも人間にも、じつはその存在の底に深い意味があり、時間の奥行きがあって、そんな語りに子どもは目を輝かせ、生身のぬくもりを感じたのでしょう。せっせと仕事をしているまわりの大人は、子どものときから聞き続けた「話」を、やがて孫たちに伝えるようになる。芸だの、芸術などというものに当てはまらない日常的な話しかけの中から、確かなものが伝わってゆく。これこそが文化であり、伝承だと思うのです。

私は自分を、プロでもアマでもないと思っています。現代の枠組に組み込まれた区分けでしかないからです。しかしこれだけ放浪の旅を続けても、音楽する自分がどうあったらいいのか、いまだにわからないのです。それでもとりあえずのいま、同じ地面の上に立って、お互いの暖かさを、呼吸を、響き合うものを感じ合いたい、確かめたいと強く思います。一方的な送り手、受け手という図式は、私には納得がいきません。そこからは何も新しい生命は創出されないのではないかと思います。ひとかたならずかかわってきた「語り」の現場では、皆が同等であり、一人ひとりがつくり手である、という手応えが残っています。私のコンサートは、膝つき合わせた身近な場を設定した中で、普通の喋りで、曲と曲のあいだをつないでいくというスタイルになりました。

古くからの友人は、「いつものおはるさんと全然違わない舞台」だと評します。私にとっては、曲も語り、喋りも語りなのです。

（『望星』一九八五年十一月号）

三絃世界はファンタジー

陽春の候、といいたいところですが、いつまでも寒くて調子が狂いますね。さて、私めは、明日が谷川健一（たにがわけんいち）先生主催の全国地名研究者大会への客演、明後日は大阪へ発ち、大阪から金沢入り、という中を、押し寄せる仕事と雑用をバッタバッタと片づけながらの通信です。私は果たして何をする人間だったのかしら。

谷川先生は、銅鐸にとり組んだとき、ぜひお目にかかりたいと思っていた方です。御自分のお仕事と重なるところがあるから、と声をかけて下さっての出演ですから、本当に光栄です。私、もっともっと努力せねば――。

昨日は民族音楽の草野妙子先生が、わざわざここ柿生まで訪れて下さり、打ち合わせ。前から学者に似合わぬ（失礼）柔らかい感性で物事に接しておられる方という印象が強かったので、五月十二日のスタジオ200で行なわれるシンポジウムにお願いしたわけです。予想どおりというか、ただカンで進んできた私などとはわけが違って、しっかりした裏づけと、御自分の生の根もとの深いところからの洞察力とに接し、目の前がパッと開けるような感じ。「三絃世界の周辺」というこのシンポジウム、面白くなりそう。構成・司会は安芸光男氏。この人は小泉文夫先生の本をすべて手がけてきた編集者でもあり、桃山が勝手にブレーンと思っている人です。

同十三日は「語りと音楽の可能性」。三絃と語りは私が主として手がけてきたテーマです。構成・司会は竹田賢一氏。彼は大正琴の即興音楽家でもあり、活動する評論家でもあります。私はこの人の音楽へのかかわり方が大好きです。その純粋さが、音楽界への業績としても気持ちのよい道筋となって残ってゆくような気がする。だから何か企むときは必ず主軸となっていただくようにしていますが、今度は大変に御多忙なため、あまり会えないでいる。この日のテーマ「語り」は彼の案です。パネラーの四方田犬彦(よもたいぬひこ)氏はまだ昨年出会ったばかり。このごろ男のいいのがいない、と嘆いていたら、まだお若いのに、視野の広さとキチッと要所をおさえた仕事ぶりに参りました。自分はこの年代に果たして……と考えると尊敬の念さえ湧き起こり、ああ一緒に仕事のできる機会などあるといいナ、と思っていると、実現したのがこのスタジオ200のシンポジウムというわけ。このシンポジウムは、いままでと、今後へ向けてのしめくくりのようなものになると思います。

五月二十八日、東京、星陵会館でのソロコンサートは、題して「三絃大陸・ヤポニスタンへ」。このテーマは今後数年にわたって私の課題となるはずのものです。地方のコンサートは、私の処女長編「婉という女」を主として、この春は四月下旬から六月上旬までです。

「梁塵秘抄」から、プロもアマも否定して同じ土俵に立ってコミュニケートする、皆で手づくりの、皆で共有、共感できるコンサートを、音楽することを続けてきましたが、これは現代に最も大切な方法であることを痛感しました。そして、この実感をしっかり身につけながら、これからは送り手側に立った場も経験してゆくふんぎりをつけました（もちろん、いままで通りのコンサートもやっていきたいです）。

半生話めいたものを書いて、あまりに多くの人から受けた恩恵の大きいことに気づき、考えさせられたこともあります。それに外国でコンサートしたことによって、「梁塵秘抄」ツアーのときとはまったく異なる体験を持ち、自分の果たせる役割について考えさせられたこともあります。ともあれ、また新しい出発のつもりです。応援して下さいね。

（『苑』一九八六年五月）

夢二の三味線

今年の夏は、秋山清が書き下ろしてくれた台本による、「竹久夢二」を音楽化することになり、岡山にある夢二郷土美術館や夢二の生家などを訪れてきた。実物に接してみて、印刷されたものからは、繊細さや風合いといったものが、まったくといってよいほど失われていることを知った。初めてルーブル美術館を訪れたときには、印象派などの技巧が、あちらの自然や光線から生み出されたものであることなどは理解できたが、何だか見慣れた絵ばかり並んでいる感じで、遠路はるばるフランスまで来た実感が湧かなかった。

それに比べ、誰にも重なるような身近な日本人の感性を、日本そのものを描き出している夢二の印刷物と実物に、これほどの違いがあるのに驚かされた。

「こたつ」と題された屛風絵は、画集で見ると、女の抱えている三味線の棹も長過ぎるし、間のびした画面に落ち着かない気にさせられていたが、よく見ると、幾曲かに折り曲げた状態で立てまわしたときに、ちょうどいい寸法になるように構成されている。また、ことのほか大きな画面に描かれた人物が、離れて見ると、活き活きと動き出すのに感嘆した。

椿の下で輪になった子どもが手をつないでいる有名な作品は、素材が絹布であるらしく、筆致と色合いがしっとりしていて、見た目の感触が何ともいえず心地よい。紙の上にパステル、水彩、日本画の絵の具などを同時に使用しているらしいものもある。

一般には、大正の歌麿、女絵の夢二として知られているが、相当な数に及ぶであろう夢二の子ども絵の世界を、私は何にもまして評価している。女絵とはまるで異なる、からッとした明ろさと広がり。のびやかな自由さ。そして充ちみちている暖かさ――。そこに描かれている海と空と太陽。木や花や自然を前にしていると、胸がキュンとなり、いつの間にか童心に返っている自分に気づかされる。

幼い子どもたちはこの上なく愛らしくあどけなく、少し年長の少女の着物をきた後ろ姿には、ハッとするような色気が匂いたっている。そして牧場の柵に腰をかけ笛を吹く少年には、抱きしめたくなるほど男っぽい孤独と寂しさが出ている。子どもと同じ地平に並んで向き合い、重なっている夢二。子ども時代に返っている夢二。けっして大人が描いてみせる子ども絵ではないから、幼い目で見ても裏切られることがない。

夢二には、三味線を描いた絵も多い。三味線持ってとぼとぼ往く旅芸人、旅芝居の少女、女義太夫の三味線弾き、芸妓、娘。「うそとまことの二瀬川……」、としゃれた上方歌一曲が歌本風の書体で書かれているもの、最初の夫人たまきに商わせた「港屋」開店の挨拶状。そして何と「宝船」には、背を向けて櫓をこぐ男に向きあって、三味線弾く女が乗っているのだ。『三味線草』と題された本もある。あるものをそのままに見つめる、愛の眼ざしはここにもある。育った環境もあるのかもしれないが、こと三味線に関する限り、狭い情緒の世界にとじこもらず、「通」におちいらぬ捉われのない見方ができる人は稀であると思う。

ほかに描かれている楽器では、笛も多いが、五絃の箏、四絃の背面がウードのように丸い絃楽器、琵琶、ひょうたん型をした胴を持つ四絃、手風琴などが登場する。まさに近頃流行りのエスニックである。

「萬ちゃん、君の顔はどうも日本人ぢやないよ」

豆腐屋の万ちゃんを掴まへて、一人の子供がそう言ふ。郊外の子供達は自警団遊びをはじめた。

「萬ちゃんを敵にしやうよ」

「いやだあ僕、だつて竹槍で突くんだらう」

萬ちゃんは尻込みをする。

「そんな事しやしないよ、僕達のはたゞ真似なんだよ」

さう言つても萬ちゃんは承知しないので餓鬼大将が出てきて、

「萬公！　敵にならないと打殺すぞ」

と嚇かしてむりやり敵にして追かけ廻しているうち真実に萬ちゃんを泣くまで殴りつけてしまつた。

子供は戦争が好きなものだが、当節は、大人までが巡査の真似や軍人の真似をして好い気になつて棒切を振りまはして、通行人の萬ちゃんを困らしてゐるのを見る。

ちよつとここで、極めて月並の宣伝標語を試みる、

〈子供たちよ。棒切を持つて自警団ごつこをするのは、もう止めませう。〉

（『東京災難画信』より）


この、のどかな童画風の筆致で描かかれた六人の子どもたちの絵に添えられた文章は、

大正大震災後、流言蜚語が飛び交い殺戮の巷と化した東京で、二十一回にわたり『都新聞』に連載されたものの一つである。

大杉栄、野枝夫妻と、まだ幼い宗吉少年までが殺され、「社会主義者の暴発」、「朝鮮人来襲」などと、ありもせぬ噂がまたたく間に広がり、市民のあいだに自警団が組織されたという東京。吃音の友人が自警団につかまり殺されかけるところを、知人が通りかかってあやうく助かった話を聞いたことがあるが、夢二の三人目の愛人、お葉の東北訛りも危ないというので外出できず、夢二が買いものを引き受けていたというエピソードもある。「治安維持」のために行われた、数多くの殺戮と混乱。流言蜚語のもとがどこから出されているのかうすうすわかっていても、この事実に誰も批判の声を挙げえなかった中で、夢二の『災難画信』は、その最も早いものであったという。

ほかに墨一色の簡略な筆致で描かれた労働する男たちや風景、重厚な色彩の働く女、農婦など一連の作品に惹かれるものが多いが、一般にはあまり知られていない。分け入ってみるとそこにはムンクあり、シャガール、ゴッホ、ゴーガン、ロートレックあり、シュールもアバンギャルドもあった。コマ絵にカット、図案に装幀、油彩水彩、日本画に浮世絵芝居もあった。が、それらがある一貫性を持って、まさしく夢二のものになっているのだ。どの絵にも一編の詩と物語が重なっているのが夢二の絵の特徴であるが、独立している文も書体もいい。

「芸術はもう沢山だ」といい切った夢二。大正三年の「港屋絵草紙店」の開業、震災で挫折した「どんたく図案社」の企画、晩年の「榛名山産業美術研究所」設立宣言。夢大きい人であった夢二の抱えていた矛盾と苦闘の軌跡である。ありのままで、あまりに自分に正直であったために彼が直面した苦悩と矛盾をここに記すことはできぬが、明治からこちらの人物で、ほんとうの日本を伝えているのは夢二のみ、と考えていた私の思いは裏切られないでいる。

(『ちくま』一九八六年九月)

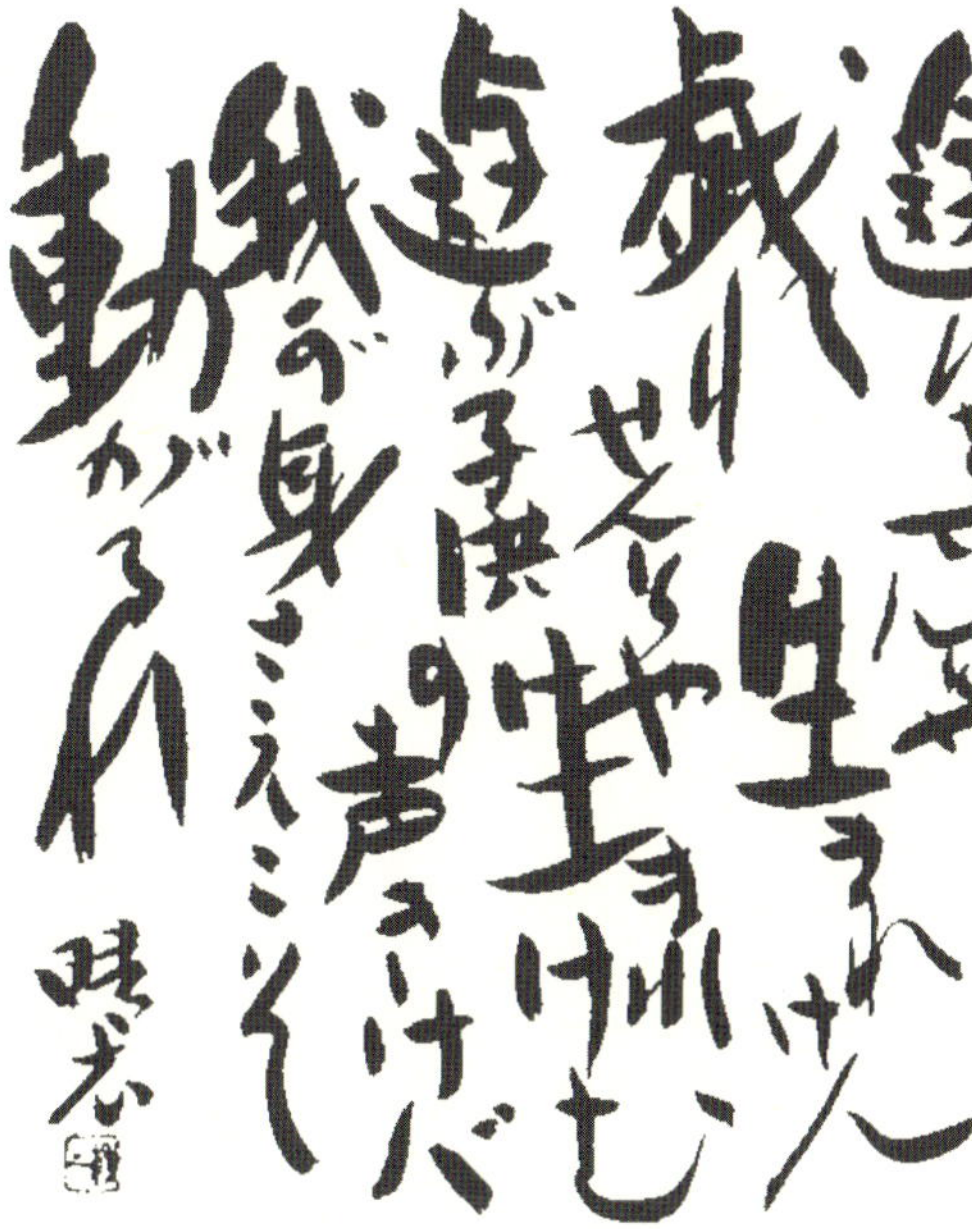
遊びをせんとや生まれけん
戯りせんとや生まれけむ
遊ぶ子供の声きけば
我が身さえこそ
動がるれ

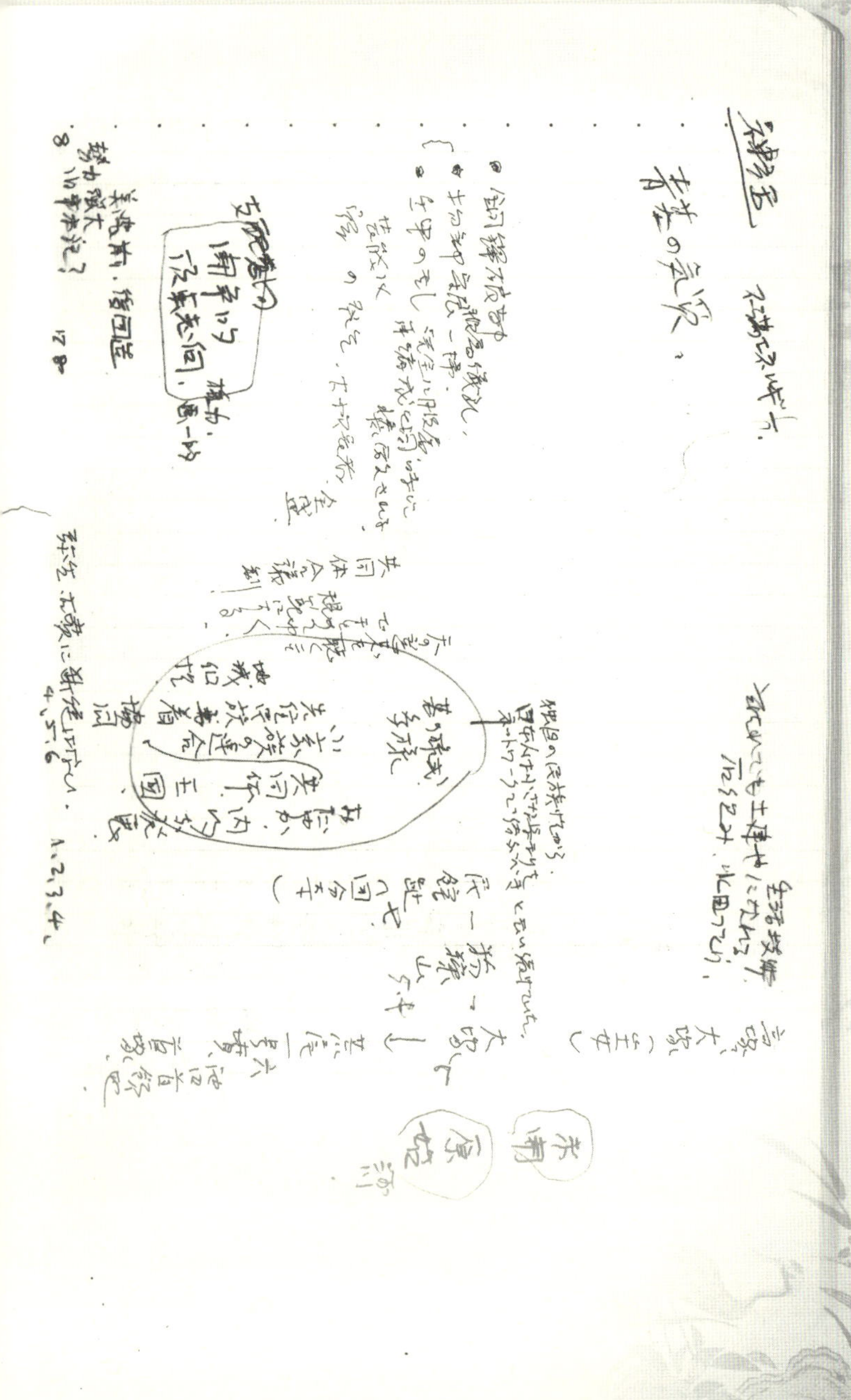

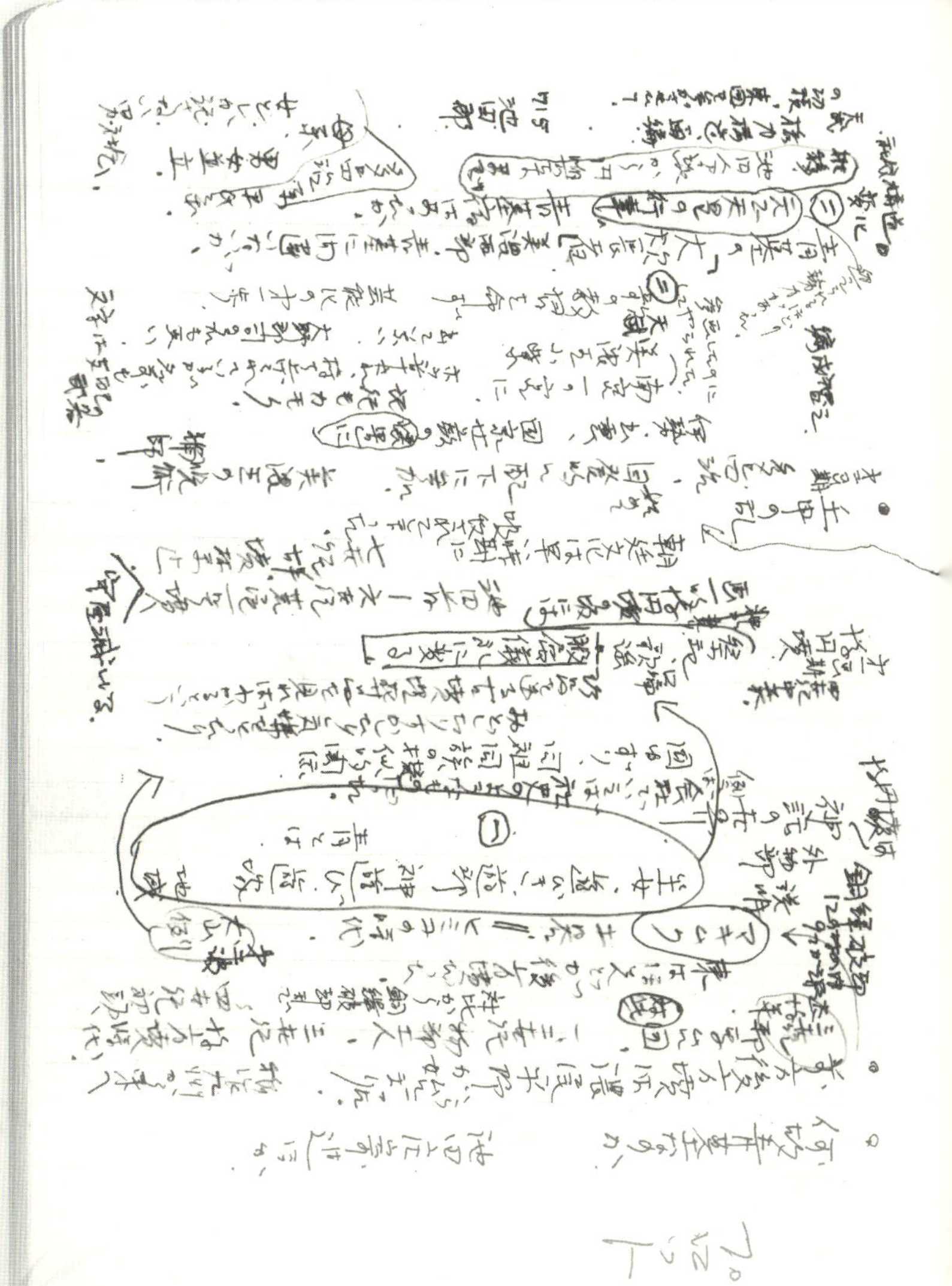

げんげんばらばら 奥美濃日記

「音」が縁

かれてからその盆踊り歌に惹かれていた。方向音痴であまり旅をしたことのなかった私は、山奥のそのまた山奥の、イナカびたところが奥美濃郡上だと、勝手なイメージを持って出掛けたら、意外にひらけていて驚いた。

郡上八幡は山に囲まれた小さな町で景色が明るい。水が豊かで美味い。美しい人が多い。それに猪、鹿、山菜、川魚と、恵まれた自然の幸をへんにいじくらぬ料理も気に入った。

夏になると毎週踊りに通うようになって、地元の人が一曲だけ左まわりに踊る「げんげんばらばら」をとても愛していることを知った。面白い男たちと仲間にもなった。そしてイロイロあって、口明方、立光にある草茫々の原野を所有することになった。十年たったらここを音楽拠点にしよう、と考えたが、町の人たちは「もう少し近かったらええにネェ」と心から言ってくれた。

明治維新からこっち、西洋丸ごとコピーの時代が続いてきたが、その西洋とは何だ。実体を見て決着をつけてこようと、三味線一挺ひっさげてパリへ出掛けたのが十年前。目星をつけた劇場へ売り込み、いくつか組んだコンサートの最後に、インド帰りの土取利行が来てくれた。世界三十か国渉猟してきたパーカッショニストの土取はその頃、音の旅の羅針盤が日本へ向かうようになっていたのだという。うたうことの根源を探り、日本を歩いてきた私の方は、中世から古代まで下りるとシルクロードが見えてきて、目を外へ向けるようになっていた。

二人して時間の縦軸をさらに古代へ遡る旅を続ける途次、案内した郡上を彼は、まずヒトが気に入ったと言い、「それに立光とは〈音〉だよ。だって立つ日（陽、光）でしょ」と言った。かくして私たちはここに「立光学舎」という拠点を設けることになったのであった。音によって結ばれた人縁、地縁。出会いとは不思議なものである。


「イナカ」

ヒトガマチヲツクリマシタ。

カミサマガイナカヲオツクリニナリマシタ。

ダカライナカハキレイデス。

ユメ・タケヒサ（竹久夢二）

人間が勝手に境界をつくり、地面を売り買いするなどはおかしなことだと思う。が、ここは吉田川に傾斜した草茫々の荒れ地で、切り売りの実感がないのがよかった。この土地をすすめられたとき、間髪を入れず「いいわ」とこたえた自分には、とにかく「場」になろ、という直感があった。

遠くへ向けて光に満ちた生命のうたをうたいたいと願っても、理想的な「場」は皆無だった。夢を実現させるには、社会とわたり合う知恵と力を持たねばならぬことも思い知らされていた。

こんこんと湧いて溢れる泉。複雑に入り組む石積みの一枚田。小さな流れに朽ちた一本橋がかかり野の花が乱れ咲いている。ここはひょんなことから手に入ることになった私のイナカであったが、ヒトは「陰気でなんかお化けでも出そうな」と評した。

やがて谷を工事した土砂を貰って欲しいという話がきて、小型トラック五百台分もの山土が運ばれた。荒れ果てた原野が見違えるような台地に変ると、何とか譲って欲しいと強硬に談判にくる者もあらわれた。

それから約十年、私にも人生の転換期がきて、音楽活動の拠点として「立光学舎」を創設する運びになった。年月とともに郡上も随分変わって、川向こうの街道は、富山、高山へぬける幹線道路になり、芸術大学の分校もできるなどいやに開かれてきた。それにいま流行のレジャー誘致とやらで、奥明方はスキー場にゴルフ場工事で開発の波。温泉まで掘っているらしい。

郡上に住むようになった私は、心から願っている。ヒトでもカミでもない産業オバケが跋扈して、マチでもイナカでもないところになってしまいませんように、と。

鮎

「梁塵秘抄」に、鵜という鳥に背中を喰われたこの魚を「キリキリめく」とうたったものがあるが、敏捷な動きの美しさが貴公子を思わせる鮎の様子をよくあわしている。ちなみに郡上では「アイ」と呼ぶ。

アイは川苔を餌にしているから腹ワタの苦味が珍重され、その分調理の方法も多い。うっすら緑がかった天然ものと、養殖ものの見分けはつくが、この郡上だけでも川によって姿も味も異なるのだそうで、職能漁師は頭部に特徴のある吉田川のものが最上だと言う。青竹で串をつくり、焚き火のまわりに串刺しにしたのを立てまわす。と、頭と尾、ひれにつけた塩が見る間に白い粉を吹き、波うって反り返った胴を脂がツーッとしたたる。香ばしい匂いがあたりにたちこめる。料亭では蓼酢（たです）がつきものになっているようだが、これは骨まで火が通るか通らぬかの頃合いを串ごと手にしてかぶりつくのがいちばん。串を抜くと香りと旨味が逃げてしまう。川原で焼石に乗せて石焼き、という手もある。青竹に酢を入れ腰につるし、釣れたばかりをスッポリ入れておき、飯どきにほどよくしまったのを一杯やりながら、などという釣り人の特権という味わい方もあるらしい。一般的には鮎はまず塩焼き、それから魚田。トロリと練り味噌をかけ、山椒の若葉をあしらう。小ぶりの若鮎は天ぷらも美味い。ほかには姿寿司に煮付け、雑炊。また骨とワタを叩いて塩辛にした「うるか」は、酒と合い性のいい珍味であるが、ほんのり黄味がかった「卵のうるか」は、繊細な味わいが何ともいえない。いずれも見た目にも美しく、ピンとすじが通っている。干物にして、こんがり焼いて頭ごともいい。豊漁のときには白焼きにして干し、冬場の雑炊などの出汁にするそうであるが、あり余って焼き干しをつくるほどの目に一度会ってみたい、とは住居のすぐ横を流れる吉田川を横目に眺めての夢である。

水音満つる天竜峡

森羅万象が緑色に見える。向こう岸の山をのぞみ、枝を差しのべて繁る木の下の闇に立つと、降るようにこめた若緑の中で人もみどりに染まる。

下方には、巨岩をかんで渦を巻き、湧き上がり落ちる流れ。

正面に滝の糸一筋。

苔むした石の間を走る谷の水の音。

いやましてゆく怒涛の、渦を巻きながら彼方へかなたへ拡がり消えてゆく、果てしない運動に身を委ねていると、どこかへ拉し去られてしまうような、はかない得体の知れない不安におそわれる、夏近い天竜峡である。

体中に充満した水音の記憶に、水底の魚になったような気分になって、杉林の岩場を登りつめ道へ出る。

山裾の林道を通り群有林を過ぎる。ここは静まり返った風景に、せせらぎのかすかなささやきが優しい。

立光の集落まで戻ると、屋根の上に人が群がっているのが見えた。

「こんにちわーァ」。大声で呼びかけると、村人は立ち上がり手を振り、口々に冗談で応える。

工業社会に転換したことにより、生活の根底から失うものの大きかった日本だが、ここではかつての共同体のよき風習を心掛けていて、家を壊したり修理したり相互で作業する機会も多い。

男たちはそれぞれに勤めや生業があるのに、野良仕事をはじめ何でもできるのはすごいことだと思う。女たちも必要とあれば集まって、二百人分の朴葉飯の炊き出しなどをこなしてしまう。

ここには美しい自然があり、その自然への怖れと優しさを知る人間がいる。明方から八幡をぬけ、長良川にそそぐ吉田川。吉田川八景のうちの天竜峡は、郡上に住むことの幸せをしみじみと実感させてくれる私の散歩道である。

囲炉裏は学校

内と外との境界がなく、自然とも交われるところ。ちょっと寄ってくれた客人が靴を脱がずにそのままお茶を飲める、縁側とか土間というものは実にうまくできていると思う。

立光学舎は建物自体が庭を観客席としたステージとなっているから、残念ながら縁側をあきらめねばならなかった。私はどうしても土間が欲しかった。それで東側は入口を入ると畳六枚分を横に並べた寸法の土間にして、ここに凹形に切った囲炉裏を設けた。赤土に石灰を叩き込んだ土間は、梅雨どきでもカラリと乾いており、川蟹が土まみれで死んだりしているのは可哀想だが、ナメクジなどどうしたって入り込めぬ。泥だらけの長靴も気にしないで済むし、畑や土木作業の道具や煤だらけの釜も置ける。ちょっとした竹や細工ものや土器をひねる工房にもなろ。収穫物でも置こうとしたら、いくら拡げてもかまわぬほどの便利さである。

凹形の囲炉裏は、これもまた何かと使い勝手がいいし、長いままで薪がくべられ予想した以上だった。煙には虫よけの効用と殺菌作用があるから、茅屋根の学舎では、湿気の多い梅雨どきにもちょっと冷えると火を焚く。夏も盆を過ぎれば朝晩は火が欲しい。というわけで、囲炉裏はほとんど一年休まず活用される。火の燃えるのは、一日中見ていても飽きない。そのせいか皆がここに集まる。

三郎マが「昔、囲炉裏は学校やったんや」と言った。眠る前のひととき、幼子はおばあちゃんから昔ばなしを聴く。灰に文字を書いて教えてもらっているお兄ちゃん。草鞋（わらじ）や桜の皮の細工物や竹製品をつくるのも、夜なべ仕事の繕いものも料理もここでする。雪の積もる冬場は、老いも若きもここに集まってうたったり踊ったり、と芸能も火のまわりで培われていった。

囲炉裏は生活文化の育成と伝承の場であった。郡上に住み日常にとり入れてみて初めて実感したことの一つである。

囲炉裏は万能

薪で炊く煮物は、まるで別の素材を使ったようにキメ細かく柔かく仕上る。鰯や秋刀魚などの焼物も、火力が強いのと、いらぬ脂が落ちてしまうせいか格段に味がいい。味がいい上に、米飯なども思ったよりずっと早く炊き上がるから、客の多い立光学舎には、囲炉裏のほか、野外に三十人分は調理できる二六の竈も設けてある。音楽家などをやっていると、舞台や練習以外の雑事が山盛りあって、しかも日常生活の方もイッチョマエにこなさなければならない。スピードは神サマデス。というわけで両方ともフルに活用されているが、ことに「囲炉裏」は欠くことができぬものとなってしまった。

油揚、干物類、海苔を焙り、餅を焼き、鯛焼などを暖める。漬かり過ぎの白菜類や〆鯖。これは焼くと乙な一品に変わる。

そばにいられぬほどにけむい煙は、燻製をつくるのにもってこい。スパイスとともに丸ごと茹でた鶏や牛舌をスモークすれば、日持ちはするし豪華なメインディッシュとなる。ベーコン、鮭、鱒、公魚、たらこ、豆腐とバリエーションはいっぱい。ちょっと手を加え、いぶした鰌のミルク煮となれば西洋風。いぶし豆腐に椎茸、木クラゲ、オクラなどと炒めれば中華風。これにトマトと胡瓜を足せばアラブ風？と工夫しだいで楽しみは無限に拡がろ。

灰の中では、薩摩芋、里芋、長芋、じゃが芋などの焼芋類、焼栗に長野名物のおやき、フランスパンなど。これは性能のいい天火のようなものだから、我が家には天火を置いていない。天火料理は二年ばかりこりにこって追求したがどうも思うようにいかず、スッパりやめた。聞けばピザなど八百度の高温が必要なのに、日本のものは四、五百度なのだそうだ。

というわけで学舎の台所はポットもレンジも電気製品も置かぬ簡潔さだが、これも囲炉裏のお蔭。台所に道具が多いと手がかかってしょうがないので、助かっている。

インドの衆

日本インド祭における特別企画「タゴール展」、インド、ケーララ州の古典劇クーリヤッタム、同パニッカル劇団、そして演劇界の話題を独占したピーター・ブルックの「マハーバーラタ」(土取利行が音楽監督で参加、次作「テンペスト」では桃山も音楽を担当)と、一昨年の今頃は大挙して各国の知人友人が来日した。世界は広いようであるが、それぞれにつながりのある外国からの客人を迎えるにあたり、私たちは神経を使った。まず第一に同じアーティスト同士としては、実のある公演ができるように。そして、長い滞在期間を日常次元で、本当の文化交流ができるように、と。ことに企画と監修にかかわった「タゴール」は、三か月にわたる公演の最後をどうしても以前からかかわり深かった郡上に持ってゆきたかった。そしてこれが「立光学舎」建設に踏みきらせた大きな理由となったのである。

インドが独立をかちとる前夜まで、文化をもって変革的に生きたノーベル賞詩人タゴールは、辺境の地シャンティニケータンに学校を開いた。その教育理念の中心は、音楽と舞踊と絵画である。タゴールは私たちの学舎開設にふさわしいものであった。

両側を山脈に囲まれた緑の田んぼ道を、色とりどりのサリーが歩き、子どもたちが大声で挨拶をしていた。村人はとれたての椎茸や野菜を「インドの衆に」と届けてくれる。それぞれ遊びに出掛ける家もできたようだった。夕食会ではここの農民歌舞伎とカタカリの協演、打ち上げでは郡上踊りとインドのフォークダンスが交歓した。彼等は口々にグジョー、グジョーを連発するようになり、「ここはまるでインドだ」と言った。

来日した全員を郡上に招待できなかったのが心残りだったが、公演はすべて大変に喜ばれて終了した。渦を巻く怒涛のようであった三ヵ月。祭りのあとのさみしさに、初めて二キロばかり先の酒屋まで散歩がてら訪れると、女主人が「インドの方々が帰られてさみしくなったわァ」としみじみした口調で言った。

子どもたち

囲炉裏を囲んで座った五人の男児は、何を聞いてもかすかにうなずくばかり。こちらも所在がなくて、到来ものの和菓子を少し強い調子ですすめてみると、年かさの六年生がおもむろに手を出し、続いてす早く手が伸びて、アッという間に菓子鉢が空になった。うつ向きかげんのまま食べ終わると、まだ無言である。こんな具合では先行きどうなるかと案じていると、二度目は大声で挨拶しながら入ってきて、三度目は太鼓のとり合いをする大騒ぎ。

あるとき、尺八の大師範を名乗る男性が、ぜひ一曲献上したいと来舎された。神妙に拝聴した子どもたちは初めてこの楽器を知ったのだという。思わぬ勉強会になった最後に、「大先生はわかるけど、あの後ろに並んでいるおじさんは何？」と質問が出た。「あれはね、お弟子さんたちなの。そうね、ちょうど土取さんとあなたたちみたいなものかしら」と答えるとすかさず、「へ、何でオレたちが弟子なんだよ。誰が決めたんだよ」とチビ（ナルホドそりゃそうだ）。

喜んで通いつめるかと思うと、大騒ぎがこうじて竜巻が通り過ぎるような一日のあとは、お互いに疎遠になったりする。そんなとき、道でばったり出合いがしらに「どうでもいいけど久しぶりじゃない」と顔をのぞき込まれると、こちらは嬉しさにメロメロになってしまう。

郡上に伝わる話を掘り起こして書き下ろし創作した「伝でん奥美濃ばなし」。そのうちの一つ「河童（ガワロー）」はどうしても子どもがイメージされた。長老に相談すると、さっそく両親の了解を得て子どもたちがさし向けられたのだが、初回から親がついてこない。ここのやり方もいいと思った。五人はここ立光地区の小学一年から六年までの全員である。なお、この「伝でん奥美濃ばなし」、本年（一九九〇年）は八月初めの一週間、青山円形劇場（子供の城）で上演するはこびとなった。昨年夏の立光学舎で素晴らしい成果を見せてくれた彼等の舞台が評判を呼んだせいでもある。

昔しゃーやたくたガワローがおって
ガワローンたあキャアキャアって

遊んどったげなー

子どもたちは、根限りの声をはり上げてうたう。夏休みに入ってからたった二十日間の練習とは思えぬ、生意気な複合リズムで、ネパールの両面太鼓を叩き、手づくりの竹太鼓と口笛をバックに語る河童の話。大きな口をあけ体いっぱいに力をみなぎらせている、けなげな舞台の彼等は可愛い。がその一面に何か知らぬ恐ろしさを感じさせる。夏休みになると子どもたちは吉田川で泳ぐ。岩からドボンと飛びこんでキャーキャー騒いで水遊びをする。

キウリ喰ってすっく川へ入ると
ガワローにシンノコ抜かれるそうな

立光長者の清水さんは、幼い頃、立光学舎のちょっと上で、本当に河童を見たという。郡上のガワローは、可愛い子どもの姿をしながら人間を水中にひっぱり込んで殺してしまう。

子犬を水に放り込んで浮かんでくるとつついては沈め、蛙の尻の穴にストローを突っ込み、息を吹き込んでおいて地面に叩きつけ、蛇のしっぽを持って振りまわし。と、無心に残酷な子どもたち。ほとばしるような生命のエネルギーと無邪気。

子育てをするという日常の中での感情と、自然への畏怖と、この二点だけでもう、河童という精神の遺物を生み出した背景は揃っている気がする。がその奥には積み重ねられた必然が重なっている。昔ばなしは、つくりものの絵空事ではないところが面白い。昔ばなしには人間界のすべてがある。この人類始まっていらい連綿と育まれてきた文化遺産を、フィールドごとすくいとって甦らせたいと思うようになったのが、一昨年の終わりがけ。

河童は、私の書き下ろし「伝でん奥美濃ばなし」の最初の作品である。

夢幻劇

郡上一円に伝わる話を、フィールドごと掘り起こして伝えてゆきたい、と思うようになったのは、立光学舎を設立したあとの、一昨年であった。

柳田國男の『遠野物語』で名高い、岩手県の遠野へは、十数年も前から何度も足を運んでいた。菊地幹さんというまたとない案内人を得て、石のドルメンや考古遺物、わらべ唄、芸能、祭りなどを訪れ歩き、人間が営々と紡いできたその足跡と精神世界を、あの自然の中に見るようになっていた。私は有形無形に残るものの内、昔ばなしに惹かれた。「はなし」はこれらを網羅し、互いに連関し合い、すべてを伝えるものであった。

郡上は現在の結節点、表と裏の文化がドッキングする日本列島の中心点に位置する。遠野のように俯瞰しやすい小ぢんまりした盆地とは違うから、どこから手をつけてよいかわからないでいるときに、私に「あそこに住むんなら新四郎サをおやりなさいよ」とすすめたのが民俗学の谷川健一氏。柳田國男の『山の人生』序説に登場する話の実録が、ここ明方（現明宝村）にある。

郡上の山が軍有林に切り替わろうとする明治三十七年、炭焼きと焼き畑で生計を立てていた男やもめの新四郎は、一人娘などが奉公先の嫁の嫉妬から盗みのぬれぎぬをきせられたところから、切りヨキで二人の子の首を落とし一家心中を図る。「新四郎サ」を生んだ明方には耳柿の木があった。河童もいた。牛鬼もいた。昔ばなしは生活の感情であり、私たち祖先の血の記憶であることが肌身で感じられるようになった。

雨よけ用テント設置の土木工事も、小道具も、めくりの書も朴葉飯も村人の手づくり。学舎の庭に神楽が流れ、子どもたちの河童に、明方弁で語られる明方人「新四郎サ」の話。一面の星空。吉田川の瀬音……。まさに夏の夜の夢幻劇であった、第一回の「伝でん奥美濃ばなし」は熱気をはらんで無事終わった。あの夜参加してくれた人びとの確かな反応を手がかりに、私はもう次の作品の構想を練っている。

牛鬼

牛鬼はさみしかった。いつの間にか仲間にはぐれ、一人ぼっちで暮らしていたが、何もする気がしないので住んでいる池のまわりも荒れ放題だった。あるとき、名のある池や淵の龍たちが、近くの寺や宮にあがり、神となるのが流行っているという話が耳に入る。長いこと一人暮らしで力があまっていた牛鬼は、これをきっかけに池ケ洞の洞口の池から龍宮淵、ヒマタの淵、と下がるところで力自慢の大男、新平サの噂を聴く。


「新平サ新平サ一番タノムワイ」

「ねえ鶴佐ってどこ?」

「茶釜岩だよ」『ヨイヨイサッサヨイサッサ」

まだオムツをあてている舞ちゃんの口から次々と牛鬼の台詞と質問が出る。

新平サの住む鶴佐（つるたすく）は、立光学舎より吉田川を少し下ったところで、一族は大地主であったらしい。ある大雨の日、牛鬼はごろごろと岩ばかりの岩ス山に登り、家ほどもある茶釜岩やドンビキ岩を落として吉田川をせきとめてしまう。何度相撲を挑んでも投げとばされるだけ。どうかして四つにとり組んでみたいと願った挙げ句、新平サを怒らせてみようと思いついた牛鬼の浅はかな知恵であった。

「牛鬼の投げた岩はどれ？」「岩ス山ってここなの？」。石ころだらけの山道で三歳の男児がおじいちゃんに聴いたという。

三味線でこういうものが子どもにわかりますか、と言われると「オヤ、またか」と思う。子どもは、真実を体ごと受けとめるから、まともなとり組み方をしていれば彼等に通じるのに、大人はいつからこんな考え方をするようになったのだろう。「牛鬼」は人形仕立てにしたから理解しやすいとして、トツトツと話すだけの、地味な「新四郎サ」を喰い入るように聴いていた幼い子たち。身近なもの（昔ばなしなど）はつまらない、古典はむつかしい、といった受け身の先入観が文化の継承をはばむ壁となる。また大人が一方的に与える材料は、彼等が自由にはばたくイマジネーションの羽をむしりとることにほかならぬ。子どもも大人も、「牛鬼」に見るような、人間も動物も、自然も対等の世界をとり戻せたらと思う。

耳柿

いつも法話に集まる善男善女の中に、見知らぬ男をみかけた尼様が声をかけてみると、耳が聞こえなかった。不思議に思いあとをつけてみると、それは大きな柿の木の精だった。「どうかこの山柿に耳をお与え下さい。いつでもみ仏のお声が通じますように……」。哀れに思った尼様が一所懸命に祈ると、その秋、一つ一つの柿の実に耳が生えていたのだった。

私の書き下ろし作品「伝でん奥美濃ばなし」は、いまも明方の寒水(かのみず)の山中に生えろこの「耳柿」も、「牛鬼」も、「新四郎サ」も、金子貞二(かねこていじ)◉先生の「奥美濃よもやま話」からとらせていただいた。五冊組みのこの本は、古老からの聞き書きが記録された貴重なものであるが、先生の本業は「明宝(めいほう)村立博物館」◉の館長さんである。小学校の廃校をそのまま博物館にした先生の館は、村立でありながら国指定。炭焼き小屋やお墓、水ばしょうの池など、外まわりもあろぽりシーによって構成されているが、一歩内部へ足を踏み入れるとその濃密な世界に圧倒されぬ者はいない。ちょうど農が工業化される時期に寄付をつのったのだときいたが、三万五千点(うち文化財指定三千点)を常設展示。民具、農具のほか、つぶれた薬缶や戦争中の包装紙、蝿取り器にいたるまで整然と分類されたところは、ここに生きた人びとの日常を身近に感じさせ、感銘を受ける。旧石器、縄文から始まっているところも納得がいく。西江雅之(にしえまさゆき)◉氏が「モースをしのぐ」◉と言われたが、この土地に深いかかわりを持って生きた者の、温かい視点が、全体性を持つのだということも思い知らされる。

七十歳をこえた先生はいま、「血の通った」村史を、寸暇を惜しんで執筆中である。「博物館と、よもやま話と、村史の三つを見ていただけば……」と言われるが、これらは教育者として（先生は廃校前の校長だった）、時代の大きな転換期におかれた者として、与えられたいのちを生ききったことの記録でもある。

先生の存在は、郡上を活動拠点にしようと私たちに決心させ、「伝でん奥美濃ばなし」を創出させた。

盆踊り

「ハし、げんげんばらばら何事じゃ親もなアいが子もないがア」、坪井三郎さのハしが気持ちよさそうに長くのびる頃、盆踊りは佳境に入り、鼻にかかった美声があたりに充ちみちてゆく。全国に名高い郡上八幡の盆踊りは、七月中旬から九月初旬まで。うち四日間は徹夜踊りと、文字通り夏の夜は踊りで明け暮れる。

私は、文化会館前や役場前の広場より、町中で踊る方が好きだ。城下町の狭い道路にびっしり並び、向き合いになって手を打ち足を踏むのが何とも言えない。ことに宗祇水(そうぎすい)の祭りのときがいい。その昔、郡上の城主から古今伝授をさずけられた室町末期の連歌師飯尾宗祇(いのおそうぎ)●が、大和からこの泉のほとりまで来て別れを惜しみ、一首を詠んだとか詠まぬとか。何だか当てにならないウロ覚えの記憶だが、とにかくそれから何とか夏の一日をここで連句祭りが行われる。小駄良川(こだら)へつきあたる石畳の坂道に提灯がゆれ、高札に今年撰かれた連句がかかげられ、本町通りの一軒に緋毛氈の茶席が設けられる。帯の背中に団扇を差した粋な浴衣姿で抹茶をいただき、鮎の塩焼定食などで腹ごしらえのあと、ぶらぶらとせんべい屋を覗き、酒屋で地酒の品定めをしていると、もう郡上踊りが始まる。私は誰か一人をつかまえて「皆で踊ろうよ」と伝言しておく。

「かわさき」、「古調かわさき」、「やっちく」、「春駒」と、踊りのテンポが早まってくる頃、趣向をこらした浴衣姿の、若者組の顔がチラホラあらわれる。良ちゃん、キタセ、周ちゃんにマユミちゃん……。年輩組のひろ子さんや五十鈴ちゃん。マーちゃんに谷沢、エータローはフウフウいいながら踊っている。「甚句」に「げんげん」と進む頃には、観光客のほとんどがついてこられなくなるから人数が減る。カーンカーンと鳴る下駄音と手拍子。全員の気が合い、まわりの山々もぴたっと一つに調和して、日常の生活の場が異空間と化す一瞬。この一瞬を共有するために私たちは踊る。昂揚しのぼりつめた最後のしめくくりの「猫の子」を踊り、さよならを言って散る夏。もう幾度繰り返したことだろう。

踊り好き

昨年までちょっと下火だったという郡上踊りだが、今年の八幡町は押すな押すなの人出で賑わった。景色も水も人情もよく、うたがいいし、マイクを使っているとはいえ生演奏だし、腰を入れれば変化があり相当踊りごたえがあるといった諸要素が、人気の落ちない理由かもしれない。よそから来た初会の人も踊りの輪に加わることができる構造も、ここの人間のあり方を反映しているように思えて面白い。風土と、ここに住む人びとの生活からつくられてきたこうした要素を、本当に大切にしたい。

近頃へンに近代風の建物をたてたり、都会のデザイナーに頼んでなくもがなのコーナーを設けたりする風がある。環境破壊を嘆き自然を守ろう、と叫びながらいちばん根本になる身のまわりから壊していることに気づかない。変わってゆくのと壊しているのとでは違うのだ。と話が横にそれてしまったから、再び郡上踊りに戻ろう。

ここの人は皆踊り好きだ。立光学舎の建前のときも、朝から進行したセレモニーの最後は誰ともなく踊り出した郡上踊りだった。落成式のときには茅屋根の建物の中に保存会の人たちがズラリと並び鳴りもの入りで、かがり火を囲み庭で踊った。「アー、久しぶりに踊れて楽しかったァ」若いお母さんが晴れ晴れとした顔で言った。昔の嫁は町まで児を負んでゆき、輪の中に寝かしておいて踊りまくったそうだ。

私の住む明方の奥の寒水で聞いてみたら「昔はほかに楽しみもないで、盆だけでなしに、野休み、二番休み、初みおき、はっさく、豊年休みと、何かといえば集まって踊ったなァ」ということだった。ここには、八幡町にはない「寒水わじま」と「どじょ」、「げんすけさん」があるという。「げんすけさん」は、確か長良川筋の白鳥にもあると思ったが、白鳥の盆踊りのうたはテンポが早く、まるでチベットのうたのよう。八幡町とはまったく違う。車でわずか二十分そこそこの両地の盆踊り歌でワンステージ組んだら、全国に誇れるものになると思うのだが、そううまくはゆかぬワケがあるらしい。

花の天ぷら

わが立光学舎の庭は、福岡正信（ふくおかまさのぶ）氏の自然農法と、私流縄文法のミックス式。外国で仕事をしたりすると、草刈りや種まきの時期に、二か月も留守にせねばならず、その間手つかずにしておけば雑草ジャングルになってしまうので、こういう方法をとることになった。

野菜と野草の区別をつけず、葉も花も実も殻も繊維も、何でも使えるという発想になると、この世ががぜん豊かに見えてくる。例えば葛(くず)は、雑草だと思えば庭じゅうをおおいつくすほどの勢いは困りものだが、それだけに多量にとれるツルが細工物になる。一見籐(とう)製の花かご、バッグなどの正体はこの葛なのである。芽出しは食用になり、成長した葉は野草茶になる。根の澱粉は非常に質のいいご存じのクズ粉であるが、クズ湯にしてあずき色の花を入れれば美しい花汁粉となり、ごま豆腐をつくるのにもクズ粉は欠かせない。

カンヌ映画祭で三つの大賞を受けた異例の作品「ワールド・アパート」の脚本家ショーン・スローボの来訪があったとき、庭には葛の花が咲いていた。キャンペーンに来日したショーンは、反アパルトヘイトの運動家であったゆえに暗殺された母上のことに記者団の質問が集中し、泣き出す一幕もあったとかで相当ナーバスになっていた。私はふと花の天ぷらを思いついた。あずき色の小花が集まって上り藤のような葛をメインに、春菊や食用百合、野菊、南瓜、茄子、胡瓜などの花々……。吉田川でひと泳ぎしたあと、縁側で玉蜀黍(とうもろこし)を齧っているところへ、庭でつんだ花の篭を見せてやるとショーンは感嘆の声をあげた。

薄めの衣でパリッとし上げた花の天ぷらには、大きめの胡麻豆腐に味噌汁、漬物、稗(ひえ)とまぜた胚芽米の御飯、という献立はどうだろう。主食の白飯も、ときには胚芽米に雑穀や豆を入れるなど、とり合わせによって変えると洒落ている。椿、躑躅(ざくろ)、紫陽花、桜、藤、甘草、野薔薇などは、天ぷらのほか、皿のあしらいにも使える。

栃の実

郡上には、独自の豊かな食の文化がある。

まず珍しいのが栃の実。縄文時代の重要な食物であった栃は、飢饉のときの非常食だと思っている地方があるくらいで、ほとんど忘れられてしまったが、ここではまだ好んで食べる。二十日間も手間をかけてアク抜きし、さらしを済ませた栃の実は、暮れになると店々のいちばん目立つところに置かれ、季節を知らせる。名物の栃の実せんべいは何ともいえぬ香ばしさであるが、餅につきこんだ栃餅もやはり、えもいわれぬ風味があり、老若問わず好まれている。何はなくともまず栃餅、そして白餅、草。そして、黍、稗、粟というところだろうか。

次いで山菜。これには目がない。蕗の薹、芹、山葵、うるぎ（大葉擬宝珠）、小豆菜、薇、こごみ（屈）、楤の芽、蕨など、こぞって摘みに出るという感じ。これらはこの川魚と実に相性のいいとり合わせとなって食卓を彩る。その川魚は鮎にあまご。それにあじめ（味女どじょう）が珍重されている。郡上には職能漁師も、猟師も現存しており、山の幸の代表として猪に鹿肉、現在は禁鳥となった鶫のたたきなどがある。

この豊かな食習慣を、もう少し遡り、高度成長以前を探ってみると――。

木の実類は栃のほかにも採ったようだし、山菜のほか、食べられる木の芽、野草類などの知識をまだ五十代、六十代がよく覚えている。川魚ももっといろんな種類を食べてみたい。私には採集民的食文化が基層にある、ということか。白飯などめったに口にすることがなく、雑穀飯だった昔を貧しかったというが、年間で口にする食の種類はいまより多かったような気がする。移動しながら焼畑をする人たちもいて、焼畑では稗、粟、蕎麦、小豆に赤カブができた。郡上と高山では、冬になると各家々で、白菜と赤カブの切り漬を大量に仕込むのが習慣である。これも焼畑と関係しているようである。

農民歌舞伎

もうすぐ秋祭りだ。今年もここ市島（いちしま）の農民歌舞伎を見られると思うとワクワクする。コウシンさんは低音でマイクなどいらぬ大音声、イッセキさんは上品な殿様ぶりで細い声。長老中堅をおりまぜ七、八人の名優は発音、発声がしっかりしておりコウセキがいい。

ほかに中年、中学生から子役まで、いまどき珍しい勢いと張りのある女義太夫を地に演じられる芝居は、すごい迫力。手づくりの大道具小道具がダサくても、カツラが合わなくても、幕間がいやに長くても、押さえるべき核がしっかりしているから、何もかもが生きてくる。東海地区ナンバーワンに挙げられる所以である。

祭りの日は、祭礼の神楽と獅子舞で一日が暮れたあと、夜が更けるまで歌舞伎となる。皆が同じように農に従事していた昔と違い、いまは勤めに出たり家業があったりだから相当無理をしないと練習時間がとれない。休みの足並みが揃わないから顔合わせが難しい。厳しい日常の合間をぬって濃密な一日を演出し演ずるのにはすごいエネルギーがいる。無理をしなければ芸能も文化も生きられないし、伝承もされてはゆかぬ。「無理の分が文化だ」と言った人があるが、なるほどと思い頭が下がる。

先日は八幡で催された地名研究者全国大会で、寒水の長老たちに地元のうたをうたっていただき、話をうかがった。奥明方の寒水には県の文化財になっている秋祭りの掛踊りがあるが、いま歌舞伎は行われないそうだ。「市島と寒水は歌舞伎も盆踊りも激しかったところなんやで」ということだが、二十曲もあったという盆踊りもいまは行われていない。また木遣りは、寒水にはまだ幾人もの美声が揃っているが、市島には少ない。仕事歌の類もほとんどなくなってしまった。

自然と生活は文化を生み出す基盤だから、環境破壊が進んだところから順に芸能もなくなっていった。この山奥にも開発の波が押し寄せている。営々と積み重ねてきた大切なモノが消えてしまうのは、何とも口惜しい。

個が生む文化

時間の軸を古代に遡る旅を続ける私は土器の復元から始め、縄文の音を再現してみて多くのことを学んだ。土器そのものも、現代陶芸家が何人かかっても歯のたたぬ、自然の法則を熟知した精巧なものだったが、音もすごかった。一触が即、自身を含めた森羅万象に感応し合える音なのである。が、いちばん惹かれたのは、二つとして同じもののないことであった。土太鼓、土鈴、笛のそれぞれがかたちも文様もまったく異なる。これは個が、あるいは一グループがそれぞれオリジナル楽器を持っていたということになる。違いがあるからこそこの世が有機的に作用する――。私はここに文化の核（コア）、原点を見る思いがした。

弥生稲作民の到来によって祭祀用鳴器は銅鐸にとって代わり、統一されたかたちになる。これは相当進んだ管理社会であったことをあらわしていると思う。それからも御存知のように民族の流入と変動があり、歴史時代からのちも、その時々の政情に従って次々と音楽が入っては定着し、変遷し、楽器はますます統一されたかたちになってゆく。しかしここまではまだ、縄文をベースにした日本独自の文化と感性をつくり上げていた。それがあの明治維新だ。何もかもを切り捨て、ピアノで西洋音楽を教えるようになり、自国のものを差別するようになった。胴体はそのままに首だけすげ代えたような明治の近代化だった。あらゆる種が共存していた山々も、明治の中頃以降植林による単調な緑に変わってゆく。が、それでも自然が残っている分だけ培ってきた精神文化も残っていた。

それが工業社会への転換で一気に崩れた。山は荒れ水は汚れ動植物も魚も減り、人びとはうたわなくなった。全国同じ言葉で喋り同じものを食べ、若者は企業で大量生産される楽器の同じ音で音楽している。首だけすげ代えるどころか頭ばっかり、あるいは手ばかり集めて人間をつくるような方向に向かっている日本は、いまや世を挙げての単一おばけ時代。でもここに生まれた以上「イチヌケタ」とは言えないから、まだ自然や芸能の残る郡上に住み、立光学舎などというものを建て、ここを拠点に活動を始めたのだけれど。

（『日本経済新聞』一九九〇年六月二日）

きぬ

註記

❖はyou tubeで試聴できるもの「　」内のタイトルで検索

● あ ●

赤坂小梅
1906–1992 昭和時代に活躍した日本の芸者歌手。

秋田雨雀
1883–1962 青森県出身の劇作家、詩人、童話作家、小説家。

安芸光男
1942– 音楽評論家、プロデューサー、編集者。大学在学中より松平頼暁氏に作曲の指導を受ける。

秋山清
1904–1988 福岡県出身。日本大学中退。一九二四年創刊のアナーキズム系の詩誌『詩戦行』に参加。一九三〇年、小野十三郎と『弾道』創刊。一九四六年、金子光晴、岡本潤、小野十三郎とともに詩誌『コスモス』を創刊。アナキスト連盟や新日本文学会常任委員の活動のかたわら、『新日本文学』、『現代詩』に詩や評論を発表。詩史や作家論などの著作も多い。

「阿古屋の琴責」
長谷川千四（せんし）作、一七三二年初演の浄瑠璃「壇浦兜軍記（だんのうらかぶとぐんき）」の三段目。「出世景清」の改作。平家の勇将景清の行方を捜す畠山重忠が、景清の恋人である遊女阿古屋の心の真偽を知ろうと、箏、三味線、胡弓を弾かせる場面で、歌舞伎でも上演される。

浅井忠
1856–1907 フォンタネージの薫陶を受けた洋画家。教育者としても活躍。

『朝日ジャーナル』
朝日新聞社から一九五九年に創刊された週刊誌。六〇年代後半から七〇年代前半にかけて、当時の全共闘世代に愛読された。一時は筑紫哲也が編集長をつとめたが一九九二年に休刊。

遊びをせんとや…
遊びをせんとや生れけむ　戯れせんとや生

れけん　遊ぶ子どもの声きけば　我が身さ
えこそ動がるれ

荒畑寒村
1887–1981 労働運動家、作家。週刊『平民新聞』の非戦論に共鳴し、社会主義に接近。一九一二年に大杉栄と『近代思想』を創刊、さらに月刊『平民新聞』を発行。大杉と訣別後、日本社会主義同盟、日本共産党（第一次）の創立にそれぞれ参加。戦後は日本社会党を結成する。

歩き巫女
特定の神社に所属せず、全国各地を遍歴し祈祷、託宣、勧進などで生計を立てていた。旅芸人や遊女を兼ねていた歩き巫女も存在した。鳴絃によって託宣を行う梓巫女、熊野信仰を各地に広めた熊野比丘尼などが知られる。

石取祭り
石採祭とも。毎年八月第一日曜日の前日の午前零時から日曜日深夜まで行われる。参加する町内毎に祭車があり、三十数台が集まってそれぞれにおはやしを打ち鳴らし練り歩く。起源は、江戸時代初期に神社の祭場へ町屋川（員弁川）の石を奉納した神事といわれる。「日本一やかましい祭り」とも呼ばれる。

市川左團次
二世 1880–1940 歌舞伎役者として活動する傍ら、作家の小山内薫とともに翻訳劇を中心に上演する自由劇場運動を行った。一九二八年には、ソ連で史上初の歌舞伎海外公演を行った。

市川團十郎
九世 1838–1903 五代目尾上菊五郎、初代市川左團次とともに、いわゆる「團菊左時代」を築く。写実的な演出や史実に則した時代考証などで歌舞伎の近代化を図る一方、伝統的な江戸歌舞伎の荒事を整理して今日にまで伝わる多くの形を決定した。

市丸
1906–1997 昭和期の芸者歌手。

一中節
初代都太夫一中（1650–1724）が京都において創始。義太夫節とは逆に、温雅で叙情的な表現を目指した。

伊藤信吉
1906–2002 群馬県出身の詩人、近代文学研究者。

伊藤秀二郎

1841–1919 河東節家元、十一世十寸見河東（ますみかとう）。

飯尾宗祇
1421–1502「いいおそうぎ」とも。室町時代の連歌師。号は自然斎、種玉庵。連歌本来の伝統である技巧的な句風に『新古今和歌集』以来の中世の美意識である「長（たけ）高く幽玄にして有心（うしん）なる心」を表現した。

井野川幸次検校→p.092。

今井勉
1958– 愛知県江南市出身。四歳から横井みつゑ師につき、箏、三絃、胡弓を習得。十二歳より三品正保師について、平家、箏、三絃を学ぶ。一九九二年に検校となり、九六年年からは「国風音楽会」会長。

うた沢
端唄から派生した江戸後期の短い歌謡。創始は歌沢笹丸（?–1856）。さらりとした端唄に対し、こってりとうたうところが特徴で、節回しもより細かく、前奏がある。

ウード
英語 Oud、トルコ語 Ud、ペルシャ語 Barbat。中東から北アフリカのモロッコにかけてのアラブ音楽文化圏で使われる楽器。リュートや琵琶に非常に近く、半卵形状の共鳴胴を持ち、竿の先が大きく反っている。ただしフレットはない。アラブ音楽では「楽器の女王」と呼ばれる。

永長の大田楽

嘉保三年(1096)夏に京都で発生した田楽の流行。同年冬に元号が永長と改元されたため、一般には「永長の大田楽」と呼ばれる。

永六輔

1933– 学生時代に民俗学者、宮本常一の影響を受ける。大学在学中に司会者としてデビュー。以後、ラジオ・テレビ番組の企画・演出や、作曲家の中村八大らと組んでの作詞活動を展開。古今の芸人についての研究や、尺貫法の復権運動などでも知られる。

エスラジ

esraj インドの北部・中部・東部、特にベンガル地方で使われる擦絃楽器。約二百年前に誕生したといわれている。

『苑』

桃山は生前、自分の活動の変化に即した個人機関誌を発刊してきた。鹿島大治の後見で桃山流を形成していた頃も会報『鹿の子ぐさ』を出していたが、桃山晴衣として独自の活動を始めた一九七五年頃から「於晴会」の機関誌ともいえる『桃之夭夭』を発行。八〇年代からは、個人機関誌『苑』、郡上八幡の立光学舎創立以降の『立光学舎通信』、さらに個人活動誌『桃絃郷』を発刊している。

演歌

もともとは、「演説歌」の略語であり、演説に関するとり締りが厳しくなった十九世紀末に、演説の代わりにうたをうたうようになったのが始まり。自由民権運動にともない、藩閥政治への批判を歌に託した政治主張・宣伝の手段でもあった。

【演歌・桃山晴衣】
❖「**桃山晴衣の明治大正演歌**」
【演歌・土取利行】
❖「**土取利行の演歌**」
【婉という女】
❖「**婉という女**」

黄鐘の調子

もともとは雅楽における、各季節にふさわしい音楽の調子の一つ。春は双調、夏は黄鐘調、秋は平調、冬は盤渉(ばんしき)調などとされる。

大杉栄

1885–1923 作家、社会運動家、アナキスト。週刊『平民新聞』の後継紙、『直言』に堺利彦が書いた紹介記事によりエスペラントを知る。一九一四年、日刊『平民新聞』を発刊、アナキズムの立場を鮮明にしていく。国際的なアナキストの連合を目指すなど、積極的な活動を展開するが、関東大震災時、甘粕事件で殺害される。翻訳書にはダーウィン『種の起原』がある。

小笠原子爵

小笠原長隆(ながたか) 1900–1946 映画監督。映画界に入ったので廃嫡され正しくは子爵ではない。紹介されている映画は「三色すみれ Love in Idleness」(1923)。

岡田三郎助

1869–1939 洋画家。女性像を得意とし、日本的な感覚の洋画に秀作を残した。

岡本文弥

四世 1895–1996 新内節の家に育ち、母三代目岡本宮染から浄瑠璃を習う。一九一三年、富士松加賀路太夫を名乗る。一九二三年に独立して、岡本派を再興、四代目家元岡本宮太夫となる。新内や民衆芸能に関する多数の著作がある。

【岡本文弥】
❖「**明烏夢花雪**」

小川みち

マクロビオティックの普及者、桜沢如一に師事。正食料理の指導に当たった。著書に『食養料理指南』がある。

尾崎秀樹

1928–1999 台湾出身。文芸評論家。大衆文学評論を中心に、歴史評論、漫画論などでも活躍。特にゾルゲ事件研究で知られるが、ゾルゲ事件の尾崎秀実は異母兄。

荻江節

長唄を母体として発達した三味線音楽の一種。一中節、河東節、宮薗節と並んで「古曲」と総称される。初代荻江露友(ろゆう)(?–1787)は武家の出身で、長唄唄方初代松島庄五郎に入門、江戸市村座で立唄をつとめ、中村座の冨士田吉次とともに名人として知られた。明和五年(1768)に舞台を退き、吉原を中心とする座敷芸として活動し、次第に芸風が本来の長唄から離れて独自のものとなったため、一流を成して「荻江節」と呼ばれるようになった。

荻江露友

五世 1892–1993 日本画家の前田青邨の妻。荻江節は実姉の荻江露章(初代、佐橋露章、荻江章とも)に習い、一九五六年五代目露友を襲名。

荻野知一検校

1731–1801 安芸国出身の平曲、地唄箏曲演奏家で「平曲中興の祖」と呼ばれる。二十代で上洛し、前田流平曲を寺尾勾当に、波谷野流平曲を河瀬検校に師事。明和八年(1771)、尾張藩主、徳川宗睦に招かれて名古屋に移住し平曲普及に貢献。安永五年(1776)平曲譜本『平家正節』を編纂、完成させた。名古屋では吉沢検校、横井也有などが門弟として知られたが、京都では幕末に伝統が絶えたため、平曲は名古屋が伝承の中心地となり、芸脈が守られ続けている。

尾上菊五郎(五世)

1844–1903 いわゆる「團菊左時代」の黄金時代の一角。歌舞伎十八番に対抗し、家の芸として新古演劇十種を制定。

尾上菊五郎(六世)

1885–1949 初代中村吉右衛門とともに、いわゆる「菊吉時代」の全盛期を築いた。歌舞伎界で単に「六代目」と言うと、通常はこの六代目菊五郎を指す。

尾上松緑

二世 1913–989 踊りの名手としても知られ、日本舞踊藤間流の四世家元藤間勘右衛門の家元もつとめた。

● か ●

柿沢真泉

箏づくりの人間国宝。「複雑な要素を持つ粒子の数々が、闇の底から光を発し、あとからあとから浮き上がり放たれるような一音。そんないぶし銀のような音色の箏をつくられた」(桃山)。

鹿島大治→p.078。

春日とよ

1881–1962 小唄演奏家、作曲家。もと浅草の芸妓で鶴助を名乗る。春日派を起こし家元となった。

加藤登紀子

1943– 旧満州ハルピン生まれ、京都育ちのシンガーソングライター、作詞家、作曲家、女優。現在は城西国際大学観光学部ウェルネスツーリズム学科の客員教授でもある。

河東節

江戸太夫河東(1684–1725)が、享保二年(1717)に十寸見河東(ますみ・かとう)を名乗って創始した代表的な江戸浄瑠璃。語り口は豪気でさっぱりしていて「いなせ」。

【河東節】

❖「助六所縁江戸桜」

金森長近
1524–1608 織田氏、豊臣氏、徳川氏の家臣。飛騨高山藩初代藩主。

金子貞二
1912–2001 一九七三年まで中学校長を勤める。在職中からテープレコーダーを持って村内を巡り、地元の四方山話を収録。著書に『奥美濃よもやま話』（奥美濃よもやま話刊行会）がある。

歌舞伎座
一八八九年開館。当時最新技術だった電灯を採用するなど、それまでの劇場をはるかにしのぐ近代劇場となり、これを危惧した新富座、中村座、市村座、千歳座が「四座同盟」を結成して開場当初の歌舞伎に対向した。

カリエール、ジャン・クロード
Jean-Claude Carrière 1931– フランスの脚本家、俳優。大学在学中に作家を志し、ジャック・タチ監督の「ぼくの伯父さんの休暇」のノベライゼーションを執筆。一九六三年、ルイス・ブニュエル監督と出会い、没するまでの約二十年間に、「小間使の日記」をはじめ、ブニュエルの後期傑作群の脚本を手がける。また、ピーター・ブルックのために三十年間にわたって、インドの叙事詩「マハーバーラタ」の脚色など、舞台本を執筆している。

「閑吟集」
永正十五年（1518）に成立した歌謡集。ある桑門（世捨て人）によってまとめられた。「なにせうぞ くすんで 一期は夢よ ただ狂へ」、「世の中は ちろりに過ぐる ちろりちろり」など、三一一首が収録されている。

ガンジー
Mohandas Karamchand Gandhi 1869–1948 マハトマ・ガンディーとして知られるインド独立の父、弁護士、宗教家、政治指導者。独立運動を進めるインド国民会議に加わり、不服従運動で世界的に知られる。「マハートマー」とは「偉大なる魂」という意味で、タゴールから贈られたとされているガンディーの尊称。

義太夫節
江戸時代前期に大坂の竹本義太夫（1651–1714）が創始した浄瑠璃。播磨節、嘉太夫節、小唄などを融合した、豪快華麗な曲節が特徴。

北村季晴
1872–1931 作曲家。北村音楽協会を設立し、邦楽を五線譜上に採譜した。作品は唱歌「露営の夢」、「信濃の国」など。

『ギータンジャリ』
タゴールが自ら英訳して刊行したベンガル語の詩集。

吉川英史
1909–2006 音楽学者。日本の伝統音楽の美学的研究で知られる。主な著作に『日本音楽の性格』『日本音楽の歴史』などがある。

稀音家浄観
二世 1874–1956 一八八八年三代目杵屋六四郎を襲名、後年「稀音家」と改姓。吉住小三郎と長唄研精会を興した。

杵屋六左衛門
十三世 1870–1940 長唄の三味線方。歌舞伎座の囃子頭となり、いわゆる植木店（うえきだな）派の全盛期を築きく。「楠公」「五条橋」などを作曲。

木村鉉次検校
平曲・箏曲を専門とする小松景和検校の門下、同門に佐藤正和検校がいる。

『（小説）教育者』
小学校時代の恩師を主人公とした長編小説。

清元梅吉
三世 1889–1966 清元節三味線方、清元流初代家元（清元寿兵衛）。

清元延寿太夫
五世 1862–1943 相三味線の清元梅吉とのコンビが大人気を博すが、長年の確執が表面化し分裂。

清元お葉
1840–1901 二代目延寿太夫の次女で、四世延寿太夫の夫人。演奏と作曲に優れ、夫を助けて清元節の発展につくす。市川九女八(くめはち)、三代哥沢芝金(うたざわ・しばきん)とともに明治女芸人の三幅対と称される。

【清元お葉】
❖「散るは浮き」

清元志寿太夫
初代 1898–1999 一九一八年、「孤高の名人」と言われた清元延寿太夫に入門。一九二四年、初代清元志寿太夫となる。豪放磊落な性格で知られ、朝まで麻雀を打って歌舞伎座に出演したとか、舞台の声が歌舞伎座表の晴海通りまで聞こえたなどという逸話もある。

清元節
豊後節系浄瑠璃として、最も遅く成立。初代清元延寿太夫(1777–1825)が文化十一年(1814)に創始。叙情的で艶っぽい風情に、長唄のうたうような声ののびやかさや節まわしが加味されている。

九鬼周造
1888–1941 哲学者。大学卒業後、渡欧してアンリ・ベルクソンの影響を受けるが、ヨーロッパの長期滞在の中でかえって日本の美と文化に惹かれていく自分に気づいた彼は、帰国後、その洞察を活かし『「いき」の構造』(1930)を発表する。

傀儡
流浪の民や旅芸人とされ、狩猟と芸能を生業とした半狩猟半芸能の集団。傀儡子、傀儡師とも書き、女性の場合は傀儡女(くぐつめ)ともいう。

草野妙子
民族音楽学者。国内のフィールドワークのほか、インド、韓国を中心に海外五十数か所の国と地域の伝統芸能、音楽を調査研究。

クチプディ舞踊
インド七大古典舞踊の一つ。アンドラ・プラデーシュ州のクチプディ村を発祥の地とする。元来、男性のみの舞踊団による宗教的な舞踊劇だったが、寺院付の踊り子デーヴァダシーや、プロの舞踊集団の影響を受け、身体表現、音楽、歌謡が洗練されていった。

クツィ・エルグネル
Kudsi Erguner 1952– トルコ出身のネイ演奏家。ピータ・ブルック監督による映画「注目すべき人々との出会い」で音楽を担当。

クドキ(口説)
平曲では、旋律的な動きが少なく、語るような口調でうたう部分。もともとは繰り返して説くという意味。

「蔵の中」
横溝正史の同名幻想小説の映画化作品。肺炎のため蔵に隔離された聾唖の姉と、彼女を慕う弟の物語。監督、高林陽一。

クーリヤッタム
Kutiyattam インド西南端、ケーララ州に伝わる世界最古の舞踊劇。その起源は千年以上に遡ることができるという。

グレイブス、ミルフォード
Milford Graves 1941– 米国ニューヨーク州ジャマイカ出身。ジャズ・ドラマー。子どものころからドラムに興味を持ち、独学で修得。一九六四年、ジュセッピ・ローガン、ジョン・チカイらとともに「ジャズ十月革命」に参加。パーカッシヴで革新的な彼のドラミングはジャズ・シーンに一石を投じた。

黒田清輝

1866–1924 高橋由一の門人、細田季治につき、鉛筆画ならびに水彩画を学ぶ。フランスで、ラファエル・コランに師事。帰朝後、久米桂一郎と共に洋画研究所天心道場を開設し、印象派の影響を取り入れた外光派と呼ばれる作風を確立。

クローデル、ポール

Paul-Louis-Charles Claudel 1868–1955 フランスの劇作家、詩人、著作家、外交官。彫刻家のカミーユ・クローデルは姉。

ケマンチェ

kemancha, kemanche ケマンチャ、ケメンチェとも。ヴァイオリンの源流の楽器。西洋クラシック音楽の範疇では扱えないくらいの微分音を駆使するため、音程の調節に伸ばした爪を使うのが特徴。かつては絃に絹が使われていたが、最近ではスチール絃が使われている。

【ケマンチェと桃山晴衣の三味線の即興演奏】

❖「ケマンチェと桃山晴衣」

小泉文夫

1927–1983 東京都出身。東京大学文学部美学科在学中に日本音楽学に関心を持つ。卒業後は、邦楽や東南アジアや中近東、アフリカ音楽に興味を持ち、一九五九年より東京芸術大学の教員として、日本をはじめ世界中の民族音楽の調査や研究に従事。欧米系の音楽中心であった日本の音楽界において民族音楽の地位を向上させ、およそ三十年もの間、テレビやラジオを通じて多くの人に民族音楽の紹介や啓蒙を行った。『おたまじゃくし無用論』をはじめ多くの著作があり、CD「世界民族音楽集」などの監修を行った。

小唄

端唄から派生した俗謡。一般には江戸小唄とされる端唄の略称。

【小唄】

❖「小唄　かの人を」

『恋ひ恋ひて・うた三絃』

筑摩書房より刊行された桃山晴衣の半生記(1986)。

胡弓

「三曲」の一つ。基本的に三本絃で(四本のものもある)、三味線を小型にした形をしている。素材も三味線とほぼ同じだが、駒は、設置する位置、つくりや材質も三味線と大きく異なっている。細部の仕様は流派、個人により違う。胡弓楽、地歌、義太夫節などで用いられる。また日本の民謡で、特に北陸から関西にかけて使用されるほか、各地の民俗芸能や一部の宗教において演奏される。「胡弓」はまた、広義として擦絃楽器、とりわけアジアの擦絃楽器の総称として使われることがある。

古曲

一中節、河東節、宮薗節、荻江節の総称。

国風会

旧、国風音楽講習所。現在の国風音楽会。地歌箏曲家の本芸であった平家琵琶を唯一伝承する名古屋の邦楽演奏家団体。日本屈指の伝統をもつ。

ゴーシュ、シャンティデヴ

Santidev Ghosh 1910–1999 タゴールの直弟子。作家、歌手、俳優、舞踊家。

後白河

1127–1192 平安時代末期の第七十七代天皇(在位:1155–1158)。鳥羽天皇の第四皇子として生まれ、異母弟・近衛天皇の急死により皇位を継ぎ、譲位後は三十四年にわたり院政を行った。その治世は保元・平治の乱、治承・寿永の乱と戦乱が相次ぎ、幾度となく幽閉・院政停止に追い込まれるが、そのたびに復権を果たした。和歌は不得手だったが今様を愛好して「梁塵秘抄」を撰するなど文化的に大きな足跡を残した。

後藤又兵衛

後藤基次(もとつぐ)1560–1615 安土桃山時代から江

戸時代初期の武将。黒田氏、豊臣氏の家臣。

木幡和枝
1946– 芸術評論家、翻訳家、東京藝術大学美術学部先端芸術表現科元教授。工作舎の編集者等を経て、美術、音楽、ダンスのプロデュース活動も行う。

コヤテ、ソティギ
Sotigui Kouyaté 1936–2010 マリ出身の俳優。二十年にわたってピータ・ブルックの舞台をつとめた。ベルトリッチ作品は「シェルタリング・スカイ」(1990)に出演。

小松景和検校
1847–1915 吉澤検校の弟子。当道廃絶後、盲人音楽家の養成を図り名古屋に国風音楽講習所を立ち上げ、勾当・検校などの官制を設けて平曲の併習を義務づけて伝承を守った。

五目のお師匠さん
長唄、常磐津、清元、新内、端唄小唄、都々逸など、何でも教えてくれるお師匠さん。

【子守唄・桃山晴衣】
❖「桃山晴衣　五木の子守唄(古謡)」

近藤真柄
1903–1983 社会主義者、婦人運動家、フェミニスト。堺利彦の娘。

●さ●

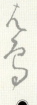

催馬楽
平安時代に隆盛した歌謡。各地の民謡、風俗歌に外来楽器の伴奏を加えたもの。

堺為子
1872–1959 平民社に住み込みで働き、堺利彦と結婚。先妻の遺児真柄(まがら)(近藤真柄)を育てながら夫とともに活動した。著作に「台所方三十年」「妻の見た堺利彦」など。

堺利彦
1871–1933 社会主義思想家、小説家。内村鑑三、幸徳秋水とともに平民社を開業し週刊『平民新聞』を発行。一九〇六年、日本社会党を結成。一九二二年には、日本共産党(第一次)の結成に参加したが、まもなく離脱、労農派に与し、東京無産党で活動を続けた。

下げ
旋律が下行すること。また、その部分。

指声
声明や平曲などで、単純な節を速いテンポで唱する部分。

佐藤きみ子

佐藤正和検校
1890–1946 地歌・箏曲家。小松景和に師事。一九二〇年、名古屋市立盲唖学校教師、のち国風音楽講習所所長。一九四一年に「箏曲組歌全集」を刊行。

ザルブ
zarb イランの杯型片面太鼓。ドンバック dombak とも呼ばれる。

猿若山左衛門
1870–1940 十三世杵屋六左衛門。一九一六年、実子に六左衛門の名を譲り自らは猿若山左衛門を名乗った。

澤村宗十郎
七世 1875–1949 明治四十四年(1911)歌舞伎座「高野山」の苅萱道心役で七代目澤村宗十郎を襲名。女形、立役を得意とした。江戸和事というべき古風な芸で、独自の台詞回しによって、観客の好悪が激しかった。

三重
声明・平曲・三味線音楽・下座音楽に用いられる音楽用語。本来は高い音域部分という意味であり、声明の曲節(旋律)は大きく初重・二重・三重・中音・下音・沓(クツ)の六つの部分に分れるが、それぞれ特有の音域の高さの基音を表すものだった。平曲では二重はなく、曲節は、初重・三重・口説(くどき)・中音・拾イ・指声(さしごえ)など声明に比べて複雑多岐であり、平曲の三重は、美文調の韻文による詠嘆的な場面に使う高い音域の曲節。三味線音楽では、浄瑠璃や長唄などで、一曲の最初や最後、または、場面の変わり目などに用いる。義太夫節には、大(おお)三重、キオイ三重、引取三重など種類が多い。歌舞伎下座音楽では、唄を伴わない三味線曲を指し、特定の演出と結びついた効果音楽として用いる。

ジァンジァン

小劇場 渋谷ジァンジァン。東京、渋谷の山手教会地下に一九六九年から二〇〇〇年まで存在した、収容観客数二百人未満の前衛小劇場。

シェミラニ

Keyvan Chemirani 1968– パリで生まれ、十三歳でザルブを学びはじめる。一九八八年にはシェミラニ・ファミリーによるパーカション・トリオ Chemirani ensemble を結成。

繁太夫節

浄瑠璃の流派の一つ。宮古路豊後掾(みやこじぶんごのじょう)の門弟、宮古路(のちに豊美[とよみ])繁太夫が、元文・寛保(1736–1744)の頃に大坂で創始。その曲節は地歌の中に残る。

信濃前司行長

鎌倉初期の人。関白九条兼実の家司(けいし)であった中山行隆の子。「徒然草」によれば平家物語の作者とされ、生仏(しょうぶつ)という東国出身の盲人に教えて語らせたという。

柴田環

1884–1946 日本初の国際的なオペラ歌手。結婚後、三浦環。

司馬遼太郎

1923–1996 小説家、ノンフィクション作家、評論家。『梟の城』で直木賞を受賞。歴史小説に新風を送る。代表作は『竜馬がゆく』『国盗り物語』『坂の上の雲』など。

島崎赤太郎

1874–1933 音楽教育者、オルガン奏者。

清水金太郎

1889–1932 明治時代末期から昭和時代初期の声楽家、バリトン歌手。大正期の浅草オペラを代表するスターとして、田谷力三と双璧と謳われた。

声明

仏典に節をつけた儀礼に用いられる宗教音楽。平安時代初期に最澄、空海がそれぞれ伝えて、天台声明、真言声明の基となった。天台宗・真言宗以外の仏教宗派にも、各宗独自の声明がある。口伝で伝えられるため、当初は楽譜に相当するものがなかったが、後世になってから楽譜にあたる博士(はかせ)が考案された。

浄瑠璃

三味線を伴奏楽器として太夫が詞章を語る劇場音楽、音曲。詞章が単なる歌ではなく、劇中人物の台詞やその仕草、演技の描写をも含むため、浄瑠璃の口演は「うたう」ではなく「語る」といい、一般的に浄瑠璃系統の音曲をまとめて語りものと呼ぶ。

初重

声明では低音域をあらわすが、平曲では節物の曲でゆったりとおだやかに語られる部分と、それに対応する前奏の手をいう。「三重」を参照。

素声

平曲で、節をつけずに朗読するように語ること。

新海竹太郎

1868–1927 彫刻家。仏師の長男に生まれ、ベルリンで当時のドイツのアカデミックな彫刻技法を身につけた。

新富座

明治八年(1875)に守田座を改称して設立された株式会社組織の劇場。

新内節

江戸での豊後節禁止を受け、宮古路豊後掾

門弟の一人宮古路加賀太夫が富士松薩摩を名乗って富士松節を起こし、さらにその門弟から鶴賀若狭掾が出て鶴賀節を立てたが、門人の一人鶴賀新内が宝暦明和年間(1751–1771)にその美声によって人気を得、新内節を創始。まもなく素浄瑠璃に変化し、「流し」と呼ばれる独特の形式を生む。吉原を中心に街頭を流す新内節は、その情緒纏綿たる語り口で、江戸情緒を代表するともいわれる。

杉村楚人冠
1872–1945 新聞記者、随筆家、俳人。朝日新聞「天声人語」の命名者としても知られる。

スーフィー
□ufi イスラム神秘主義と訳されることが多く、その思想や修行などを包括してスーフィズムとも呼ばれる。スーフィーの諸派は、イスラームの教えをその本質において認めるが、国家的・社会的なイスラム教の権威を必ずしも認めず、直接的な体験によって自ら知ることを求める傾向が強い。

スローボ、ショーン
Shawn Slovo 1950– 脚本家。「ワールド・アパート」はアパルトヘイト下の南アフリカにおける彼女自身の少女時代の体験をもとにした作品。

正則英語
斎藤秀三郎が創設した正則英語学校のこと。校名は、明治時代の英語教育が旧制高等学校入学を目的とした詰め込み式の変則であったことに対して、正則な英語教育を行うという意味。現在の正則学園高等学校。

セタール
setar リュート属のイランの楽器。ペルシア語で三絃という意味。タンブールの子孫で、イスラム教の普及とともにイランから各地へ広がった。約二百五十年前に四番目の絃が加えられた。

添田唖蟬坊
1872–1944 本名、添田平吉。演歌師の草分けであるが、政治的な興奮が冷めたのち、政治批判ではない純粋な演歌を目指して、自身が演歌の歌詞を書くようになる。唖蟬坊が最初に書いたといわれているものは、「壇ノ浦」(愉快節)、「白虎隊」(欣舞節)、「西洋熱」(愉快節)など。

添田知道→p.068。

『素面』
添田知道主宰の「素面の会」編集・発行による季刊誌。六〇年代初期より刊行を始め、七十六号は「添田知道追悼号」となった。

● た ●

高木徳子
1891–1919 ダンサー。「浅草オペラ」にアメリカ流のダンスで火をつけた。日本で始めてトウシューズで踊ったともいわれる。

高橋是清
1881–1935 明治〜昭和初期の実業家。高橋是清の次男。

高畠素之
1886–1928 社会思想家。売文社で社会主義活動を始め、一九一五年には堺利彦、山川均らと『新社会』を発行、マルクス主義を紹介したが、後には国家社会主義を唱えた。

竹内勉
1937–2015 東京出身。民謡の守門者、評論家。著書に『民謡地図』、『生きてごらんなさい』など多数がある。

竹田賢一
1948– 東京生まれ。一九七四年坂本龍一とマルチメディア・パフォーマンス・ユニット「学習団」を結成。七九年エレキ大正琴ソロ活動を開始。八一年アンチ・ポップ・バンド「A-Musik」結成。批評家としては、『月刊ジャズ』『ミュージック・マガジン』『スタジオ・ボイス』

などに執筆。

竹久夢二

1884–1934 大正浪漫を代表する画家であり、児童雑誌や詩文の挿絵も描いた。文筆の分野でも、詩、歌謡、童話などを創作。また、多くの書籍の装幀、広告宣伝物、日用雑貨のほか、浴衣などのデザインも手がけており、日本の近代グラフィック・デザインの草分けともされる。

竹本越路太夫

三世 1865–1924 一九〇三年に越路太夫を襲名、一九一五年、文楽座の紋下となる。「太十」「勘助内」などを得意とした。

竹本摂津大掾

1836–1917 義太夫節の太夫。五世竹本春太夫の門弟。二世越路太夫、六世春太夫を継ぎ、明治三十六年(1903)、摂津大掾藤原愛純(なるすみ)と名乗る。美声で艶物を得意とした。

タゴール

Rabindra-nath Tagore 1861–1941 インドの詩人、思想家。日本に対する関心も深く、岡倉天心、河口慧海、野口米次郎らとの親交があり、日本人の自然を愛する美意識を高く評価し、五度にわたって訪日、日本にも大きな影響を与えた。

【タゴールソング】

シャルミラ・ロイ「タゴール・ソング」(30RG1)
立光学舎レーベル。

❖「タゴールソング／シャルミラ・ロイ」

田中正平

1862–1945 音響学者、鉄道技師。森鷗外たちとベルリン大学へ留学。ヘルムホルツの下で音響学と電磁気学について研究、純正調オルガンを発明した。このオルガンは世界で使われている。また邦楽演奏会などを多年に渡り開き続け、約三千の邦楽曲を採譜する。

谷川健一

1921–2013 民俗学者、地名学者、作家、歌人。

ダムニアン

dram snyen チベット・ドッパ族の楽器。中国の三絃、琉球の三線(サンシン)、日本の三味線と、調絃法や演奏法もよく似ている。

田谷力三

1899–1988 大正・昭和期のオペラ歌手。正統派のテノール歌手だけでなく、浅草演芸界の花形として愛された。

タール(絃楽器)

tar イラン、アゼルバイジャン、グルジア、アルメニアその他のカフカース地方で見られる長いネックのリュート属の楽器。三対の絃がある。桑の木を切り分けて二つの椀をあわせたかたちで、表面は羊の皮を伸ばした薄い膜でおおわれている。タールとはペルシア語で絃の意味。打楽器にも「タール」と呼ばれるものがある。

タール(打楽器)

tar, tār 主に北アフリカから中東にかけて用いられる片面の枠胴型太鼓。膜鳴楽器の枠胴型太鼓に分類される。歴史は大変古く、タンブリンの起源ともされる。片面に革を張ったものだけではなく、両面に張られたもの、響き線がとり付けられたもの、タンブリンのように枠に複数の小型シンバルが嵌め込まれたものなど、地域や時代によって形状はいろいろと異なる。

ダルパナ・アカデミー

Darpana Academy 一九四九年、インドのアメダバートに、ムリナリニ・サラバイ(Mrinarini Sarabhai)夫人によって設立された舞踊学校。古典舞踊、古典音楽等、民族芸能の教育、指導を行っている。

地唄

三味線の伝来とほぼ同時に始まったと考えられる。戦国時代末期に琉球を経由して大阪の堺に入ってきた中国の絃楽器三絃を、平曲を伝承していた当道座の琵琶法師たちが改良して三味線を完成させ、琵琶を弾く撥によって弾く形で始まったと考えられている。その後も主に当道座の盲人音楽家たちによって作曲、演奏、伝承された。江戸時代には上方を中心とした西日本で行われ、江戸唄に対する地（地元＝上方）のうたであり、代表的な「うたもの」の一つで、義太夫節など各派浄瑠璃や長唄も、もともと地歌から派生したとみなすことができる。地歌は現在では箏曲と一体化し、尺八楽、胡弓楽とのつながりも深い。他の三味線音楽に比べ、舞台芸能とは比較的独立している。

筑前・薩摩
中世に生まれた盲僧琵琶は、九州地方の薩摩国（鹿児島県）や筑前国（福岡県）を中心に伝えられたが、室町時代に薩摩盲僧から薩摩琵琶という武士の教養のための音楽がつくられ、しだいに語りもの的な形式を整えて内容を発展させてきた。それに対し、筑前琵琶は、筑前盲僧琵琶から宗教性を脱していったもので、明治時代中期に女性を主な対象とする家庭音楽として確立した。

中音
声明の講式では、二重から初重に戻るところに挿入される一音節一音の旋律様式の部分をいう。平曲では、初重や三重とともに、一つ一つの音を装飾的に長く引きながら演唱するもので、音域は初重と三重の中間にある。「三重」も参照。

【伝でん奥美濃ばなし】

❖「伝でん奥美濃ばなし」

土居崎正富検校
1920–2000 平曲家、箏曲家。幼時から佐藤正和に師事。平曲を伝承し、一九五四年検校となり、イギリスでも公演。国風音楽会会長。

常磐津節
初代常磐津文字太夫（1709–81）が延享四年（1747）に豊後節より創設。幕府が禁止した豊後節を江戸化して生まれてきた浄瑠璃の一種で、江戸歌舞伎とともに発展。語りとうたとの均衡がとれ、整然とまとめられた「落し」と呼ばれる旋律を持つ。

常磐津林中
初代 1843–1905 江戸芝桜田の盛岡藩士の子として生まれ、幼少から浄瑠璃に親しみ、常磐津和戸太夫に入門。のちに家元の二代目常磐津豊後大掾の元で精進。一八八六年に家元と別ち常磐津林中と改名。SPレコードが登場すると積極的に吹き込み多くの録音を残した。

徳川夢声
1894–1971 島根県出身。弁士、漫談家、作家、俳優。

徳川義親
1886–1976 植物学者、貴族院議員、尾張徳川家第十九代当主。

都々逸
江戸末期に初代の都々逸坊扇歌（1804–1852）によって大成された口語による定型詩。七・七・七・五の音数律に従う。元来は、三味線と共に歌われる俗曲で、音曲師が寄席や座敷などで演じる出し物だった。

富崎春昇
1880–1958 地歌奏者。富派家元。上方地歌の伝統を受継ぐ名手であり埋もれた古曲を多く伝承した一方、積極的に新作にとり組み、三絃奏法に改良を加えるなど、進取の気風に富む人物でもあった。

富本節
宮古路豊後掾の門弟で常磐津節から独立した初代富本豊前掾が一七四八年に創始。その後富本節からは清元節が興される。

富山清琴
1913–2008 地唄、生田流箏曲の家元。四歳で富永敬琴に入門。一九二六年、富山清琴を名乗り、敬琴が没すると上京、富崎春昇に入門する。一九四八年、独立し家元。古曲の伝承のほか「防人の賦」など作曲も多い。

● な ●

長唄

江戸長唄は義太夫節など語りを中心とした「語りもの」とは異なり、うたを中心とした「うたもの」である。演奏は基本的に複数人の唄と三味線で行うが、曲目によっては小鼓、大鼓、太鼓、笛などで構成されるお囃子が付くこともある。

中村とうよう

1932–2011 京都府出身。音楽評論家、編集者。ミュージック・マガジンの元・取締役会長、代表取締役。武蔵野美術大学客員研究員。ジャズ、ロック、フォークなどのポピュラー・ミュージックから、ワールド・ミュージック、国内・海外のルーツ・ミュージックまで、幅広く対象とする評論家であり、多数のレコード、CDの企画・紹介を行った。本名、中村東洋。

西江雅之

1937–2015 文化人類学者、言語学者。アフリカ諸語やピジン・クレオール語研究の先駆者。

西川光二郎

1876–1940 兵庫県出身の社会主義者。一九〇一年、社会民主党創立に参加。日露戦争中は平民社により非戦論を展開。日本社会党結成に参加し片山潜らと行動をともにしたが、のち別れ一九〇八年『東京社会新聞』を発刊。

西山松之助

1912–2012 近世文化研究家。家元制度、江戸庶民文化で知られる。

『日本春歌考』

『日本春歌考 庶民のうたえる性の悦び』、光文社カッパブックス(1966)。

ネイ

ney 北アフリカから西アジアにかけて用いられる尺八系の縦笛。通常は、葦製で、前面に五〜七個、背面に一個の指孔がある。

ネッフル

nefer ネフェル、ノフルとも。一〜三絃で胴に羊の皮が張られている。

ネール

Jawaharlal Nehru 1889–1964 インドの初代首相。インド国民会議議長。インド独立運動の指導者。著述家。

野母浦祭り

八月十三日に行われる。千三百年以上前、この地に紀州熊野の漁師夫婦が漂着。夫婦は熊野の神を祀り、野原に家を建て生活したが、その後夫は帰郷し、妻だけが残った。やがて村ができ、「野の母」にちなんで「野母」と呼ばれるようになった。その野の母の御霊を慰めるために行われる祭りが、野母浦祭りである。奉納踊りでうたわれる「催馬楽」は、もともと宮廷歌謡の一つで、庶民のあいだで歌われた風俗歌の歌詞に、外来の楽器を伴奏楽器として用い、新しい旋律の掛け合い、音楽を発足させたもの。九世紀から十世紀にかけて隆盛した。野母浦祭りでの代表的なものが「ちゅうろう(中老)」で、「文書き」など十八種類がある。

● は ●

「パイノパイ」→**「平和節」参照。**

売文社

1910–1919 赤旗事件の刑期を終えて出獄した堺利彦が、大逆事件後の「社会主義冬の時代」に生活費を稼ぎ、同時に社会主義者間の連絡を維持するために設立した、代筆・文章代理を業とする団体。機関誌は『へちまの花』

（改題して『新社会』）。

端唄

江戸初期には長唄の対語であり、江戸端唄の前身を示す場合と、短い上方唄（地唄）を示す場合がある。江戸端唄は江戸時代中期以降の短い歌謡の総称。一九二〇年代までは小唄も端唄の名で呼ばれていたが、その後、端唄歌沢・小唄俗曲と明確に区別されるようになった。

【端唄・桃山晴衣】

❖「梅は咲いたか」

❖「深川」

❖「浮かれ狸」

❖「六段くずし」

英十三

1888–1966「白樺」同人（田中雨村の筆名）。邦楽評論家、著作家で、自らも吉田草紙庵らと組んで小唄の作詞も手掛ける。

塙団右衛門

塙直之（ばんなおゆき）1567–1615 戦国時代から江戸時代初期にかけての武将。諱（いみな）は直次、長八、尚之とも。一時、出家して鉄牛と号した。

パニッカル劇団

Panikkar

ハムザ・エル＝ディン

Hamza El Din 1929–2006 作曲家、ウード及びタール演奏家。キングフォワード大学等で学んだ後、ローマのサンタチェチリア音楽院でクラシックギターと西洋音楽を学ぶ。その後渡米し、ニューポート・フォークフェスティバルに出演、アーティストとして活躍する傍ら、各地の大学で民俗音楽の教鞭をとる。国際交流基金の招きで来日し、ウードと琵琶の比較研究及び国立音楽大学で講義を行う。その後、日本とアメリカの両国で音楽活動及び教鞭をとる。自伝に『ナイルの流れのように』（筑摩書房）がある。

【ハムザ・エル＝ディン＋桃山晴衣】

❖「うらうら椿」

❖「Lamma Bada Yatasanna」

ビゴー

Georges Ferdinand Bigot 1860–1927 フランス人画家、漫画家。明治の日本で活動し、当時の世相を伝える多くの絵を残した。

ヒロイブシ（拾イ）

平曲の楽曲構成部分の名称。合戦の場面を勇壮に語るもので、強い息で語って雰囲気を盛り上げ、曲のクライマックスを形成する。またこの部分の前奏の琵琶の手もヒロイといい、歯切れのよい複絃奏法と、強い撥扱いによって語りの用意を整える。

フォンタネージ

Antonio Fontanesi 1818–1882 イタリアの画家。一八七六開校の工部大学校の外国人教師で、洋画を指導した。

福岡正信

1913–2008 不耕起（耕さない）、無肥料、無農薬、無除草を特徴とする「自然農法」の創始者。

【復原曲・桃山晴衣】

❖「れんぼながし」

❖「神戸節（ごうどぶし）」

福田英子

1865–1927 婦人解放運動のさきがけとして知られる。旧姓景山。岸田俊子（中島湘烟）の演説に触発されて自由党に接近、朝鮮改革運動に参画して爆発物運搬などに協力して投獄され、「東洋のジャンヌ・ダルク」と呼ばれる。自由民権運動がその勢いを失うと、幸徳秋水、堺利彦らの平民社に参加し、社会主義運動に身を投じる。

普化僧

普化宗の僧、虚鐸（尺八）を吹きながら旅をする、いわゆる虚無僧（こむそう）。普化宗は禅宗の一つ。九世紀に中国で臨済義玄と交流のあった普化を始祖とするため、臨済宗の一派ともされる。普化僧には、神仙的な逸事も多く、伝説的要素が強い。

藤島武二

1867–1943 洋画家。日本の洋画壇において指導的役割を果たし、ロマン主義的な作品を多く残した。

節談説教

仏教経典や教義を七五調の平易な文句で、節回しをつけて説く。特に浄土真宗で昭和初期まで盛んに行われた。

古川緑波

1903–1961 古川ロッパとも。コメディアン、編集者、エッセイスト。

ブルック、ピーター

Peter Stephen Paul Brook 1925– イギリス出身の演出家、演劇プロデューサー、映画監督。一九四六年、シェークスピア記念劇場（現ロイヤル・シェイクスピア・カンパニー、RSC）の最年少招待演出家となる。一九五二年、『三文オペラ』で長編映画作家デビュー。一九七一年には、国際演劇研究センター（CIRT）をパリに設立、七四年から現在に至るまで主宰。

【ピーター・ブルック立光学舎訪問】

❖「ピーター・ブルック立光学舎」

豊後節

一中節の創始者、都太夫一中の弟子、宮古路豊後掾は豊後節を立て、享保一九年（1734）に江戸へもたらした。その柔らかで艶っぽい語り口は、江戸歌舞伎の劇付随音楽として用いられたこともあって大流行した。心中ものの芝居にさかんに用いられたために江戸で心中が横行、風俗紊乱を理由に豊後節禁止が布告された。

平曲

琵琶法師が琵琶をかき鳴らしながら語った「平家物語」の旋律およびその演奏様式。今日伝承されている語りものでは最も古い。盲僧琵琶の流れに属し、声明のなかの語り部分である「講式」の影響を受けて鎌倉時代中期に成立した。平曲に使われる琵琶を特に平家琵琶と呼ぶ。近世以降に成立した薩摩琵琶や筑前琵琶でも「平家物語」に取材した曲が多数作曲されているが、これらは平曲とは呼ばれない。

『平家正節』

尾張藩の後援で、荻野検校を中心として整譜・編纂された。「平家物語」を一九九句とし、教習の順に、いわゆる平物（ひらもの）一六一句を三十冊に、伝授物・秘事の類を九冊に収め、付録の曲譜解説書とともに全四十冊から構成されている。現存の平曲は、「平家正節」の一九九句と八坂流「訪月（つきみ）」を合わせ全二百句としている。

ベイリー、デレク

Derek Bailey 1930–2005 ギタリスト。六〇年代初頭より即興を中心とした演奏活動を展開。一九七〇年には、音楽家自身による独立レーベルの草分けINCUSを創設。即興演奏、フリー・インプロヴィゼーションといった新たな考え方による演奏活動を実践。著書『インプロヴィゼーション』（工作舎）は、各国の言葉に翻訳されており、即興音楽家にとってはバイブルのような存在。伝記にベン・ワトソン『デレク・ベイリーとフリー・インプロヴィゼーションの物語』（工作舎）がある。

「平和節」

「パイノパイノパイ」「東京節」とも。添田知道（添田さつき）が作詞し、大正時代に流行。

東京の中枢は丸の内／日比谷公園両議院／いきな構えの帝劇に／いかめし館は警視庁／諸官省ズラリ馬場先門／海上ビルディング東京駅／ポッポと出る汽車どこへ行く／ラメチャンタラギッチョンチョンで／パイノパイノパイ／パリコトパナナで／フライフライフライ

東京で繁華な浅草は／雷門仲見世浅草寺／

鳩ポッポ豆売るお婆さん／活動十二階花屋敷／すしおこし牛天ぷら／なんだとこん畜生でお巡りさん／スリに乞食にカッパライ／ラメチャンタラギッチョンチョンで／パイノパイノパイ／パリコトパナナで／フライフライフライ……

ベネント、デビッド
David Bennent 1966– スイス出身。俳優とダンサーの両親を持つ。十二歳で「ブリキの太鼓」でデビュー。リドリー・スコットの「レジェント」等にも出演。

法文
和讃の形式で、七・五（または八・五）の四句からなり、仏教の法文について詠むうた。

宝生九郎
十六世 1837–1917 能楽シテ方宝生流宗家。本名は知栄（ともはる）。維新後衰退した能楽界にあってその復興の中心を担い、初世梅若実、桜間伴馬とともに「明治の三名人」と並び称される。多くの後進を育て、能楽界全体の発展に力を尽くした。

本牧亭
安政四年（1857）、現席亭の祖先の本牧屋仙之助（鈴木龍助）が、江戸上野広小路に軍談席（＝講釈場）本牧亭を開場したのが始まり。明治九年に閉場し、代わりに鈴本亭（後の鈴本演芸場）がつくられた。昭和二十五年（1950）には、鈴本演芸場の裏に再建されたが、一九九〇年に閉場。一九九二年、近くの文京区湯島に再開され、二〇〇二年には上野に移り、黒門町本牧亭として月数回の公演を続けている。

● ま ●

舞え舞えかたつむり…
舞え舞え蝸牛舞はぬものならば馬の子や牛の子に蹴させてん、踏破せてん真に美しく
舞うたらば華の園まで遊ばせん

松永鉄五郎
七世 ?–1893 三味線の音締がよい事は天下無類、曲のハコビ、ノリは、ずば抜けて上手く名人であった、と稀音家浄観が絶賛。

松永和楓
三世 1839–1916 元は清元出身で清元叶太夫。長唄に独特の清元の節回しを取り入れ活躍。

松永和風
四世 1874–1962 長唄唄方。美声の上に独自の節まわしを工夫して活躍。レコード「四世松永和風全集」がある。

松本幸四郎
七世 1870–1949 明治四十四年（1911）帝国劇場で幸四郎を襲名。帝国劇場を拠点に活躍し、新作、翻訳劇、オペラにも挑戦した。恵まれた容貌、堂々たる口跡に裏打ちされた風格ある舞台で、時代物、荒事に本領を発揮した。また舞踊にも秀で、藤間流家元としても活躍。

「マハーバーラタ」
『マハーバーラタ』（Mahābhārata）は、古代インドの宗教的、哲学的、神話的叙事詩。ヒンドゥー教の聖典のうちでも重視されるものの一つで、グプタ朝ごろに成立したとされている。ジャン＝クロード・カリエール脚色、ピーター・ブルック演出により舞台化され、さらに映画化（1989）された。

❖「マハーバーラタ」

マモード・タブリジ＝ザデー
Mahmoud Tabriji-Zadeh

万歳
新年の言祝ぎの話芸として全国で興り、漫才の元になった。太夫と才蔵の二人一組が基本だが、門付けではなく座敷などで披露されるものは三人以上の組となる。楽器は、

基本的に才蔵が持つ小鼓だけだが、演目により三味線と胡弓を加えたり、太鼓、三味線、拍子木を使用するものもある。

三浦博士
柴田家の養子で医師の三浦政太郎（みうら・せいたろう）。

三品正保検校
1920–1987 地唄・箏曲・平曲演奏者。十二歳で佐藤正和検校に師事。一九五二年に検校。

三島一
1897–1973 東洋史学者。歴史学研究会、歴史教育者協議会の初代委員長。日中友好のために尽力した。

宮城道雄
1894–1956 神戸市出身の作曲家、箏曲家である。旧姓は菅（すが）。「春の海」の作曲者、十七絃の発明者として知られる。『雨の念仏』などの随筆により文筆家としての評価も高い。作家の内田百閒とは親友同士。

宮薗千寿
四世 1899–1985 本名は水野ハツ。東京神田生まれ。一九七二年に重要無形文化財保持者（人間国宝）認定。→p.126。

宮薗節
一中、河東、荻江、富本と並ぶ「古曲」。近松門左衛門と竹本義太夫が組んでつくった義太夫節に続き、都一中が一中節を始め、その弟子の宮古路豊後が豊後節を広めた。宮薗、清元、常磐津、富本、新内などは、この豊後節系の浄瑠璃である。宮薗の創始者は宮古路薗八、二代目は宮薗鸞鳳軒で、鸞鳳軒（らんぽうけん）は当時、上方浄瑠璃界の実権を握っていたといわれる。現在、十段だけが残っている。明治以降、お座敷音楽的になったが、もとは劇場音楽で、バチは義太夫と似た先の厚いものを使う。

【宮薗節】
❖「歌の中山」
❖「桃山晴衣の夕霧」

宮地嘉六
1884–1958 佐賀県出身の小説家。戦前は無産派文学の旗手として知られた。

武者小路実篤
1885–1976 作家。有島武郎や志賀直哉とともに雑誌『白樺』を創刊。その中心人物として活躍。また、西洋美術の紹介に尽力し、芸術の理想郷を掲げ、「新しき村」の創設に携わった。

明宝村立博物館
現在は、明宝歴史民俗資料館。郡上市明宝気良154。

モース
Edward Sylvester Morse 1838–1925 アメリカの動物学者。標本採集に来日し、請われて東京大学教授を二学年勤めた。日本に初めてダーウィンの進化論を体系的に紹介。大森貝塚を発掘したことで知られる。膨大な日本の民具等のコレクションも有名。

『桃之夭夭』
「於晴会」の機関誌。於晴会は桃山を中心とした邦楽サロン。

森繁久彌
1913–2009 俳優、コメディアン。一九三九、NHKアナウンサーとして満洲に渡り、満州電信電話の放送局に勤務。満洲映画協会の映画のナレーション等を手掛ける。甘粕正彦とも交流があった。エッセイストとしての著作も多い。

●や●

安田武
1922–1986 法政大学在学中に学徒出陣、復員後、大学を中退、文筆生活に入る。六四年から六六年まで思想の科学研究会長。日本戦没学生記念会「わだつみ会」の再建に尽力し、常任理事を務めた。日本文化に関する著作も多い。

柳田國男

1875–1962 日本における民俗学の開拓者。東京帝国大学では農政学を学び、農商務省の高等官僚となった後、講演旅行などで地方の実情に触れるうちに次第に民俗的なものへの関心を深め、日本列島各地や当時の日本領の外地を調査旅行し数多くの研究・著作を残している。

山川均

1880–1958 経済学者で、労農派マルクス主義の指導的理論家。一九〇六年、堺利彦らの日本社会党に入党、日刊『平民新聞』にも参加。一九一九年にはコミンテルンを設立。

山田流

上方で箏曲が早くから隆盛していたのに比べ、江戸時代中期まで江戸ではあまり人気がなかったが、十八世紀に、長谷富検校の手によって、生田流系箏曲（京都の生田検校によって改変、整理された箏曲の流派であり、地歌曲に箏を合奏させることを始めた）が広まっていく。その弟子山田松黒に教えを受けたのが山田検校斗養一で、江戸っ子好みの浄瑠璃をとり入れた新作をつくり、山田流箏曲を創始した。一中節などの浄瑠璃風の歌が特徴である。

有楽座

明治四十一年（1908）に開場し、大正十二（1923）年に焼亡した、日本初の洋風劇場。

【雪女・桃山晴衣】

❖「雪女・桃山晴衣」

「夢二絃唱」

秋山清：脚本、土取利行：語り、うた、演奏、作曲。立光学舎レーベルよりCD化。

❖「夢二絃唱」

ユリ

直接的に音高を波状に進行させるもので、多くの場合、最小単位が確定していて、一つ、二つ、三つなどと数えることができる装飾技法。ナビキやギンなどのいわゆるビブラートとは明確に区別される。

横井みつゑ→p.108

吉澤検校

二世 1800–1872 幕末に活躍した地歌三味線、箏曲、胡弓、平家琵琶演奏家、作曲家。荻野検校の直弟子である中村検校に平曲を、箏曲を光崎検校に学ぶ。古典復古主義に傾倒し、箏曲の習得には平曲を併習することが必要であると主張。

吉住小三郎（**慈恭**）

四世 1876–1972 十二代目杵屋六左衛門に属し歌舞伎座に出演、一八九三年退座。三世杵屋六四郎と長唄研精会を組織し新曲を発表、歌舞伎の附属音楽だった長唄を独立した演奏会用音楽に高めた。

【吉住慈恭】

❖「鳥羽の恋塚」

❖「吉住慈恭・助六」

吉住小十郎

1886–1933 小十郎考案の譜は、研精会譜ともいい、五線譜の音符を算用数字に置き換え、三味線の音を階名で表した縦書きの譜。『長唄新稽古本』などの著書もある。

「吉野之山」

貞享二年（1685）刊「大幣」より鹿島大治採譜。「鬼の女の子守唄」（日本伝統文化振興財団）、「林雪」（「立光学舎」レーベル）に収録。

芳村伊十郎（**初代**）

1735–1821 家具職から転身。初代芳村伊十郎は後に二代目伊三郎を襲名。俗に「尾張町の伊三郎」と呼ばれる。

芳村伊十郎（**七世**）

1901–1973 八代目芳村伊四郎の養子となり入門。一九三八年、九代目芳村伊四郎を襲名。一九五〇年、伊十郎を襲名。「芸よく、顔良く」ということで、三味線の杵屋勝東治

（若山富三郎、勝新太郎の父親）、囃子の初代藤舎呂船（とうしゃろせん）、芳村伊十郎の三人のは、花柳界でもモテたという。

四方田犬彦
1953– 比較文学者、映画史家。

● ら ●

ラーガ
raga インド音楽の音楽理論用語。北インドではラーグ。旋律を構築するための規則で、音列と同時に、メロディーの上行・下降の動きを定めるもの。使用すべき旋律形および避けるべき旋律形等の規則も存在する。それらの規則の枠組みの中で作曲や即興演奏がなされることにより、そのメロディーがどのラーガであるかを判別できる。また、一日の朝、午後、夕方および夜ごとに、特定のラーガが存在する。

リビングシアター
Alternative Living Theater プロビール・グハ Probir Guhaが主宰するインドの演劇集団。西ベンガル地方を中心に、新しい理想や人間精神の変革を目指し、商業主義、地方自治主義、偶像崇拝、政治的無関心等に反対する立場で常に社会と深く関わりあう創作活動を続けている。

【梁塵秘抄・桃山晴衣】
❖「**仏は常にいませども**」
❖「**遊びをせんとや生まれけん**」
❖「**からすは見るよに**」
❖「**瑠璃の浄土は潔し**」

ルボン
Georges Lebon フランス陸軍砲兵大尉。招聘されて陸軍野戦砲兵学校教官を務め、日本の兵器製造の技術指導者となる。

ロイ、シャルミラ
?– タゴール学園を卒業後、カルカッタ大学に入学。タゴール・ソングの第一人者、シュチトラ・ミトラの学校でタゴール・ソングと北インドの音楽の訓練をうける。一九七五年、フランス政府奨学金により渡仏。パリ大学において第三課程博士号取得。ピーター・ブルックの「マハーバーラタ」に参加し、多彩な人々と交流、世界各地で活動を展開している。現在パリ在住。一九八八年、「日本インド祭」に、インド代表として来日。

ロッシー
Giovanni Vittorio Rossi 1867–? イタリアのコレオグラファー、演出家。浅草オペラの源流となる内幸町の帝国劇場歌劇部のオペラを指導、わずか六年の滞在中、日本のダンス界・オペラ界に深い影響を与えた。

● わ ●

和讃
声明の曲種の一つで、仏・菩薩、祖師・先人の徳、経典・教義などに対する和語を用いた讃歌。サンスクリット語を用いるものが「梵讃」、漢語を用いるものが「漢讃」。

和田英作
1874–1959 洋画家。代表作は「憲法発布式」。

わらべ唄
桃山が集めたわらべ唄の一部は立光学舎レーベルから桃山晴衣「わらべうた」としてCD化されている。

【わらべ唄・桃山晴衣】
❖「**あんせんこんせん**」
【わらべうた語り・郡上の伝説】
❖「**郡上の伝説**」

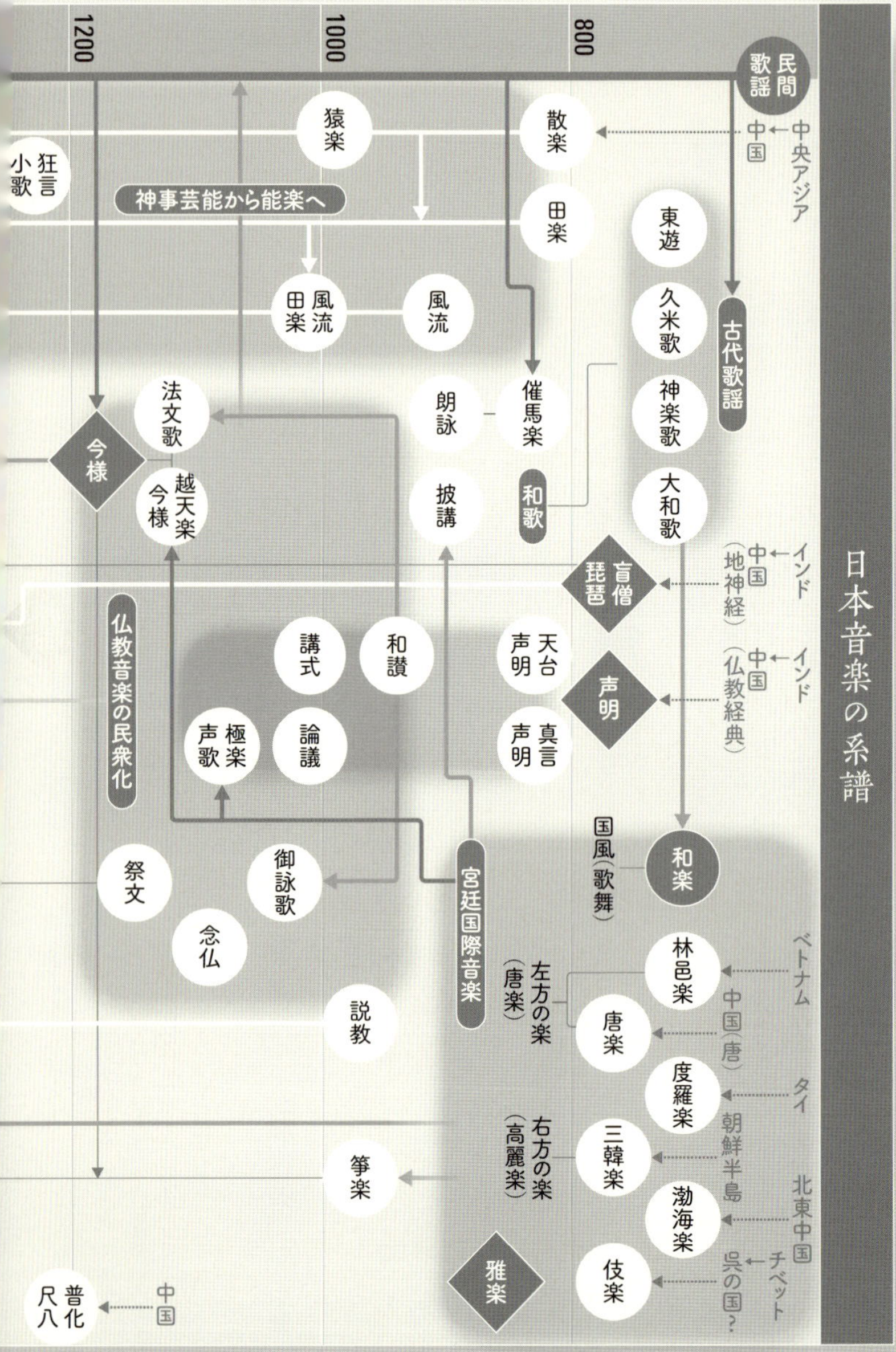
日本音楽の系譜
800
1000
1200
民間歌謡
中央アジア
中国
散楽
猿楽
狂言
小歌
神事芸能から能楽へ
田楽
風流
風流田楽
東遊
久米歌
神楽歌
大和歌
古代歌謡
催馬楽
朗詠
和歌
披講
法文歌
今様
越天楽今様
インド
中国
（地神経）
盲僧琵琶
（仏教経典）
声明
天台声明
真言声明
和讃
講式
論議
極楽声歌
仏教音楽の民衆化
和楽
国風（歌舞）
宮廷国際音楽
御詠歌
祭文
念仏
説教
ベトナム
林邑楽
中国（唐）
唐楽
左方の楽（唐楽）
タイ
度羅楽
朝鮮半島
三韓楽
右方の楽（高麗楽）
北東中国
渤海楽
チベット
呉の国？
伎楽
箏楽
雅楽
普化尺八

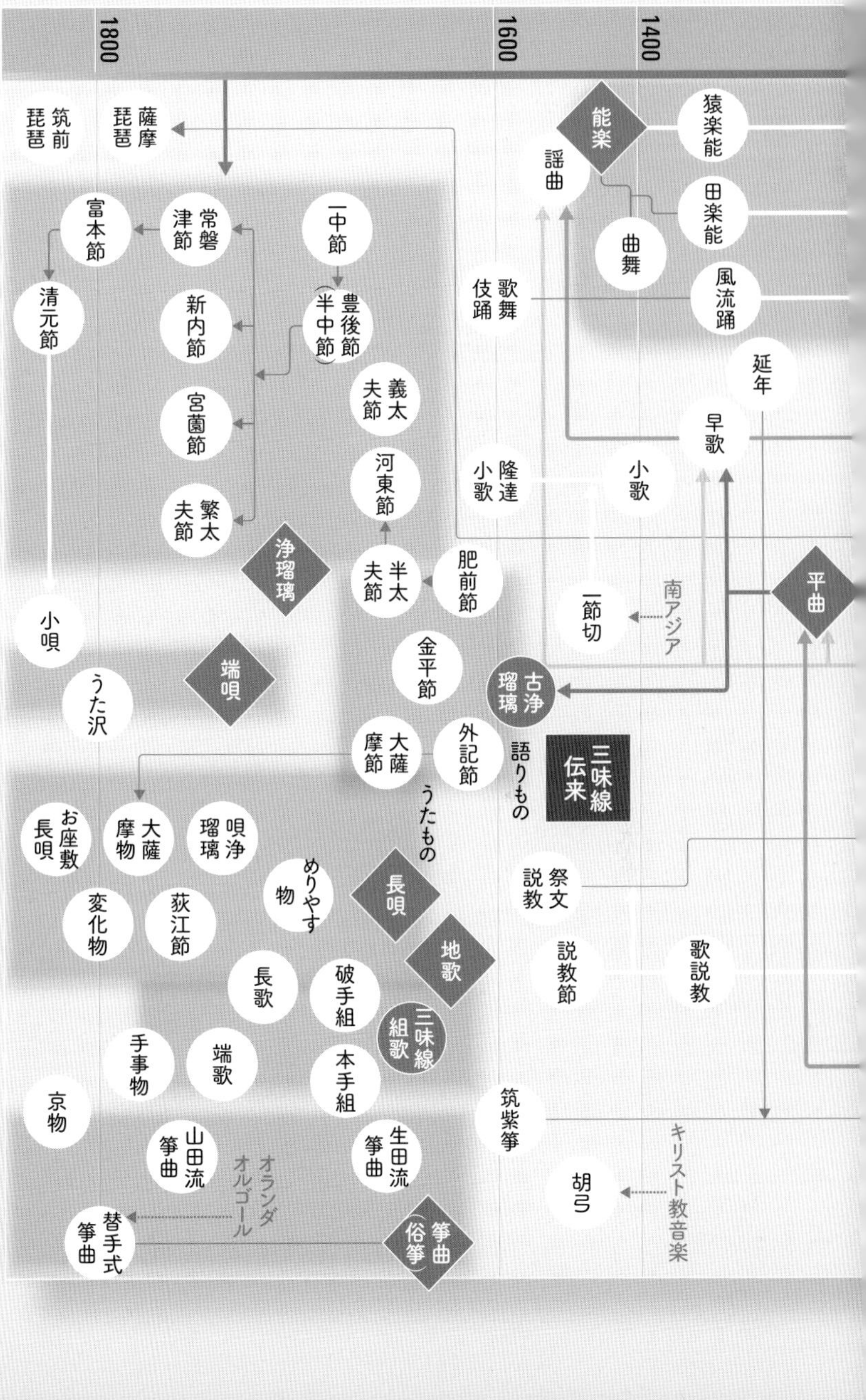

1800
1600
1400
筑前琵琶
薩摩琵琶
能楽
猿楽能
謡曲
田楽能
曲舞
富本節
常磐津節
一中節
清元節
新内節
豊後節（半中節）
歌舞伎踊
風流踊
延年
宮薗節
義太夫節
早歌
河東節
隆達小歌
小歌
繁太夫節
浄瑠璃
半太夫節
肥前節
平曲
一節切
南アジア
小唄
端唄
金平節
古浄瑠璃
うた沢
大薩摩節
外記節
語りもの
三味線伝来
うたもの
お座敷長唄
大薩摩物
唄浄瑠璃
めりやす物
長唄
祭文説教
変化物
荻江節
地歌
説教節
歌説教
長歌
破手組
三味線組歌
手事物
端歌
本手組
京物
筑紫箏
山田流箏曲
生田流箏曲
オランダオルゴール
胡弓
キリスト教音楽
替手式箏曲
箏曲（俗箏）

あとがきに寄せて――土取利行

桃山晴衣は生前、自分の活動の変化に即した個人の機関誌を発刊してきている。いわゆる邦楽界から離れて独自の活動を始めた一九七五年頃からの「於晴会」の機関誌ともいえる『桃之夭夭』に始まり、私と出会ってからの個人機関誌『苑』そして郡上八幡の立光学舎を創立してから発刊してきた『立光学舎通信』、さらに昇天するまでの期間に発行していた個人活動誌『桃絃郷』と、実に多くの機関誌を発刊し、文章を書き残している。

桃山がこうした機関誌にこだわってきたのは、理想とする音楽のありようを考え、実現していくのに欠かせない媒体だったからだ。四世宮薗千寿の唯一の内弟子として修行をし、宮薗節の奥義を極めていく中で、いわゆる邦楽世界の閉ざされた世界の中に残るべきか否かの自問自答を繰り返す中、家元を止め、桃山晴衣という一個人の音楽家として旅立つことを決意したとき、彼女はこれまでの邦楽界のきまりきった聴衆ではなく、まったく邦楽も三味線も聞いたことも、見たこともない、様々な人たち、とりわけ若者たちに向けて自らの音楽を発していかなければならなかった。

邦楽や三味線という言葉で「四畳半的世界」を思い浮かべて思考停止してしまう、洗脳とさえ思えるほどの日本人の自虐的ともいえる音楽観（こうした考えの背後に明治維新以来の西洋音楽至上主義が根幹にあることは否めないのだが）。このような時代の過酷な状況の中での活動を自らに課しながらも、彼女は「残さなければならないもの、伝えなければならないもの」を強く自覚していた。それは、うたと語りの伝承と、五線譜に頼らない自然発声のうたい、語り方、伝え方という、日本伝統音楽にとっての最も根幹となる問題であった。

この頃、民族音楽学者の小泉文夫氏も同じような問題提起を、日本の音楽教育批判を顕著に記した『おたまじゃくし無用論』というセンセーショナルな著書で行っていたこともあり、桃山は小泉氏とも何度か話し合っている。伝統音楽の何が必要で、何が不必要なのか、それを理解してもらうためにまず彼女が始めたことは、平曲や地唄や浄瑠璃や落語界から名人を招いて、本来なら国立劇場などで襟をただして聞かなければならないような古典芸能を、ジーンズをはいてロックしか耳にしていない若者たちにも親しんでもらいたいと、ジァンジァンなどのライブハウスなどで紹介すると同時に、個人的にはこうした会を通して新しい音楽の可能性をも模索し始めていた。そして一般の参加者たちへの懸命な働きかけを通して、桃山晴衣のオリジナル作品が徐々に萌芽を見せ始めていく。この時点から彼女は自分の演奏会や活動に参加してくれる人たちと場を共にし、語り合い、うたい合い、日本音楽の可能性を模索し続けてきた。そして彼女にとってはこうした人たちに向けて歌うことと同時に、機関誌を通じて様々なことを語り、伝えることがより重要な意味をもっていたのである。

「生身の人間同士が、じかに伝え合えること」を理想とした桃山は、三味線を持って全国を行脚しては未知の人たちとの出会いを求めて音楽活動を展開し、機関誌を通してその人たちに向けての多くのメッセージを送り続けた。

桃山晴衣の脱皮時代ともいえる七〇年代のジァンジァンでの活動を何度も目にしている作家の五木寛之氏は、桃山について以下のような文章を残されている。

「伝統の継承は、困難であっても不可能な道ではない。古典の再生もそうだ。しかし、そのふたつを同時に同時代の音楽として作り出す道はけわしい。桃山さんは、そのふたつの道をあえて歩き続けてきた。伝説を生み、さらにそこから再出発し、新しい伝説の歌い手として無限の旅を続ける桃山晴衣のうしろ姿に、不屈のアーティスト魂を見る思いがするのは、私だけだろうか」。

これらの機関誌には桃山自身の他にも多くの貴重な人たちが執筆し、インタビューに答えており、本書にはその中から選ばれたいくつかの文章が紹介されている。タイトル「にんげんいっぱい　うたいっぱい」が示すように、明治の邦楽界の名人たち、演歌師、思想家、そしてピーター・ブルックやデレク・ベイリー等、海外のアーティストまで、彼女が自らの音楽活動を通じた素晴らしい人たちとの出会いをここに垣間見ることもできよう。

私がパリで初めて彼女のコンサートを目の当たりにしたのは一九八二年。この時も「梁塵秘抄」や自作の曲と同時に、復元曲のいくつかを演奏した。とりわけ三味線曲の「れんぼながし」が最も古い三味線曲だとは全く想像もつかず、まさに〈目からうろこ〉状態になった。その私と言えば、まさに桃山が音楽を共有したかった、欧米のロックやジャズを青春時代に謳歌していた世代で、邦楽にも三味線にもあまり縁がなかった。ただこの頃は、いわゆるロックやジャズとも離れ、ピーター・ブルック劇団の大作「マハーバーラタ」製作中のため、インドを中心にアジア各地の音楽を調査し、自らうたや楽器を習っていたこともあって、初めて聴く彼女の三味線は、インドで聴いた巨匠のサロードのような芳醇でふくよかな音を醸し出しており、それまでの三味線音楽のイメージを払拭され、虜になってしまったのだ。

このパリでの出会いは桃山にも私にも非常に大きな変化をもたらした。

出会いの翌年、東京のスタジオ200での桃山晴衣とのデュオコンサートを皮切りに、大阪、名古屋と旅を続ける途、私に「銅鐸」演奏の依頼が舞い込み、ここから縄文、旧石器の音楽探訪の道を桃山と二人三脚で歩むことになってゆくのだ。この時期は「マハーバーラタ」公演も重なり日本と外国を行き来する中、自分の興味でもあるからと桃山がプロデュース役を引き受けてくれ、古代三部作「銅鐸」『サヌカイト』『縄文鼓」の画期的なレコーディングが実現できた。また私が「マハーバーラタ」のために訪れていたインドのシャンティニケタンのタゴール学園での話から、彼女の父が昔からタゴールの信奉者で英語版の本を座右の書としていたことも知り、二人共に理想としていたタゴールに習った日本文化の再生を、桃山が当時既に行き来していた郡上八幡を拠点に展開しようと「立光学舎」の設立に踏み切った。

立光学舎の開設は一九八七年。この時期私はまだ「マハーバーラタ」世界公演で各国を回っていたため、茅葺きの新しい芸能堂を建て、村の人たちと翌年から始めることになった立光学舎フェスティバルの準備等は、桃山が孤軍奮闘で進め、八八年に最後の「マハーバーラタ」公演が東京で行われた際には、ピーター・ブルックや俳優、音楽家が学舎開設の祝いに来てくれもした。

本書の中に書かれている桃山自身の理想へ向けての一歩一歩が、こうして郡上で開花していく。とりわけ八八年の立光学舎開設と同時に二人で始めた立光学舎フェスティバルには、彼女の意志が強く反影された。それはタゴールがベンガル・ルネッサンスと称して地元の言語や文化を中心にインドの伝統文化を再生したように、郡上の地域性にこだわり、この地の古老や郷土史家を訪ねながら「伝でん・奥美濃ばなし」という地元に残る話を、地域の子どもや地歌舞伎の役者たちと共に、語りや芝居にしていったのである。

郡上に移り住んだ理由の一つは、生活と芸能が都会のようには切り離されていない場所から、新たな創造の芽を育もうと考えていたからである。その一つの象徴として私たちの地区には、二百年以上受け継がれてきた農民たちの地歌舞伎があった。

桃山は以前から八幡市街地から一〇キロほど離れた立光地区の荒れ果てた土地を手に入れていたが、独りで移り住むには機が熟していなかった。八二年の出会い以来、理想を同じくしていた私たちは自分たちの創造活動の足下となる地を日本各地に探し求めていた。郡上八幡は桃山の最も心通わせていた土地で、初めて訪れた私も、その自然と町の文化人たちの活動に惹かれ、ここを拠点にすることに同意した。立光地区に学舎を建設し、そこに新参者が住み着くには覚悟がいった。が、幸いこの時期に地歌舞伎の会長を務め自ら役者として出演していた立光地区の会長、和田憲彦氏が、芸能への理解も人一倍深く、私たちの意図を快く酌んでくれ、地区の人たちへの説得から学舎建設、フェスティバル実現へ向けての大きな力となってくれた。それによって私たちは桃山晴衣が書き下ろした脚本、浄瑠璃をもとに、子どもたちや地歌舞伎役者とどこにもない地域の演劇を創造し、フェスティバルの運営を地区と町の人たちとの連携で進めていった。おりしもこの活動はバブル景気に沸き立った日本が崩壊してゆく時期とも重なり、地方文化というものについて深く考えさせられた。

桃山は地区の人たちとの創造に力を注ぐと同時に、学舎では子どもたちに日本音楽の基礎となるわらべうたを自然発声でうたうことを教えたり、プロの役者や音楽家たちに日本音楽の講座を開いたりと、忙しく活動していたが、「梁塵秘抄」の新たな作曲や著作、宮薗節をもとにした浄瑠璃三部作の創作にも取り組み、全国各地にも精力的に出かけることを忘れなかった。先に紹介した五木寛之氏の言葉のように、他界する二〇〇八年一二月五日まで、この険しい道を歩み続けたのである。

私たちは立光学舎での活動の一環として作ったCDレーベルの設立主旨に、「個としての必然、その深さが、普遍性をもつこと。足下をしっかり踏まえた創造。その充足が、隣人を受け入れるやわらかさを持つこと。この二点が、すべての源であることを心に据え、立光学舎レーベルを設立いたしました」と記した。桃山晴衣の伝統文化の考えは、この短い文に集約されている。〈個の充足と隣人を受け入れるやわらかさ〉。古曲、長唄、端唄、小唄、復元曲、明治大正演歌、梁塵秘抄、今様浄瑠璃と、縦割りの邦楽界を飛び超え、多岐にわたる日本音楽を身につけた彼女が、その独創的な実践を通して、日本人の豊かな感性を伝えてゆきつつ、ピーター・ブルックやデレク・ベイリー、ピナ・バウシュなど世界のアーティストとも創造的な交流をはたしてきたのは、こうした自身の開かれた生き方のあらわれでもある。そしてその生き方は彼女のご意見番でもあった、アナキストや叛骨と呼ばれた秋山清や添田知道など、明治人に学んだところが少なくなかったのではないかと思う。

最後に本書の実現を可能にしていただいた工作舎の編集長米澤敬氏、デザインに関わっていただいた新保韻香氏、小倉佐知子氏のご尽力にお礼を申し上げます。そして桃山晴衣が誰よりも願ってやまなかった杉浦康平氏によって本書の装幀デザインが実現されたことを、私自身何よりもうれしく思い、感謝にたえません。

桃山晴衣［ももやま・はるえ］

●一九三九年六月二三日、東京に生まれる。祖父は豪商・鹿島清三郎、祖母は古曲の名手・鹿島満寿、父は洋画家・鹿島大治。大叔父は長唄の吉住慈恭（四世吉住小三郎）であり、六歳から三味線を始める。一九六〇年、芸と文化を考える「於晴会」を結成、桃山流を創立し家元となる。一九六三年、古曲、宮薗節に入門、四世宮薗千寿の内弟子となる。一九七四年、家元をやめ、「古典と継承」シリーズの公演を開始。一九八一年より「梁塵秘抄」全国ツアーを展開。一九八四年、パリでピーター・ブルック、および世界各地の音楽家と交流。一九八六年、パリのジャン＝ルイ・バロー劇場で公演。一九八七年、岐阜県郡上に土取利行とともに立光学舎を創設、地元の人々と新作太神楽劇を発表。一九九〇・九一年、ピーター・ブルック演出「テンペスト」の音楽と歌唱を担当。一九九二年から九四年にかけて、舞踏家・大野一雄と「小栗判官照手姫」公演。一九九五年、五木寛之・作「蓮如」の音楽を担当。二〇〇〇年、京都大原三千院、熊野ほかで「梁塵秘抄」コンサート。二〇〇二年、ナターシャ・パリーとのコラボレーションによる「夜叉姫」パリ公演。二〇〇五年、岐阜アクティブGで桃山晴衣全仕事展「うた出づる国・美濃」開催。二〇〇八年一二月五日、逝去。

●主なアルバムに「弾き詠み草」（1979）「遊びをせんとや生まれけん　梁塵秘抄の世界」（1981）「鬼の女の子守唄」（1986）「林雪」（1989）「夢二絃唱」（1989）「伝でん奥美濃ばなし」（1990）「わらべうた」（1996）「うたづくし　小唄・端唄」（1999）「梁塵秘抄Ⅱ・（2000）「夜叉姫」（2009）「梁塵秘抄ライヴ'81」（2015）など、著作に『恋ひ恋ひて・うた三絃』（筑摩書房1986）、『梁塵秘抄　うたの旅』（青土社2007）がある。

●桃山晴衣オフィシャル・ウェブサイト「桃山晴衣のうた語り」http://homepage3.nifty.com/ryukogakusha/

にんげんいっぱい　うたいっぱい

●著者＝桃山晴衣　●企画＝土取利行
●発行日＝二〇一六年六月二〇日
●アートディレクション＝杉浦康平
●エディトリアル・デザイン＝新保韻香＋宮城安総＋小倉佐知子
●イラストレーション＝佐藤篤司
●写真＝岡田正人＋山口善道ほか
●編集＝米澤　敬
●印刷・製本＝株式会社精興社
●発行者＝十川治江　●発行＝工作舎（editorial corporation for human becoming）
〒一六九–〇〇七二　東京都新宿区大久保二–四–一二　新宿ラムダックスビル12F
電話＝〈〇三〉五一五五–八九四〇　www.kousakusha.co.jp　saturn@kousakusha.co.jp
ISBN978-4-87502-473-6

【制作支援】（五十音順）
浅井健史＋雨森諭司＋いとうきみこ＋今井憲一＋遠藤利男＋大川雅生＋
大林まり＋岡　大介＋叶谷渥子＋岸本　司＋北山ひとみ＋木村聖哉＋齋藤貴朗＋
坂井てい＋陳玉燮＋福山雄太郎＋星野　恵＋星本龍和＋安田　登＋山崎春美

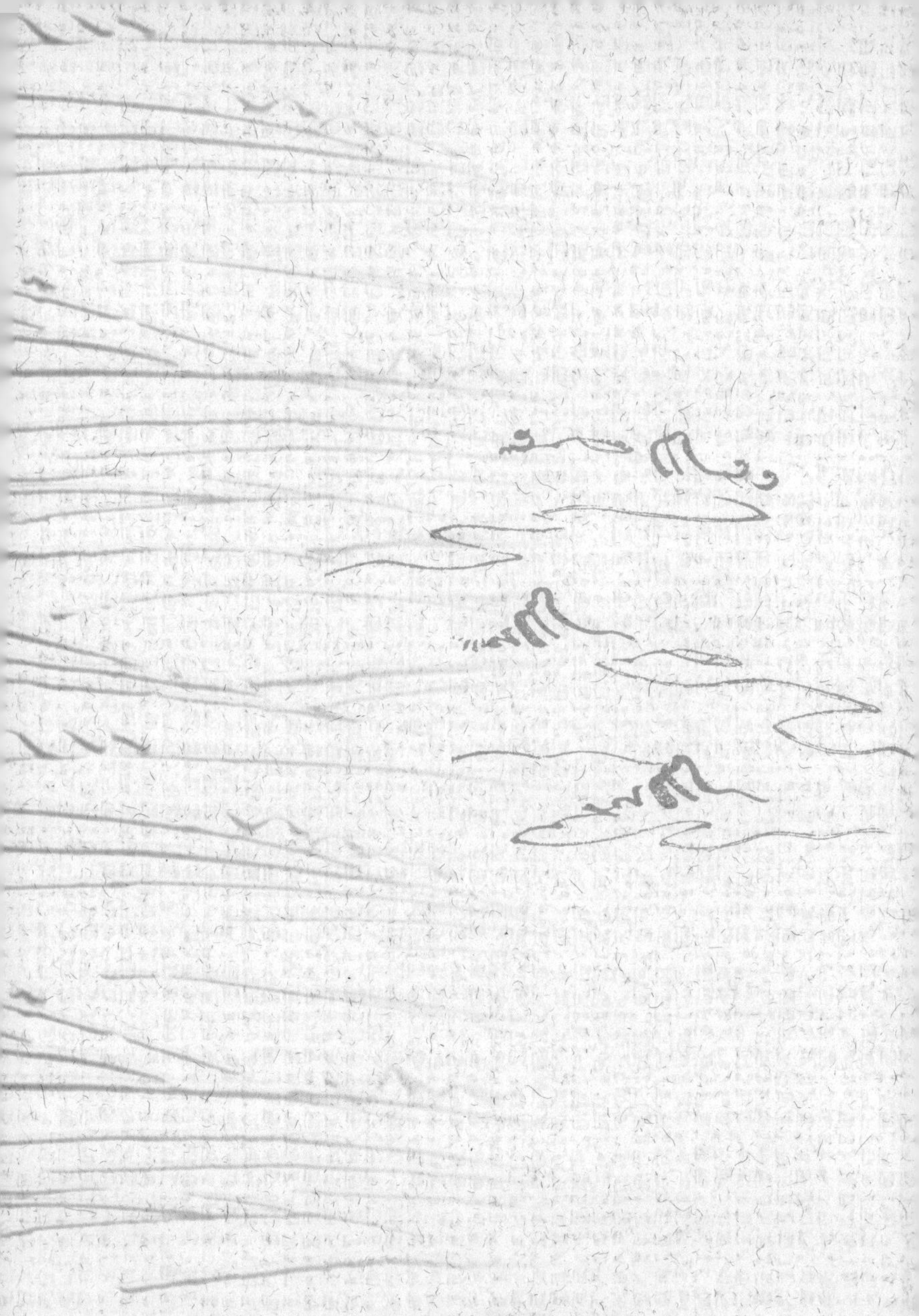